W9-CMC-070

Le déclic

Photo de l'auteur: © Rodolf Noël

Catalogage avant publication de la bibliothèque nationale du Canada

Labonté, Marie Lise

    Le déclic: transformer la douleur qui détruit en douleur qui guérit

    1. Comportement autodestructeur. 2. Changement d'attitude.

    3. Comportement autodestructeur - Traitement. I. Titre.

RC569.5S45L32 2003   616.85'82   C2003-941621-6

DISTRIBUTEURS EXCLUSIFS:

· Pour le Canada
  et les États-Unis:
  MESSAGERIES ADP*
  955, rue Amherst
  Montréal, Québec
  H2L 3K4
  Tél.: (514) 523-1182
  Télécopieur: (514) 939-0406
  * Filiale de Sogides ltée

· Pour la France et les autres pays:
  INTERFORUM
  Immeuble Paryseine, 3, Allée de la Seine
  94854 Ivry Cedex
  Tél.: 01 49 59 11 89/91
  Télécopieur: 01 49 59 11 96
  Commandes: Tél.: 02 38 32 71 00
                Télécopieur: 02 38 32 71 28

· Pour la Suisse:
  INTERFORUM SUISSE
  Case postale 69 - 1701 Fribourg - Suisse
  Tél.: (41-26) 460-80-60
  Télécopieur: (41-26) 460-80-68
  Internet: www.havas.ch
  Email: office@havas.ch
  DISTRIBUTION: OLF SA
  Z.I. 3, Corminbœuf
  Case postale 1061
  CH-1701 FRIBOURG
  Commandes: Tél.: (41-26) 467-53-33
                Télécopieur: (41-26) 467-54-66
                Email: commande@ofl.ch

· Pour la Belgique et le Luxembourg:
  INTERFORUM BENELUX
  Boulevard de l'Europe 117
  B-1301 Wavre
  Tél.: (010) 42-03-20
  Télécopieur: (010) 41-20-24
  http://www.vups.be
  Email: info@vups.be

Pour en savoir davantage sur nos publications,
visitez notre site: **www.edhomme.com**
Autres sites à visiter: · www.edjour.com
· www.edtypo.com · www.edvlb.com
· www.edhexagone.com

Gouvernement du Québec - programme de crédit d'impôt pour l'édition de livres - Gestion SODEC - www.sodec.gouv.qc.ca

L'Éditeur bénéficie du soutien de la Société de développement des entreprises culturelles du Québec pour son programme d'édition.

Conseil des Arts Canada Council
du Canada   for the Arts

Nous remercions le Conseil des Arts du Canada de l'aide accordée à notre programme de publication.

Nous reconnaissons l'aide financière du gouvernement du Canada par l'entremise du Programme d'aide au développement de l'industrie de l'édition (PADIÉ) pour nos activités d'édition.

MARIE LISE LABONTÉ

Le déclic

Transformer la douleur qui détruit
en douleur qui guérit

LES ÉDITIONS DE
L'HOMME

Je dédie ce livre à Maryse, à Jérôme et à tous ceux
qui ont connu cette expérience de transmutation
d'une douleur qui détruit à une douleur
qui guérit, le déclic.

Je souhaite que ce livre vous aide à vous libérer
des séparations intérieures pour une plus grande union
de votre être vers ce potentiel de guérison
qui repose là en votre cœur et en votre âme.

Remerciements

Je remercie Françoise Jèze, Nicolas Bornemisza, Michel Odoul, Guy Corneau, Rémi Portrait, Jacques Salomé et Jim Lewis pour leur générosité et leur profonde sagesse. Je remercie aussi Marie Gillet pour sa collaboration à la recherche. Je remercie tous ceux qui m'ont inspirée et plus précisément Maryse et Jérôme pour leur confiance et leur authenticité.

Merci de tout mon cœur.

Je ne peux pas me guérir moi-même
mais il y a en moi une force qui peut
me guérir, encore faut-il que j'y fasse appel.

MARION WOODMAN, PSYCHANALYSTE JUNGIENNE

Avant-propos

Lorsque Lydie se présente à mon bureau, elle a trente-six ans. Elle vient me consulter parce qu'elle a lu tous mes ouvrages dont un qui décrit mon processus de guérison d'une maladie incurable : l'arthrite rhumatoïde[1].

Lydie est atteinte de la même maladie. Sa demande est très claire : elle veut se guérir.

— Je veux me guérir. J'en ai assez de souffrir. Je ne peux plus tolérer ce mal qui me ronge. Je veux combattre. Je veux m'en sortir.

Ces mots sont clairs. Je ressens une volonté de fer, dans son intonation, dans son débit verbal et dans son regard. De son propos émane une dureté qui me fait mal. Sous la « volonté » de Lydie, je pressens une très grande douleur. Sous ce masque de volontarisme se cache un désespoir qu'elle laisse paraître dans ses yeux de temps en temps.

Lydie poursuit son monologue.

— J'ai tout essayé. J'ai fait toutes les thérapies qui existent. J'ai consulté les plus grands spécialistes, rhumatologues, médecins spécialisés dans la psychosomatique. J'ai participé à de nombreux séminaires depuis quatre ans. J'ai même pratiqué votre méthode de libération des cuirasses pendant un an avec une de vos élèves. J'ai aussi travaillé avec...

Et Lydie poursuit en me nommant des noms connus dans le domaine de la relation d'aide. Elle me cite des auteurs spécialisés dans les liens entre le corps et la maladie et d'autres qui ont consacré leur vie à la recherche biologique sur les maladies.

Je regarde Lydie et il m'apparaît qu'à travers toutes ces démarches, elle ne s'est jamais rencontrée. Elle a préféré rencontrer des noms, des personnes, et suivre des thérapies connues. Elle a fait son « shopping » au marché de la consommation thérapeutique.

Devant Lydie, je soupire. Je suis pour elle un thérapeute de plus, en qui elle met, à nouveau, tous ses espoirs. Le problème est que Lydie est à dix mille lieues d'elle-même.

J'interromps pour un moment son monologue.

— Qu'avez-vous retenu de toutes ces expériences ?

— Rien, chère madame, rien car j'ai encore plus mal qu'avant… mon arthrite évolue de plus en plus rapidement.

Au ton de sa voix, j'entends bien que Lydie se fait un honneur de m'informer que tout ce qu'elle a fait ne l'a pas aidée. Elle est encore en souffrance et elle me l'exprime par cette forme de révolte : « J'en ai assez de votre monde de la guérison, vous ne m'avez pas sauvée ! » Lydie poursuit de plus belle.

— J'ai dépensé cinq mille dollars jusqu'à maintenant, dont mille dollars pour me faire dire par la dernière thérapeute, qui est très connue mais que je ne vous nommerai pas, que mon arthrite était « de la colère refoulée et du ressentiment ». Là, je lui ai dit « vous exagérez » et j'ai quitté son séminaire.

Lydie se tait, les yeux maintenant remplis de larmes.

— Comment puis-je vous aider ?

— Je vous l'ai dit, vous vous êtes guérie et, si vous vous êtes guérie de la même maladie, je peux me guérir aussi.

— Oui, Lydie, mais savez-vous comment je me suis guérie ?

— Oui, je l'ai lu dans vos livres.

— Donc vous savez que je ne me suis pas guérie avec de la volonté mais avec de l'amour.

Je prends une grande respiration. Puis-je lui dire :

- qu'elle est loin d'elle-même ?
- qu'elle ne semble pas connaître la partie d'elle qui est en souffrance et, qu'au contraire, elle tente de l'étouffer encore et encore, avec pour résultat que son corps réagit et continue de s'enfoncer dans la souffrance ?
- que sa grande volonté de guérir, que son grand désir d'en finir avec la maladie nourrissent une forme d'autodestruction plutôt qu'un dialogue avec la partie d'elle qui est en souffrance ?

- que de tenter de mater la partie d'elle qui souffre l'entraî-nera à souffrir encore plus ?
- que ce n'est pas avec la volonté que l'on se guérit mais avec le lâcher prise, l'écoute, l'accueil et l'amour de soi ?

Lydie est là, assise devant moi, toute raide sur sa chaise. Je m'approche d'elle et je lui touche la main. Elle accepte et soupire.

Alors, je lui dis en parlant lentement :

— Lydie, je sais que vous souffrez beaucoup. Vous êtes fatiguée de chercher et vous avez peur. Il est important que je vous parle authentiquement. C'est, je crois, ce que vous cherchez pour vous-même.

Lydie acquiesce et se détend.

— Si nous travaillons ensemble, nous allons agir sur vos protections. En travaillant ainsi à libérer votre corps de ses protections, vous allez permettre à la vie de circuler encore plus dans vos systèmes. Vous allez suivre la piste du bien-être. Cette piste vous amènera petit à petit à rencontrer votre souffrance, c'est-à-dire la partie de vous qui souffre d'arthrite rhumatoïde et qui crie pour que vous l'aidiez. Jusqu'à maintenant, c'est votre volonté de vous en sortir qui vous a motivée. Je ne sais pas si vous aviez la foi, mais, si c'est le cas, j'ai l'impression que vous l'avez perdue. Vous vous enfoncez dans un défaitisme qui ne fait qu'alimenter la partie de vous qui vit cette autodestruction. Vous avez cessé de croire en vous. Vous pouvez retrouver votre piste intérieure. Notre travail s'alignera sur ce dialogue entre vous et vous.

Je fais une pause et je la regarde. Ses yeux sont grands ouverts. Sa respiration est bloquée. J'ai peur d'être allée trop loin déjà.

Je la questionne :

— Que dites-vous de ce propos ?

J'attends et je ne reçois toujours pas de réponse. Je continue…

— Lydie, j'ose ajouter qu'il n'y a pas de recette magique, que seule la connaissance des mécanismes de destruction et de non-communication avec votre inconscient vous aidera à diminuer les symptômes pour, petit à petit aller rencontrer vos profondeurs et libérer la vie, tout ce potentiel de guérison qui est là en vous et que vous n'avez pas encore rencontré.

Lydie me regarde et se met à respirer. Elle sourit. Je vois un enfant apparaître, mais ce n'est pas un enfant guéri, c'est un enfant en demande de prise en charge, boudeur, provocateur.

Elle me répond.

— Je veux bien, mais combien cela va-t-il me coûter?

— Lydie, vous n'avez pas compris, je vous dis que ce n'est pas l'outil qui guérit, mais vous. Que tous les outils que vous avez rencontrés, tous ces séminaires que vous avez faits, vous les avez faits dans la conscience que la guérison était à l'extérieur de vous et vous avez cru que c'était l'outil qui allait vous guérir. Vous avez cru, comme moi il y a de cela des années, et comme bien d'autres, que c'est l'autre qui vous guérit, l'autre et son outil. Je vous avoue, pour l'avoir vécu, que c'est moi qui me suis guérie; je confirme donc ce que vous croyez. Je peux aussi vous dire qu'en ma présence, je souhaite que ce soit vous qui entriez dans votre guérison.

Je prends une pause, le temps d'une respiration profonde. La colère et la provocation se sont retirées de Lydie. Elle semble plus en contact avec elle-même.

— Je vous demande de réfléchir. Prenez le temps de méditer sur ce que je vous ai dit. Lorsque vous aurez décidé si vous voulez vous engager dans la voie de ce que je vous propose nous regarderons ensemble les implications en termes de temps et de coûts. Sachez que la majorité des temps de thérapie ne se vivront pas ici en ma présence mais chez vous en votre présence. Vous serez guidée à entrer en vous-même si vous le choisissez. C'est l'unique moyen pour vous retrouver.

Un mois a passé, puis j'ai reçu par la poste une petite lettre de Lydie qui me signifiait qu'elle vivait une grossesse. Elle était heureuse, car pendant neuf mois, elle serait épargnée par sa maladie[2]. Elle me remerciait de notre rencontre.

Lydie fut la ixième personne qui croyait en l'outil mais non en elle-même, qui croyait que quelqu'un d'autre allait la sauver, qui croyait que le médecin ou le psy… détenait la vérité et la solution.

Combien de personnes ai-je rencontrées qui m'ont inspiré l'écriture de ce livre? Beaucoup. Je les en remercie. C'est avec joie que je leur dédie ce livre.

Introduction

J'ai choisi d'écrire ce livre parce qu'au cours de mes vingt-cinq années de pratique, j'ai rencontré des hommes et des femmes qui ont tenté de se guérir en utilisant la volonté. Ces hommes et ces femmes ont consacré du temps, de l'argent et de l'énergie à entrer dans un processus de guérison d'une maladie par la volonté de guérir. Certains y ont impliqué leur famille, d'autres ont cru bon de se retirer de leur famille, d'autres ont mis fin à des relations qui les nourrissaient, croyant que c'était la solution, et d'autres sont entrés en relation, croyant que c'était là aussi la condition de leur guérison. Au bout de cette démarche, ils n'ont rencontré que l'échec. Ils n'ont jamais trouvé la porte d'entrée pour s'aimer et libérer le potentiel de guérison qui était là et qui est toujours là en eux, n'attendant que leur amour pour sortir de l'enlisement.

Qu'est-ce qui fait que quelqu'un se guérit ? Et que l'autre à côté de lui ne se guérit pas ? De quoi dépend la guérison ? Quels sont les facteurs qui y contribuent ? Y a-t-il des facteurs qui nuisent ? Est-ce que guérir implique la santé à tout prix ? Est-ce qu'on peut guérir en mourant ? Est-ce possible de guérir même si le corps physique ne suit pas ?

Je me suis posé toutes ces questions et d'autres que j'aimerais vous soumettre. J'ai aidé beaucoup de gens dans leur processus de guérison et j'ai observé qu'il y avait un passage qui permettait de transformer le processus de la maladie en guérison, **de transformer la douleur qui détruit en douleur qui guérit.** J'ai tenté de trouver un nom pour ce passage : le DÉCLIC, le MOMENT DE GRÂCE, la DESCENTE EN SOI, le PLONGEON. Certains l'atteignent et se guérissent et d'autres n'arrivent jamais à l'atteindre et ne connaissent pas de guérison. J'ai aussi observé que les thérapeutes qui avaient, pour une raison ou une autre, connu dans leur propre vie ce passage étaient plus en mesure de guider leur patient à ce moment bien précis.

Qu'est-ce que ce passage ? Ce passage de grâce dans le processus de guérison est ce qui détermine le mouvement déclencheur qui fait que, du processus de destruction, le même individu « renverse la vapeur » et passe au processus de réparation et de construction.

Ce moment n'est pas facile à décrire. Il s'agit d'un terrain préparatoire qui est mis en place par le thérapeute et la thérapie, mais qui est vécu par le patient. Personne n'a de pouvoir sur l'autre : même si je voulais initier ce processus chez l'autre, cela m'est impossible. Je peux amener mon patient sur le bord de… avec son consentement, mais je ne peux pas le pousser, je ne peux pas l'hypnotiser pour qu'il y tombe ou qu'il y entre ou qu'il y monte, je ne peux que l'accompagner dans son plongeon dans le vide inconnu de la guérison. Je peux aussi accueillir le fait qu'il refuse d'y plonger et qu'il préfère retourner à sa propre illusion de la sécurité. Seul le patient choisit de vivre ou non ce passage de grâce.

Ce passage implique un choix de non-retour. La force qui en découle permet de retrouver l'espoir et le courage de changer sa vie. Ce déclic, cette grâce, ce plongeon est une mort pour une renaissance ; c'est mourir à une croyance, mourir à un mode de fonctionnement, mourir à une tension, mourir à un attachement, mourir à sa douleur fondamentale, mourir à… pour renaître dans l'inconnu.

Ce passage n'est pas associé seulement au processus de guérison d'une maladie physique ou psychique ; certains le connaissent dans l'amour, le travail, dans leur relation avec leur famille. Une chose semble certaine, c'est que ce moment de grâce entraîne un changement, un gain d'énergie qui autorise un processus de réparation cellulaire et le renforcement de l'immunité. Certains vous diront l'avoir connu, mais vous constaterez que les signes extérieurs ne démontrent aucun changement intérieur. Pour ma part, ce que j'ai observé est que l'individu est le dernier à s'attendre à ce que ce moment survienne lorsqu'il survient ; cela se fait à son insu, au-delà de sa volonté, au-delà de ses croyances, au-delà d'outils spécifiques.

Voici la façon dont les personnes qui ont vécu un déclic décrivent leur expérience :
- mourir à quelque chose pour renaître ;
- rencontrer l'inconnu poussé par une force intérieure ;
- plonger dans le vide ;
- lâcher prise ;
- s'ouvrir à… ;
- se fondre dans… ;
- changer du tout au tout ;
- franchir le pas à jamais ; etc.

Je ne veux pas réduire l'expérience de ce moment en tentant de la décrire. Ce passage est une expérience de vie qui n'est pas vraiment définissable, parce que c'est la vie dans son mouvement le plus pur, dénuée de toute pensée, de toute réflexion logique. C'est la vie mue par la force intuitive et instinctive de l'être.

Ce déclic est amené inconsciemment par une préparation de sa terre intérieure pour les semences du renouveau. Ce livre raconte le chemin que nous parcourons à travers une longue séparation d'avec soi-même, tel un divorce de sa vraie nature qui ressemble à un coma, à un sommeil, pour se réveiller par un « déclic » à une réelle transformation ou transmutation de sa vie.

La première partie du livre s'intitule «Quand la douleur détruit – Se soigner». Je vous transmets ma vision du processus d'individuation, des premières années de vie jusqu'à l'âge adulte. J'ai utilisé des schémas pour rendre cette vision encore plus concrète. J'y explique la séparation d'avec nous-même que nous vivons inconsciemment, comment nous avons la capacité inconsciente de nous bâtir une protection face à notre blessure fondamentale, protection qui nous amène souvent jusqu'au divorce de notre propre nature. Divorcé de nous-même, il nous est plus facile de nourrir un processus d'autodestruction qui nous rend esclave de la souffrance. Vous trouverez à la fin de cette première partie un questionnaire qui est un guide d'introspection qui vous aidera à comprendre les mécanismes internes ci-haut mentionnés.

En quoi se soigner est-il relié à la douleur qui détruit?

Lorsqu'on est en souffrance, il est naturel de se soigner, mais se soigner signifie souvent négliger les causes réelles qui ont entraîné le mal-être, les symptômes et la maladie. Dans l'action de se soigner, on met naturellement un baume sur la blessure pour éviter de souffrir et d'avoir mal, mais allons-nous contempler ce qui nous blesse? Qu'est-ce qui fait que la souffrance est là?

Se soigner, c'est avant tout agir pour se soulager. Il est possible d'en rester là et de développer un comportement qui fait qu'on s'en remet aux autres pour qu'ils nous aident, qu'on attend des médecins ou des thérapeutes ou de son conjoint ou de la société ou de la religion ou de Dieu qu'ils nous enlèvent notre douleur, qu'ils nous soulagent de nos frustrations, qu'ils nous libèrent des prisons de notre cœur, de notre corps et de notre esprit sans jamais les rencontrer. Celui qui se soigne par habitude et sans conscience peut passer sa vie entière à la recherche de la guérison sans jamais la rencontrer, parce qu'il cherche à l'extérieur de lui la solution et passe ainsi d'un médicament à l'autre, d'un médecin à l'autre, d'une thérapie à l'autre, d'une drogue à l'autre. Celui qui se soigne sans conscience risque de déplacer le problème sans jamais le résoudre, sans jamais l'utiliser pour grandir, et pour transformer sa vie.

La seconde partie de cet ouvrage, intitulée « Quand la douleur guérit – Se guérir », est consacrée à décrire les facteurs intérieurs et extérieurs qui contribuent à la guérison. Se guérir, c'est l'action d'utiliser tous les outils disponibles, à commencer par soi-même et, si nécessaire, les autres, non pas comme des sauveurs mais comme des mécanismes d'aide. Des « facilitateurs » qui rendent possible une rencontre avec soi-même. Se guérir, c'est aller à la rencontre de sa douleur première et de tous les mécanismes d'enfermement qui furent bâtis autour de cette blessure fondamentale, en comprendre le sens pour libérer les facteurs profonds qui la sous-tendent et renaître à soi-même. Se guérir, c'est permettre que la douleur et les symptômes de la maladie nous transforment.

Vous trouverez aussi à la fin de cette deuxième partie un questionnaire qui vous guidera dans la reconnaissance de votre blessure fondamentale et des protections qui l'accompagnent.

Tout au long de ce livre, vous allez suivre l'histoire de deux personnes, un homme, Jérôme, et une femme, Maryse, qui se sont libérées de leur maladie. Je leur ai demandé d'écrire le processus d'évolution de leur maladie jusqu'à la guérison. Leur récit vous est transmis intégralement à la fin de chaque chapitre. À travers leurs mots, vous pourrez saisir les nuances et l'individualité de chacun. Chacun des personnages présentés a connu les étapes de « descendre » dans la maladie et de tenter de « se soigner » pour aller vers « se guérir ».

Je les remercie de bien avoir voulu se livrer à cœur et à corps ouverts. Je vous les présente.

Jérôme a maintenant trente-sept ans ; il a développé à l'âge de vingt-deux ans une coxarthrose importante des deux hanches qui, petit à petit, a créé un handicap. Il est architecte de profession et il est aussi un sculpteur reconnu. Ses œuvres sont exposées en France, en Espagne et aux Antilles. À l'âge de trente-deux ans, Jérôme s'est retrouvé quasi invalide avec la possibilité de subir une intervention chirurgicale pour lui installer une prothèse à la hanche, opération qu'il a refusée. Il a changé sa vie, a tout quitté pour continuer à pratiquer son art dans un endroit propice qui l'aiderait à se retrouver. Il a entrepris un travail important sur lui-même et sur son corps à travers la Méthode de libération des cuirasses[1] et s'est guéri petit à petit de son arthrose de la hanche pour trouver toute sa mobilité et vivre encore plus heureux de sa créativité.

Je vous présente Maryse.

Maryse a trente-huit ans. Elle vit avec son conjoint, Hugo, et ses deux enfants depuis cinq ans. Elle exerce une profession paramédicale dans le secteur de la rééducation à l'hôpital. Il y a sept ans, elle a appris qu'elle souffrait d'une maladie rhumatismale incurable : la spondylarthrite ankylosante. Deux mois après l'annonce de ce diagnostic, elle entreprenait un travail sur elle-même en psychothérapie dans le but de comprendre ce qu'elle vivait et de trouver un chemin de guérison pour enrayer le système d'autodestruction dans lequel elle se sentait de plus en plus enfermée et étouffée.

J'ai aussi interviewé des thérapeutes, des auteurs et des conférenciers qui œuvrent dans le domaine de la psychanalyse, de la psychologie et du psychocorporel. J'ai choisi ces thérapeutes non seulement par respect pour leur œuvre thérapeutique mais aussi par reconnaissance de l'authenticité du message d'amour qu'ils transmettent sur terre. J'ai posé à chacun les deux mêmes questions, que voici :

- Y a-t-il pour vous une différence entre se soigner et se guérir ?
- Avez-vous déjà été témoin dans votre pratique de quelqu'un qui a vécu en votre présence le phénomène du DÉCLIC, c'est-à-dire qui est passé de l'état de « se soigner » à celui de « se guérir » ?

J'ai placé le contenu de ces interviews au cœur du livre, entre la première et la deuxième partie. Je souhaite que les propos de ces personnes soient pour vous une source d'inspiration et de réflexion et vous guident dans la compréhension de la seconde partie de mon livre.

PREMIÈRE PARTIE

Quand la douleur détruit
Se soigner

Dans notre société, la quête du bonheur est importante, la recherche de la « vie en rose » semble primer sur la rencontre avec soi-même. Dans notre monde contemporain, il est très aisé de nous fuir, de fuir notre souffrance, le cri de notre corps, notre vie intime, notre conjoint, notre famille, nos enfants en allant chercher à l'extérieur de soi cette chose qui nous attire et qui nous fait constamment saliver : la vie en rose et le bonheur, tels la promesse d'un paradis perdu.

À cause de toute l'énergie consacrée à cette quête, la vie passe, nos enfants grandissent, les fleurs poussent, le soleil se lève, notre conjoint vieillit, mais rien d'autre existe sauf la volonté d'atteindre un jour cet ultime « bonbon » rose : le bonheur, la satiété.

Toutefois, chaque fois que nous croyons le toucher, ce bonbon nous glisse des mains. Lorsque, enfin, nous croyons le posséder, quelqu'un d'autre vient nous le prendre. Cela ne fait qu'augmenter encore plus notre soif, stimuler notre quête, car nous croyons au plus profond de notre illusion que nous pourrons un jour nous asseoir avec le bonbon et le sucer jusqu'à ce que la mort vienne nous chercher. Là, nous pourrions dire : j'ai atteint le bonheur. C'est à cause de cette quête du bonheur que nous nous soignons au lieu de nous guérir.

Car se guérir impliquerait que nous quittions cette quête illusoire et que nous entrions à la rencontre de ce que nous fuyons, tant consciemment qu'inconsciemment, c'est-à-dire notre monde intérieur, notre vraie nature, l'essentiel de ce que nous sommes. Dans ce monde qui est là, à l'intérieur de nous, se trouve une blessure fondamentale qui est nommée par certains le rejet, par d'autres, l'abandon, par d'autres, la non-reconnaissance ou encore la trahison, l'abus, l'humiliation. Peu importe son nom, cette blessure est terrée en nous tel un dragon tapi dans notre grotte intérieure, notre corps, notre chair et notre vie. Mais la chasse au dragon est passée de mode dans notre société, à moins que le dragon s'appelle l'autre et son avoir, l'autre et son amour, l'autre et sa guerre, l'autre et son argent, l'autre et son pouvoir, l'autre et sa notoriété. Ainsi, le chevalier que nous sommes part en croisade avec toutes ses armures pour chasser le dragon social, tenter de vivre une victoire, de conquérir des territoires extérieurs pendant que son propre royaume est attaqué par la maladie, la souffrance et la vieillesse. Retrouver ses territoires intérieurs, oser rencontrer le dragon et le démystifier, prendre soin de son patrimoine intérieur, s'occuper de son château, de sa demeure, cultiver son jardin, nourrir sa terre et ses fleurs demande au chevalier que nous sommes de quitter ses armures et de revêtir le vêtement qui permettra cette rencontre intime avec lui-même et son domaine intérieur, le vêtement de l'amour et de l'authenticité.

CHAPITRE PREMIER

L'appareil psychique

Qui suis-je ? Suis-je l'océan ou la goutte d'eau ?
Suis-je le doigt qui montre la lune ou la lune ?

Dans ce chapitre, nous allons analyser l'appareil psychique et sa fonction, telle que vue à travers ma propre grille d'interprétation, inspirée du psychanalyste Carl Gustav Jung et de mes années d'expérience dans la pratique de l'art de la guérison. Au cours des vingt-cinq dernières années, j'ai rencontré et écouté environ sept cents patients avec lesquels j'ai évolué dans mon approche thérapeutique. J'ai puisé dans ces rencontres la matière de cette première partie.

Le mécanisme naturel de guérison

Nous avons tous en nous un potentiel de guérison qui est inhérent à notre être[1]. Cette force de guérison est innée, naturelle et toujours présente. C'est la force de vie qui nous habite. Cette puissance est liée directement à notre nature profonde, à notre réelle identité. Elle est nommée différemment par les différentes écoles philosophiques, religieuses et psychologiques. Elle est appelée la force de vie, la force spirituelle, le chi, la kundalini, l'élan vital, le processus créateur ou encore l'amour. Peu importe le nom qu'on lui donne, elle est là, présente dans nos profondeurs, nourrissant le corps, l'esprit, l'âme. Elle fait de nous un être incarné. Logée dans la profondeur de notre corps physique, elle émane du plus profond à la surface, du centre à la périphérie. Elle est en relation avec la force de vie qui habite l'univers, le cosmos, elle s'y connecte, elle s'en nourrit pour mieux s'y unifier. Cette force de vie qui nous habite se partage, se transmet. Elle n'est pas nécessairement consciente pour tous, mais pour certains elle peut l'être ; cela dépend des circonstances et des événements qui peuvent éveiller le contact à cette force. Elle est logée au cœur de notre corps, dans notre colonne vertébrale, dans nos muscles intrinsèques, dans notre tissu conjonctif le plus profond. Elle nourrit tous nos centres d'énergie, nos glandes, nos organes internes, notre système nerveux central, notre sang, nos nerfs et par le fait même chaque cellule de notre corps.

Lorsqu'elle circule librement dans le corps et la psyché, elle est la pure expression de l'incarnation de l'âme sur terre. Elle est la force psychique qui permet à notre âme d'évoluer dans le corps physique et le corps planétaire. Elle est reliée à l'incarnation terrestre, permettant à l'âme de bien habiter son enveloppe pour accomplir sa réalisation, son mandat planétaire.

Ainsi, si elle est libre, elle accompagne la réalisation de l'âme et de la personnalité dans une union, un mariage du couple intérieur, le yin et le yang, le haut et le bas, le ciel et la terre. Lorsqu'elle est retenue, enlisée par besoin de protection, par peur, par inhibition, elle se tourne contre elle-même et non seulement elle se détruit mais elle détruit tout ce qui est autour d'elle.

Le potentiel de guérison ou la force de vie existe. Il n'y a pas de conditions, ni de qualité ni de jugement. Cette force existe tout simplement : lorsqu'elle est dans un mouvement de construction, elle est vie ; lorsqu'elle est dans un mouvement de destruction, elle est mort. Il n'y a pas de jugement. La vie, la mort sont la même force inhérente à tout être.

Ce potentiel vital qui existe en nous et autour de nous est porté dans notre appareil psychique par le soi[2] et le moi[3], des termes créés par le psychanalyste C. G. Jung. Le soi, tel une membrane ou un filtre universel et collectif, nous permet d'entrer en relation avec les forces universelles comme la lune, le soleil, la nature, les astres et les forces collectives tels les archétypes matriarcaux et patriarcaux et bien d'autres… qui nous entourent.

Le moi, autre membrane ou filtre personnel, nous permet d'entrer en relation avec notre monde intérieur qui est composé de pensées, d'émotions, de sensations, d'intuition, ainsi qu'avec le monde extérieur qui est composé des autres, d'événements, de mouvements et de tout ce qui nous entoure.

Notre potentiel de vie ou de mort est porté par notre appareil psychique. Cette vie ou cette mort n'est pas uniquement personnelle ; cette énergie vitale est aussi universelle et collective ; nous en sommes constamment témoin et sous son influence.

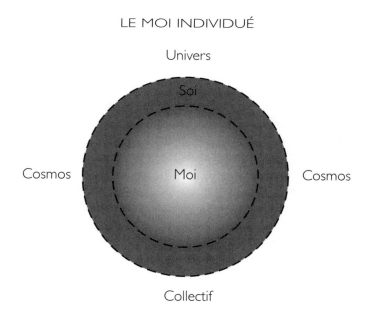

LE MOI INDIVIDUÉ

Les fonctions du moi

Le moi, notre filtre personnel, repose dans le Soi, notre filtre universel et collectif. Le moi – peu importe le nom qu'on lui donne : personnalité, moi ou ego – est ce qui nous permet d'entrer en présence du monde extérieur et de notre monde intérieur et de gérer la force du soi, de l'universel et du collectif. Le Moi ou la personnalité permet de dire « je suis un homme ou une femme, je m'appelle X, j'habite à tel endroit, je suis marié ou non ». Nous pouvons écouter notre monde intérieur, par exemple entendre nos besoins[4], nos désirs[5], suivre nos intuitions et en même temps, nous permettre de suivre le mouvement de nos élans[6], de nos aspirations. Toujours à travers le moi, nous pouvons entrer en relation avec le monde extérieur et, par exemple, discerner dans notre quotidien ce qui est bon pour nous et ce qui est toxique. Le moi permet de prendre ce qui nourrit et de laisser passer ce qui n'est pas nourrissant. Il est le filtre qui permet le regard que nous portons sur nous-même et sur les autres. Le moi remplit plusieurs fonctions de réceptivité du monde intérieur au monde extérieur, d'écoute, de filtre, d'adaptation et de recherche d'équilibre entre les forces intérieures dont nous sommes munis et les forces extérieures existantes. Dans cette recherche d'équilibre, notre moi a aussi pour fonction de mettre en place des mécanismes de protection. Les voici.

Le refoulement : mécanisme qui permet à la personnalité de contenir dans une partie inconsciente de nous-même ce qui serait trop menaçant, tels un viol, un inceste ou d'autres événements majeurs trop douloureux pour être intégrés dans la personnalité. Le moi remise dans le grenier de l'inconscient ce qui est intolérable pour le moment.

La projection : mécanisme du moi qui nous permet de rejeter à l'extérieur ce qui est vécu à l'intérieur. Plutôt que de refouler, il est possible de projeter à l'extérieur de soi des sentiments, des objets, des désirs et des qualités. Par exemple, nous croyons que les autres sont tristes parce que nous nous sentons tristes, mais que nous ne voulons pas nous l'avouer, ou bien nous croyons que les autres sont tous en colère ou que le monde entier est colérique lorsque nous sommes en colère, mais que nous ne voulons pas reconnaître ce sentiment.

Le clivage : mécanisme qui permet de séparer en deux un événement douloureux, en ne conservant que le bon de cet événement et en envoyant aux oubliettes ce qui fut le plus douloureux. Le clivage ressemble à un triage de survie.

Le déni : mécanisme qui permet de nier totalement une réalité extérieure ou intérieure douloureuses, par exemple la perte d'un être cher, la trahison, le rejet ou l'annonce d'un diagnostic, et de nier que cela s'est passé, jusqu'à l'oublier et jusqu'à se construire une autre réalité.

L'annulation: mécanisme du moi qui permet de fabriquer des histoires autour d'une situation douloureuse pour se faire croire que cette situation ne s'est pas produite. L'individu adopte alors un comportement ayant une signification inverse. Prenons le cas d'une femme qui fut laissée pour compte par son père dans sa petite enfance. En réaction, la tendance serait d'idéaliser les hommes, de les voir tous comme des princes charmants. Cette femme annule sa blessure en idéalisant l'homme.

La banalisation: mécanisme du moi qui permet de minimiser une expérience douloureuse ou heureuse. Par exemple, un homme qui est constamment rejeté sexuellement par son épouse se fait croire que cela ne le dérange pas et que pour lui le sexe est peu important. Il n'a pas besoin de sexualité, se dit-il, tout cela est banal. Cet homme banalise une expression de sa vie. Un individu peut aussi banaliser une expérience heureuse, car le bonheur serait interprété comme trop menaçant pour la personnalité.

Le triangle de projection dramatique: fonction du moi qui ressemble à la projection, mais qui est un jeu beaucoup plus puissant permettant de déplacer le contenu émotionnel trop douloureux d'un événement dans un autre contexte pour éviter de le reconnaître. L'individu entre alors dans un jeu de positionnement à l'intérieur d'un triangle où les positions privilégiées sont: le persécuteur, la victime ou le sauveur. Par exemple, un père de famille part en voyage en Floride avec ses enfants qu'il invite à ses frais. Pour une raison quelconque, cet adulte se sent trahi par ses enfants pendant le voyage. Plutôt que de s'occuper de cette douleur de trahison et d'en parler avec ses enfants, son moi va accuser la Floride, son climat, l'hôtel, le terrain de golf, la mer, les Américains et tout ce qu'il peut trouver autour de lui pour le mal-être qu'il vit au cours du voyage. Ainsi, il évite de ressentir sa douleur en se positionnant comme victime à l'intérieur du triangle lui permettant d'accuser les autres de son malheur personnel.

Le moi a ainsi des fonctions d'écoute, de réceptivité, de filtre, d'équilibre, de discernement, d'adaptation et aussi des fonctions de protection s'il se sent menacé. Ces mécanismes de protection se déclenchent lorsque la personnalité se sent menacée ou irritée par des situations extérieures qui entraînent des réactions internes (par exemple, imaginez que vous soyez constamment en présence de quelqu'un qui vous rejette. Vous risquez de déclencher rapidement un mécanisme de protection par rapport au rejet que vous recevez de cette personne). Le moi se sent de plus en plus menacé si la situation extérieure qui l'agresse est récurrente. Ces mécanismes de protection vous permettent de « survivre » dans des conditions psychologiques qui sont jugées invivables. Les fonctions du moi sont donc nécessaires à l'équilibre ; nous ne pourrions exister sans personnalité.

La respiration du moi

Le moi peut-il mourir ? Dans certains ouvrages spirituels, le maître dit qu'il faut tuer l'ego, la personnalité, parce que l'ego est l'ennemi. Il existe maintes façons d'interpréter ce message. Jusqu'à maintenant, dans ma pratique, ce que j'ai observé est que plus le moi respire au soi, c'est-à-dire, plus la personnalité est souple, plus la nature profonde de l'être, soit l'âme, est incarnée dans un corps, plus il peut émaner et influencer le quotidien par sa vibration d'amour et de vie. Ainsi, les actes seront porteurs d'équilibre et de transparence. Si cette respiration du moi est limitée, nous sommes alors témoin de dureté, de violence, d'autodestruction dans cette relation intime avec les forces de vie et d'amour qui nous habitent.

Si, par contre, vous choisissez de croire que l'ego est votre ennemi, vous risquez de bâtir une séparation avec des aspects de vous et de vous maintenir dans une forme d'élévation de l'esprit au détriment d'aspects importants de la personnalité tels que votre histoire, vos blessures, vos besoins. Cela aura pour conséquence de réduire l'expérience de votre monde intérieur et de faire en sorte que vous jugiez rapidement malsains les émotions refoulées ou les enfermements qui sont logés en vous depuis des années.

Le moi qui repose en présence du soi possède une respiration qui lui est propre. Telle une membrane dont la fibre serait souple (état de fusion), trop ténue (état d'inflation) ou trop rigide (état d'induration), la personnalité a une capacité d'élasticité et de contraction, de la fusion à l'induration. J'appelle ce phénomène « la respiration du moi ». Cette respiration ou cette capacité qu'a la personnalité de puiser dans l'énergie des profondeurs et dans le potentiel de vie qui est en nous tous (fusion) ou à l'opposé, de se contracter de façon à s'étouffer sur elle-même jusqu'à l'emprisonnement et jusqu'à la destruction (induration), dépend de la façon dont la personnalité s'est construite (*voir chapitre suivant*).

Pour rendre ce propos plus concret, je suis partie d'un exemple de la vie quotidienne d'un personnage fictif qui s'appelle Jules.

Pour nous, Jules va réagir de trois façons différentes à une situation quotidienne qui se résume ainsi : Pendant sa journée de travail, Jules est confronté à une difficulté avec son patron. Il est irrité par la situation. Il termine sa journée de travail et...

Exemple A (état fusion) : Jules sort d'une journée difficile au travail et il est confronté à un problème qui l'a irrité. Il est épuisé physiquement et psychiquement. Il a l'impression d'avoir vieilli soudainement. Il arrive à la maison et choisit d'entrer dans une profonde relaxation[7] ou encore d'aller pratiquer son sport préféré[8] pour se régénérer. Lors de cette relaxation profonde ou de cette pratique sportive, il se détend et établit le contact avec le potentiel de vie qui l'habite. Il se détend dans l'énergie des profondeurs. Consciemment, il va puiser dans son potentiel de régénération qu'est le contact avec le soi. Cette nourriture lui est assurée par l'effet de la relaxation ou par la pratique du sport. Des ondes cérébrales[9] font en sorte que la suractivité de l'hémisphère gauche de son cerveau se relâche, lui permettant d'accéder à l'hémisphère droit de son cerveau qui le lie à l'énergie de ses profondeurs. Il ressent dans toutes les cellules de son être qu'IL EST CETTE VIE sans qu'il perde la présence à lui-même. Il devient plus vaste, plus ouvert[10].

Pendant qu'il est dans cet état, des solutions au problème rencontré dans la journée se révèlent à lui naturellement. Il prend une distance saine par rapport à l'événement qui l'avait irrité. Il comprend la source de cette irritation. La relaxation ou le sport l'aide à établir une distance avec les sensations vécues dans la journée[11]. Il est fusionné à l'énergie de ses profondeurs. Il se sent rajeuni et fort vivant. Il ressort de cette expérience rajeuni, régénéré et Jules poursuit sa soirée avec plus d'énergie et de force. Son moi a retrouvé son équilibre et peut continuer de se détendre en présence de la force du soi.

Que s'est-il passé ? Ici Jules a connu une expérience de **percep-tion élargie** de sa réalité. Il a senti la VIE en lui, il est vivant, il a une perception de lui-même en tant qu'être vivant et il se nomme toujours X. Sa personnalité a su établir un contact avec la force de vie qui est en lui dans une forme d'**état de fusion**, d'**état de conscience élargie,** tout en gardant son identité. Sans qu'il le sache, son cerveau a produit une hormone qui a entraîné cet état altéré de conscience où il y a eu régénération des systèmes de son corps.

Il est possible pour le moi de se reposer, de se détendre dans le soi et même d'élargir sa propre perception de son univers per-sonnel sans s'y perdre parce que **la membrane est souple.**

FUSION
LE MOI EST SOUPLE
DANS LE SOI IL PEUT S'ABREUVER

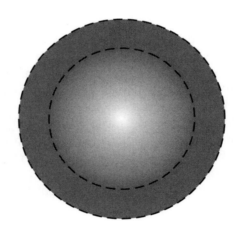

Exemple B (état d'inflation) : Reprenons le même exemple et ajoutons que Jules est un être fragilisé par la vie depuis plu-sieurs années. Il est très sensible à toute forme de contrariété. L'irritation créée par la journée est forte. Il se sent en état de survie, il transpire, il a peur, il doute soudainement de lui d'une façon irrationnelle et son malaise renforce sa peur. Il n'a qu'une envie : prendre de l'alcool pour s'endormir et pour oublier. Jules se rend dans un bar connu de ses vieux copains. Il rencontre un ami de sa période « hippie ». Son copain fume toujours « des pétards » et lui offre d'en prendre avec lui. Il y a longtemps que Jules n'a pas fumé. Il est sous l'effet de l'alcool et sa capacité de discernement est à la baisse. Il se dit « pourquoi pas ? », surtout que la journée a été éprouvante et même que sa vie a été éprouvante au cours de ces dernières années. Notre Jules en a marre. Le copain lui dit que c'est de la marijuana de la Thaïlande qui est très forte. Jules se sent tout excité à cette perspective. Il décide de fumer.

Il se sent bien sous l'effet de cette drogue et même très bien ! Il entre dans une expérience altérée de conscience qui va durer des heures. Il se sent si vivant. Jules voit la vie tel un fluide vert qui circule dans tous les pores de sa peau. Il « tripe ». L'heure de la fermeture du bar est annoncée mais Jules s'en fout. Il est sous l'effet de la drogue et le temps n'existe plus pour lui.

N'oublions pas que Jules est un personnage fragilisé par la vie. Sa personnalité, sous l'effet de la drogue, se permet ce contact avec la force de vie qui l'habite. Comme les parois de son moi sont fragilisées par des épreuves refoulées, Jules devient submergé par son expérience de façon telle qu'il n'arrive plus à « redescendre » sur terre. Son moi s'identifie à l'énergie de ses profondeurs.

On met Jules à la porte du bar, car il refuse catégoriquement de quitter ce lieu. Il est là dans la rue et son copain ne sait plus que faire. Jules crie à qui veut l'entendre : « JE SUIS LA VIE » ; « JE SUIS VIVANT ». La police arrive et lui demande son nom et Jules de répondre : « Mon nom est la VIE. Je m'appelle la VIE. » On lui demande son adresse et Jules répond : « la VIE ». On lui demande de nommer les parties de son corps et Jules de répondre : « la VIE ». Jules est alors amené à l'urgence d'un hôpital psychiatrique pour être évalué.

Ce phénomène par lequel le moi est submergé est appelé **l'inflation**, autre terme créé par C. G. Jung[12] qui signifie que la personnalité a été submergée par la force du soi. Le moi dont les parois étaient fragilisées par des expériences de submergement répétitif s'est identifié au soi. Le moi a éclaté sous la force de l'expérience amplifiée, ici la drogue ingérée ; le moi est alors devenu le soi. Jules ne vivait plus de frontière, il était fondu au grand Tout. Il avait perdu le contact avec son identité. La peur que vivait Jules a cédé à un besoin urgent de fusionner pour se perdre et ainsi oublier sa réalité douloureuse. Il va sans dire qu'il existe bien d'autres contextes susceptibles de fragiliser un individu au cours de sa vie, tels une expérience mystique, un traumatisme violent et d'autres qui peuvent amener à l'expérience de l'initiation.

INFLATION
LA MEMBRANE DU MOI ÉCLATE

Exemple C (état d'induration) : Jules vit sa journée stressante et décide d'aller au gymnase pour pratiquer un sport. Le conflit vécu dans la journée l'a irrité, mais il connaît cela. Il serre les dents en pensant « je vais les avoir ». Il fait ses exercices habituels, il passe d'une machine de conditionnement physique à une autre, il tente de se détendre mais il ne cesse de penser à son travail et au conflit avec son patron. Il imagine des scénarios où il frappe son patron. Mais malgré tous les scénarios, Jules n'arrive pas à se détendre ; au contraire, il est de plus en plus tendu. La colère monte en lui et il a envie de frapper. Jules insiste sur les machines et l'entraîneur vient l'avertir de relâcher le rythme, car il risque de se blesser. Jules serre les dents encore plus. Il se sent de plus en plus mal. Il décide d'arrêter ses exercices. Il n'a pas atteint un état de détente comme il le fait d'habitude. Il est tendu, contracté, il s'en veut. Il se juge inutile. Il en veut aussi à la vie. Il peste contre tout. Il prend son auto. Il conduit rapidement, trop rapidement. Un policier l'interpelle. Jules le regarde ; il n'aurait qu'une envie, le frapper. Jules se prend la tête dans les mains. C'est trop et, en plus, il se tape une contravention. Décidément, tout va mal.

Que se passe-t-il dans ce scénario ? La personnalité de Jules s'est contractée. Son moi est « happé » par une mauvaise expérience ou un conflit vécu dans la journée qui lui rappelle quelque chose de plus profond en lui mais qu'il ne veut pas voir. Il n'arrive pas à gérer le stress créé par le conflit. Jules est envahi par le problème et sa seule réponse conditionnée est la colère, qui devient agressivité. Jules n'arrive pas à se détendre en présence du conflit extérieur qui a soulevé en lui un conflit intérieur. Il n'y a pas de communication possible entre sa personnalité – le moi – et le grand tout du soi. Le cerveau n'a pas réussi à libérer les hormones qui auraient permis l'émergence du phénomène d'état de conscience élargie. Tout au contraire, Jules a sécrété de l'adrénaline, et beaucoup, car il fantasmait sur des scénarios d'attaque. Il prend son véhicule. Il conduit rapidement. Un policier l'arrête et lui demande ses papiers. Jules n'a qu'une envie : lui taper dessus. Ce phénomène, s'il perdure, est appelé « INDURATION ».

Ce terme créé par Wilhelm Reich désigne le processus d'enfermement que peut subir la personnalité « indurée », c'est-à-dire qui n'existe qu'à travers sa contraction et son emprisonnement autour d'un problème ou d'un conflit[13]. La membrane de la personnalité est trop épaisse et contractée. Poussé à l'extrême, ce processus peut amener un individu à refuser de se détendre, car il a peur de mourir en fermant ses yeux ; ou pousser un individu qui, submergé par son conflit, à attaquer verbalement ou physiquement le policier qui l'interpelle ; ou encore provoquer chez une personne une telle contraction dans son corps physique qu'elle ne peut pratiquer aucun sport sans se blesser. Elle n'a plus de souplesse. Le même phénomène d'induration peut être vécu par quelqu'un qui est dépressif et qui est enfermé dans son état de dépression. L'induration n'est pas reliée qu'à un enfermement qui débouche sur l'agressivité ; ce même enfermement peut amener un individu dans des états d'impuissance et de désespoir qui à la longue altèrent la chimie du cerveau. La dépression chronique s'installe.

INDURATION
LA MEMBRANE DU MOI S'EST DURCIE

Les trois types de respiration du moi au soi ne sont pas des catégories fixes. Il existe plusieurs nuances dans les respirations ci-haut mentionnées et les trois façons de réagir de Jules sont des exemples très généralisés. Tous les scénarios sont possibles d'une respiration à l'autre.

La façon dont la personnalité réagit dans une situation d'agression dépend de plusieurs facteurs reliés soit à la vie intra-utérine, à la naissance ou à la petite enfance et, surtout, à la façon dont l'enfant a développé son monde réactionnel dans sa relation avec son système familial. La respiration du Moi dépend du processus d'individuation.

QUESTIONNAIRE

Analyse des réactions face à un événement stressant

Comment réagissez-vous face à un événement stressant ?

Réagissez-vous en conscience ?
Tentez-vous de prendre une distance face à l'événement par la pratique d'un sport ou d'une méthode de relaxation pour trouver une solution ?

Réagissez-vous par la fuite ?
Tentez-vous de fuir le problème soulevé par l'événement par la prise de stimulants tels café, alcool, nicotine, drogue ou médicaments ?

Réagissez-vous par défense ?
Réagissez-vous en vous contractant, en vous défendant par une colère et une agressivité dirigées contre l'événement et les gens qui y sont associés ?

Découvrir quelle est votre façon de réagir au stress vous donne des pistes de transformation et vous informe sur la capacité qu'a votre personnalité de respirer aux énergies des profondeurs qui vous habitent en vous ouvrant au bien-être, en trouvant facilement des solutions. Plus votre personnalité est souple, plus elle est capable de prendre une distance par rapport à toute situation stressante et même d'y trouver un sens.

Analyse des réactions de protection face à un événement choc qui vous amène en état de survie

Pouvez-vous identifier votre façon de vous protéger d'une douleur amoureuse, d'une déception professionnelle, d'un sentiment de trahison, de rejet ou de toute autre agression que vous pouvez subir ou avez subi dans votre quotidien ?

Quel est votre mécanisme de protection?

Refoulement? (J'oublie.)

Projection? (La vie est trahison ou la vie n'est que souffrance.)

Clivage? (Je divise la douleur en deux et je ne garde que le bon; j'oublie le mauvais.)

Déni? (Je nie.)
Annulation? (Je me raconte tout un scénario pour ne pas souffrir.)

Banalisation? (Ce n'est pas si important.)

Triangle dramatique? (C'est la faute de l'autre, je suis victime.)

Identifier vos mécanismes de protection vous donne des pistes de transformation. Il est possible pour vous de questionner votre réaction de protection et de contempler si elle est toujours aussi légitime.

CHAPITRE 2

Le processus d'individuation

Je me sépare de moi-même pour
construire un autre moi-même…

Du début de la vie à l'âge de dix-sept ans

Dans ce chapitre, nous contemplons comment un individu, de la période précédant la naissance jusqu'à la fin de l'adolescence, se bâtit une personnalité à travers une séparation de sa nature profonde, pour tenter de répondre aux événements survenus au cours de cette période. Nous allons assister à la construction de l'autre soi-même. Cette construction se vit par un besoin qu'a l'enfant d'imiter ses parents, par besoin d'amour et d'appartenance, mais aussi par protection inconsciente face à la blessure fondamentale qu'il porte déjà dans son petit corps et dans son cœur. Ce désir d'être comme maman et papa (qui eux aussi se protègent de leur blessure fondamentale) et ce besoin de survivre en se protégeant contre la douleur créent en lui une séparation profonde d'avec sa propre nature. C'est cette même nature chez l'enfant qui n'est pas nécessairement reconnue par les êtres chers qui entourent le tout-petit et par le système familial et social au sein duquel le petit est né. L'analyste C. G. Jung décrit ainsi ce processus, qu'il désigne sous le nom d'individuation : « Nous naissons indivisibles et nous rencontrons la division pour en venir plus tard à une réunification[1]. »

L'anatomie de la cuirasse

Il existe en nous une blessure de base, que j'ai nommée la blessure fondamentale. Celle-ci crée en nous une douleur indescriptible et si douloureuse que beaucoup d'entre nous préférons mourir plutôt que de la ressentir. Cette blessure est une blessure face à l'amour, face à la vie. Elle est telle une lame de fond de notre océan psychique qui a lacéré notre âme et notre personnalité. Elle est bel et bien logée dans notre corps physique sur l'axe du « cœur du corps », soit dans la région des yeux, du fond de la cavité buccale, de la gorge, du sternum, du plexus solaire, des organes internes associés à la région du diaphragme ou du ventre près de l'ombilic et du périnée. Sa douleur est ressentie et se répercute dans les articulations charnières du crâne, les vertèbres cervicales, les épaules, les coudes, les doigts, dans les côtes, le bassin, les articulations des hanches, des genoux, des chevilles ou des pieds. La blessure fondamentale n'est pas superficielle ; elle est ressentie par ceux de mes patients qui l'ont contactée comme une plaie profonde, ouverte, qui suinte et qui est très douloureuse. Elle porte le nom soit de l'abandon, du rejet, de la non-reconnaissance, de l'humiliation, de la trahison et de la maltraitance. Elle est portée comme un poids avec un certain niveau de fatalisme. La douleur associée à la blessure est là. Elle fait mal. Elle n'est ni grande ni petite, elle est. Elle ressemble à ce dragon que l'on tente d'enfermer dans une cave de notre château intérieur. Plus on l'enferme, plus il veut se faire entendre. Plus on croit qu'il est monstrueux, plus il devient un monstre crachant ses flammes, car il est agressé par notre peur et notre déni.

Je me suis séparé de moi-même et je me suis bâti une identité. Chose étrange, pour me bâtir, je me suis perdu de vue. Il existe en moi une douleur qui prend de plus en plus de place, car il m'est douloureux de compromettre ainsi ma vraie nature. En me protégeant des agressions vécues, soit dans le ventre de ma mère, soit à ma naissance, soit dans mes premières années de vie, je me suis fait une carapace qui m'a aidé à survivre. Je peux remercier cette protection mais en même temps, je paie cher ce compromis. Mon corps m'envoie des signaux de détresse. J'ai fait taire la vie pour me former à l'image de quelque chose ou de quelqu'un et j'ai subi. J'ai reçu des coups. J'ai attendu qu'on me regarde, qu'on me prenne. J'ai été l'enfant de remplacement. J'ai voulu que l'on m'aime. J'aurais désiré qu'on me laisse en paix. J'ai tenté de crier. Je me suis tu, j'ai serré les dents, j'ai bombé mon petit torse ou j'ai arrondi mon dos, j'ai raidi mes petites jambes. J'ai joué le jeu de ma famille, de mes parents, de mes tuteurs et des autres. Je suis même devenu comme eux. Je me suis adapté et encore plus : je me suis suradapté.

Si je le fais, c'est qu'il y a une raison. La douleur est trop douloureuse, je vais tenter de l'oublier. En moi, il y a ce cri, je vais tenter de le taire. En moi, il y a cette déchirure, je vais tenter de l'ignorer. En moi, il y a ce mal qui me dévore, je vais le faire mourir. Je vais donner qui je suis, ma réelle substance d'être, à des parties de moi qui vont l'endormir ou la geler ou la tuer pour ne pas qu'elle souffre. Vite je vais devenir comme eux, je vais exister dans mes fausses identités et oublier qui je suis. Mais qui sont-ils, eux ? Qui sont ces parents ? Quelle est cette famille ? Qui sont ces gens qui jouent si durement, qui se critiquent entre eux, qui se jalousent, qui s'envient, qui nous quittent, qui nous abandonnent, qui nous rejettent ou qui nous étouffent ? De quel monde viennent-ils ? De quel droit tentent-ils de me nier, de me battre, de m'étouffer de leur supposé amour ? Je ne veux plus vivre sur cette terre avec ces gens qui sont soi-disant mes parents ou ma famille. Je ne les ai pas choisis.

Journal intime
Participant à un séminaire
Bruxelles, mai 2000

Comme en témoigne ce participant à un séminaire dans un dialogue avec son enfant intérieur, la blessure fondamentale est portée par l'enfant inconsciemment ou consciemment. Elle est si douloureuse que le tout-petit cherche à s'éloigner de la douleur qu'elle provoque. Comme il s'en éloigne, il s'éloigne d'une partie de lui-même qui est en souffrance. Mais cette souffrance est vivante et importante, elle est le cri qui est lancé pour que la personnalité se relie au lieu de se séparer.

Cette souffrance peut difficilement être entendue de son conscient, de sa personnalité, de son petit moi ou de sa famille, car elle est menaçante pour l'équilibre de la famille ou pour l'équilibre de la personnalité. Alors, l'enfant, inconsciemment ou consciemment, se lance dans une suradaptation à une réalité douloureuse. Non seulement il aura tenté de s'adapter à sa vie intra-utérine, à la naissance et à ses premières années de vie, mais il doit fournir un effort encore plus grand pour fuir quelque chose qui lui court après, «sa douleur fondamentale», car cette douleur ne s'atténue pas, elle grandit. L'enfant entre alors dans cette suradaptation pour éviter de souffrir et surtout pour tenter de survivre à son monde intérieur et à son monde extérieur. Il s'éloigne de lui-même pour tenter de maintenir la tête en dehors de l'eau.

Il développera des pensées de l'ordre de : «Je vais y arriver»; «Je serai plus fort qu'eux»; «Ils ne m'auront pas»; «Je vais leur montrer»; «Je ne ferai pas comme eux»; «Je serai différent»; «Là je vais me taire, mais un jour ils sauront qui je suis»; «Je vais plier l'échine mais un jour je me vengerai»; «Je vais leur donner ce qu'ils veulent mais je les déteste et un jour je partirai».

Malheureusement, même si ces pensées peuvent donner simultanément un sentiment de puissance, de distance ou de soulagement, elles ne font qu'isoler l'enfant de lui-même. Elles créent une séparation intérieure et extérieure malgré les apparences d'adaptation. L'enfant s'éloigne de lui-même pour tenter de devenir quelqu'un d'autre, soit à l'image de ce que l'on attend de lui ou à l'inverse. Ainsi, **la construction d'un autre soi-même sert à se protéger de cette douleur fondamentale**. L'enfant ou l'adolescent qui se sépare de sa douleur entre dans une cuirasse de protection qu'il maintiendra jusqu'au jour où un événement se présentera aux portes de sa vie telle une brique qui lui tombera sur la tête. Il aura alors le choix de se réveiller. Les signaux envoyés par le corps ou par les rêves, ou encore les signes tels que l'apparition d'une maladie, la perte d'un être cher, un divorce, un échec professionnel peuvent créer un séisme extérieur et intérieur d'une force telle que la rencontre deviendra inévitable.

Lorsque nous sommes agressés[2], nous réagissons par un mouvement inné de protection et de fermeture[3]. Il en résulte une contraction qui s'inscrit automatiquement dans notre corps physique par l'intervention de notre cerveau le plus ancien, la portion lymbique[4], qui analyse qu'il y a danger. Tel un réflexe de survie face au danger plausible constitué par l'agression, le corps se referme et une tension s'installe dans le tissu conjonctif et sa portion appelée le fascia[5]. Ce tissu conjonctif est tel une toile d'araignée en trois dimensions qui est partout dans le corps, enveloppant les muscles, les différents groupes musculaires, les attaches des muscles aux os, les os, les organes internes. Dans cette toile d'araignée circulent les vaisseaux sanguins, les nerfs et leurs terminaisons nerveuses. Le tissu conjonctif est une matière vivante de transmission, et c'est par cette matière que s'installe la contraction instantanée face à une attaque.

L'influx nerveux qui dirige l'annonce du danger fonctionne selon cette équation :

danger = réflexe de protection

L'équation se rend comme information par le biais de ce système de transmission que constitue le tissu conjonctif du corps, le fascia. La tension s'installe partout dans le corps. Cette tension se vit comme un mouvement de fermeture des articulations charnières des épaules, des hanches, des coudes, des genoux, des chevilles, des mâchoires, ainsi que des articulations de la colonne vertébrale. Le corps se referme sur lui-même et tente, dans son réflexe de survie, de protéger ce qu'il y a de plus tendre dans la profondeur du corps, c'est-à-dire le cœur de notre corps qui est composé de la moelle épinière, du liquide céphalorachidien, des organes internes logés tout près de la colonne vertébrale. Cette transmission nerveuse de survie crée une protection par cette équation :

réflexe de protection => contraction
=> protection de la vie => tension profonde

La tension profonde qui s'installe protège la vie, car une menace pèse sur cette vie. Ce phénomène de protection instantanée contre l'agression est à la base de l'anatomie de la cuirasse, car, si ces réflexes de protection sont nécessaires, à la longue, ils tendent à augmenter la résistivité au détriment de l'action. Sur le plan physique, cela entraîne la perte de souplesse musculaire, l'ankylose articulaire, les stases circulatoires.

réaction à l'agression => protection instantanée
=> naissance de la cuirasse

Que l'agression qui menace la vie soit vécue par le fœtus dans le ventre de la mère, par le poupon à sa naissance, par l'enfant de trois ans ou l'adulte de trente-quatre ans, le corps et la psyché réagiront de la même façon instinctive. Ils vont se cuirasser et bâtir une armure. Cette armure protège la vie. Cette vie est logée partout, mais elle a son siège dans ce qu'il y a de plus profond, de plus intrinsèque dans notre structure physique et psychique.

La cuirasse est une réaction naturelle et nécessaire de protection installée par le cerveau ancien. Ce phénomène se vit de façon autonome avant même que l'individu ait eu le temps de choisir s'il va réagir ou non. En effet, ces mécanismes de défense sont sous la dépendance du système nerveux végétatif, autonome. Ce système neurovégétatif assure le maintien des fonctions indispensables à la survie de l'individu (respiration, alimentation, évacuation... ou de l'espèce (reproduction).

L'apparition d'une cuirasse se fait sans la collaboration du conscient de son propriétaire, du moi ou de la personnalité. En premier lieu, le corps se referme, il se cuirasse et après peut venir une réaction plus sophistiquée de la part de l'individu, soit de fuite, soit d'attaque, soit d'inhibition de l'action[6]. Ces mécanismes de protection plus sophistiqués proviennent du moi, cette membrane filtre qui nous aide à établir une relation avec notre environnement et notre monde intérieur. Les mécanismes de protection du moi vont venir renforcer la psyché et le corps dans sa cuirasse.

Agression = cuirasse = tension
= fuir ou attaquer ou se figer
(évitement passif)

L'INDURATION DU MOI

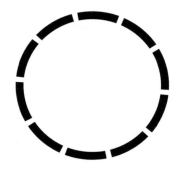

L'induration ou la fixation[7]
dans le mécanisme réactionnel à l'agression

Lorsque l'animal est attaqué, il réagit par la fuite ou, s'il ne peut pas fuir, par l'attaque, qui sont des mécanismes naturels d'un état de survie. Il va rarement réagir par une inhibition de son mécanisme de réaction, c'est-à-dire par un évitement passif, à moins qu'il ne soit domestiqué. Si l'animal est trop domestiqué, c'est-à-dire trop adapté jusqu'à avoir subi une grande diminution de ses mécanismes spontanés de survie, il peut réagir en se figeant sur place dans une réaction d'inhibition de l'action et subir les réactions internes de fuite ou d'attaque, mais sans réagir, en arrêtant tout mouvement dans une position de soumission et de peur[8]. Cette inhibition de l'action s'installe parce que l'animal a appris d'autres conditionnements qui ressemblent étrangement à ceux de son propre propriétaire. L'animal imite son maître, jusqu'à quelquefois prendre sa maladie. La réaction inhibée n'entrave pas la réaction de protection et de fermeture automatique du corps qu'est la cuirasse. La cuirasse s'installera peu importe le réflexe de fuite, d'attaque ou d'inhibition.

Animal sauvage
agression = cuirasse = réaction face à l'agression
= attaque ou fuite

Animal domestiqué
agression = cuirasse = réaction face à l'agression
= fixité due aux conditionnements du maître sur l'animal
= soumission, peur = cuirasse se fixe => induration

L'humain peut réagir de la même façon qu'un animal domestiqué en vivant l'inhibition de ses réflexes de fuite ou d'attaque parce qu'il est conditionné à réagir autrement[9]. Ainsi, l'humain peut subir l'agression, s'y soumettre par un évitement passif et se bâtir une cuirasse pour se protéger d'une agression dont, malheureusement, il se sent incapable de se séparer.

La cuirasse ainsi maintenue en place jusqu'à sa fixation par la répétition successive de l'agression va à son tour inhiber les réflexes spontanés de survie. L'individu se sent dans un carcan qui va toujours en augmentant. Il est pris dans un cercle vicieux d'enfermement. Il ne réagit plus à l'agression et s'indure dans son mécanisme de protection. L'individu ne peut plus réagir, car il est prisonnier de son propre mécanisme d'inhibition qui l'endurcit dans son armure[10]. Plusieurs fois, dans ma pratique, j'ai rencontré des femmes ou des hommes battus physiquement ou psychologiquement par leur conjoint. Leur vie ou leur santé mentale étaient menacées par la violence relationnelle. Malgré ce danger, ils étaient incapables de mettre un terme à la relation. Vu de l'extérieur, on peut aisément se poser la question : comment se fait-il qu'un humain accepte une telle condition ? La femme ou l'homme battus se maintiennent dans cette situation continuelle d'agression parce qu'ils sont incapables (à cause des conditionnements) de prendre la décision de quitter (fuir) ou d'attaquer (se défendre). Ces individus sont ainsi pris, car les cuirasses déjà mises en place sont trop fixées et, à cause de cette fixité, tuent les réflexes spontanés de survie. À l'aide de la psychothérapie ou de d'autres outils, il fut possible par la suite pour ces hommes et ces femmes de se libérer du mécanisme qui les enlisaient dans la soumission et l'inhibition.

Mais qu'en est-il pour le fœtus, le poupon, l'enfant en bas âge ? Sont-ils capables de fuir ou d'attaquer ? Non. Ils se soumettent et vivent leur processus d'induration (*voir chapitre 1*).

L'induration – le mot le décrit bien : in-durer, in-dur-action, l'action d'indurer, l'action d'endurer – fait que la cuirasse, qui est un mécanisme naturel de protection, se fixe, s'enlise, se durcit et devient à la longue une prison qui tue l'énergie de vie dans le corps et la psyché. La vie n'est plus protégée, elle est surprotégée, elle est emprisonnée.

Cuirasse = vie protégée
Cuirasse indurée = vie emprisonnée

Lorsque la vie est emprisonnée, au lieu d'être créatrice, elle devient destructrice.

LE MOI ET SA FIXATION DANS L'INDURATION :
LES TRAITS SE SONT REFERMÉS, IL N'Y A PLUS
DE RESPIRATION AU SOI, LA PERSONNALITÉ
S'ENFERME SUR ELLE-MÊME

La blessure fondamentale

Pour que le cerveau ancien enregistre qu'il y a danger ou agression, il faut que les sens, soit la vue, l'ouïe, le toucher, l'odorat et le goût enregistrent une impression. Cette onde, cette impression, une fois enregistrée par les sens, est transmise au cerveau qui à son tour la transmet à tout l'organisme. Cela se produit en moins d'une seconde[11].

Dans le cas du fœtus, les impressions lui sont transmises par le liquide amniotique. Que ce soit par la psyché de la mère, la voix du père, ou les vibrations des autres membres de la famille présents autour de la mère[12], le fœtus perçoit s'il y a danger.

Le nouveau-né perçoit ces impressions par ses sens, même si l'on croit que ceux-ci ne sont pas encore développés dans leur totalité. La vision, l'ouïe et le kinesthésique (le toucher) sont les premiers organes de transmission des impressions à renseigner le nouveau-né sur une situation de danger ou d'agression[13].

Chez l'enfant en bas âge, ces impressions[14] vont être enregistrées par les sens sous forme d'images visuelles, auditives ou kinesthésiques et se maintiendront sous la forme d'ondes impulsives qui se nomment émotions. Le tout-petit exprimera de la peine, de la joie, de la satisfaction, de la colère, de la frustration. Ces réactions très primitives et rudimentaires sont directes dans leur expression. Ainsi, un petit peut passer de la colère à la joie en l'espace de quelques secondes. L'onde impulsive sera transmise directement du cerveau ancien au cerveau des émotions et deviendra une émotion. Cette dernière, qui est associée à une impression visuelle, auditive, kinesthésique, gustative ou olfactive, ne fait que passer. Lorsqu'elle passe, une décharge hormonale qui sera détectable dans le sang est déclenchée par transmission nerveuse. Cette hormone correspondra à l'émotion de tristesse, de colère, de joie ou de satisfaction. Cette chimie est fort simple.

Vie intra-utérine
Agression = impression = tension = cuirasse

De la naissance à l'âge de 2-3 ans
Agression = impression = tension
= émotion = décharge = cuirasse

Dès l'âge de deux ou trois ans approximativement, alors que l'enfant entre dans la phase de développement de sa pensée logique[15], ces impressions seront solidifiées dans le corps et la psyché par une pensée qui sera chargée d'une émotion. Comme il commence à développer sa pensée logique, le tout-petit est en mesure de tirer des conclusions de ses expériences et de son environnement. Ces conclusions s'appellent des croyances.

La croyance est de l'ordre de la pensée, mais une pensée qui possède une charge émotive. Cette croyance se bâtit en réaction à un événement heureux ou malheureux. La croyance est un jugement qui est porté sur l'expérience. Elle est une conclusion qui petit à petit peut devenir une façon réelle de s'identifier à son milieu pour se protéger de l'agression.

De l'âge de 2-3 ans à 7 ans
Agression = impression = tension = émotion
= décharge = croyances = cuirasses

Par exemple, une petite fille dont le papa meurt pendant qu'elle est en bas âge peut percevoir que son père l'a abandonné. Cette enfant peut facilement conclure :
« Mon père ne m'aime pas puisqu'il m'a abandonnée. »
Cette conclusion peut servir à développer une cuirasse de protection qui lui servira à se bâtir l'identité « mon père ne m'aime pas». Cette identité, même si elle est douloureuse, lui évite de sentir sa réelle douleur d'abandon, car l'énergie de sa psyché est dirigée vers «mon père ne m'aime pas» plutôt que de vivre sa réelle douleur d'abandon.
Un autre qui voit son père battre sa mère peut conclure : « Les hommes sont dangereux. »
Un autre qui, chaque fois qu'il exprime sa colère, se retrouve devant un parent boudeur qui le punit peut conclure : « Exprimer sa colère égale être puni. »
Un autre qui est témoin de la maladie d'un des parents peut conclure : « La vie est difficile. »
Un autre qui est victime d'inceste peut conclure : « L'amour fait mal. »
Ces conclusions sur la vie, sur les autres, sur l'amour viennent s'ajouter aux images visuelles et auditives, c'est-à-dire aux impressions déjà encodées dans le corps du tout-petit par la mémoire cellulaire ou musculaire autour de la blessure fondamentale. Impressions qui se trouvaient à la base de la construction des cuirasses.
Ces croyances fonctionnent en système, elles se tiennent ensemble comme les fils d'une toile d'araignée ou les mailles d'un tricot. Elles se tiennent en réseau tout comme le tissu

conjonctif dans notre corps physique. Il y a les **croyances de base** qui sont directement reliées à la blessure fondamentale d'abandon, de rejet, etc. Exemple : « Mon père ne m'aime pas ». Puis, il y a les croyances qui découlent de la croyance de base. Je les appelle les croyances **moyennes**. Exemple : à partir de la croyance « mon père ne m'aime pas », le même enfant peut en venir à conclure que « les hommes sont incapables d'amour ».

J'ai souvent observé dans ma pratique que les croyances moyennes, qui sont des conclusions que l'on tire à partir de croyances de base, sont des généralisations d'une réalité douloureuse. Elles permettent aussi de se maintenir en état de protection et de nourrir une fausse identité. Ainsi, tout comme les croyances de base, elles nous évitent de sentir notre douleur. Puis, il y a les **croyances de surface** qui semblent légères. Ce sont des phrases que l'on peut répéter facilement dans le quotidien. Reprenons l'exemple de cette petite fille qui, devenue grande, répète à ses copines sans cesse et sans cesse, comme une bande sonore qu'elle se fait jouer tous les jours : « Moi, je n'ai pas besoin d'un homme pour vivre, je suis une femme forte. »

Suivons la piste de ses croyances :
« Je n'ai pas besoin d'un homme pour vivre, je suis une femme forte. » (surface)
car...
« Les hommes sont incapables d'amour. » (moyenne)
car...
« Mon père ne m'aime pas, puisqu'il m'a abandonné. » (profonde)

Tout ce qui sera retenu par le conscient de cette jeune adulte, c'est « Je n'ai pas besoin de... je suis une femme forte ». Lorsqu'on lui posera la question : « Pourquoi dois-tu être forte ? », elle ne pourra pas répondre à cette question, car elle aura perdu le fil de ses croyances. Elle ne se souvient plus en tant qu'adulte de ce qui est à la base de sa croyance première : « Mon père ne m'aime pas, il m'a abandonnée. »

LE MOI, LA BLESSURE FONDAMENTALE ET LA CONSTRUCTION DE L'AUTRE MOI-MÊME

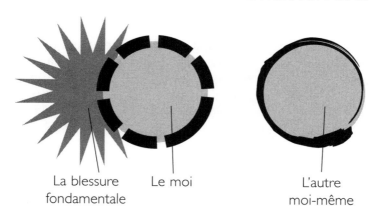

La blessure fondamentale   Le moi

L'autre moi-même

Le développement des croyances

Le système de croyances, à l'image des cuirasses, est formé de couches superposées, allant de la profondeur vers surface. Peu importe la couche où la croyance se situe, cette dernière provient de deux sources, soit d'un conditionnement intérieur, soit d'un conditionnement extérieur ou d'un amalgame des deux.

LE SYSTÈME DE CROYANCES

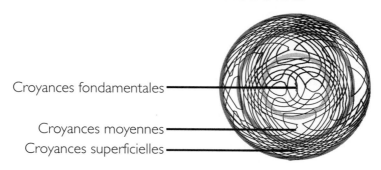

Croyances fondamentales

Croyances moyennes
Croyances superficielles

Les croyances créées
par un conditionnement intérieur

Lorsque la pensée logique s'installe, la réaction à l'agression devient plus sophistiquée, ce qui entraîne un temps de latence. La correspondance entre la perception d'une agression et la réaction de tension qui crée les cuirasses sera associée à une émotion, mais aussi à une pensée chargée de cette émotion. Plus la pensée de l'enfant évoluera, plus ses réactions deviendront sophistiquées avec des temps de latence.

Prenons l'exemple d'une enfant qui s'appelle Marie.

Marie a trois ans et elle joue seule avec sa poupée. Son frère Mathieu, qui a cinq ans, vient lui arracher sa poupée et la lance dans un autre coin de la pièce. Marie lâche un cri de surprise, puis se fige sur place et se met à hurler de colère. Puis elle arrête et va récupérer sa poupée, la reprend et démontre son contentement de la retrouver par des petits cris.

Contemplons la réaction de Marie. Elle réagit directement à l'agression (on lui enlève brusquement sa poupée) par une première réaction de surprise. On la prive de son objet de désir. Elle n'est pas encore certaine qu'elle est agressée, mais comme le geste est fait brusquement, par association d'impressions et par une transmission nerveuse qui est l'émotion, elle réagit en lâchant un cri de colère. Marie passe ensuite de la colère à l'action et va chercher sa poupée. Elle reprend son objet de désir. Elle retrouve le contentement. Qu'est-ce que Marie a fait ? Elle a réagi à l'agression par un cri de colère suivi d'une action suivie d'un contentement. Elle est passée de la surprise à la colère et à la joie en quelques secondes. Sa réaction est primitive. Le temps que l'impulsion nerveuse passe et l'émotion est déjà disparue.

Imaginons maintenant que Mathieu répète son geste plusieurs fois. Marie va réagir en répétant aussi son geste jusqu'à ce qu'elle en tire une conclusion. Nous serons témoin de la construction d'une croyance par le temps de latence entre l'agression, la réaction et la durée de son émotion dans le temps.

Reprenons l'exemple : Mathieu répète son geste. Il lui enlève sa poupée cinq fois et la lance cinq fois à l'autre bout de la pièce. Marie peut tirer une conclusion du type : Mathieu est dangereux, il peut m'enlever ma poupée en tout temps, donc Mathieu = menace = protection.

Si Marie conclut ceci pour des raisons qui lui sont propres, elle pourra développer un comportement du type : Chaque fois que Mathieu s'approche, je dois serrer ma poupée contre moi.

Ou encore, elle pourra développer le comportement de ne plus vouloir partager son objet de désir avec d'autre, car elle aura conclu que chaque fois qu'elle possède quelque chose, un autre peut venir le lui enlever.

C'est ainsi que les croyances se bâtissent. L'enfant qui développe sa pensée et qui tire des conclusions gardera plus longtemps son émotion et ira même jusqu'à bouder pour attirer l'attention et démontrer vraiment son insatisfaction. Par exemple, l'enfant qui maintient sa colère pendant cinq minutes alors qu'il y a quelques mois, il passait de la colère aux rires sans temps de latence démontre ainsi qu'une autre association est faite dans son cerveau. Cette association lui sera utile dans le développement de sa personnalité[16].

Pourquoi l'enfant retient-il sa colère ou sa tristesse quand auparavant, il ne faisait que réagir par une simple colère ou un simple sentiment de tristesse ? Essaie-t-il d'attirer l'attention ? Essaie-t-il de communiquer quelque chose par ce biais de la retenue émotionnelle ? Chose certaine, l'enfant a déjà perdu de sa spontanéité réactionnelle, il est en train de se fixer dans un état émotionnel. Cette fixation lui servira à entretenir son système de croyances. Cette réaction est un mécanisme de survie par rapport à son environnement et servira à construire une cuirasse[17]. Ses mécanismes de survie ne sont pas conscients, ils sont adoptés inconsciemment.

Les conclusions ou croyances que l'enfant se bâtit sont directement reliées à l'expérience. Elles s'enregistrent dans le corps par les sens et sont accompagnées d'émotions et d'impressions telles des images visuelles, auditives ou kinesthésiques. Par exemple, lorsqu'un enfant nomme une croyance, tout son corps réagit. Il est aisé de lire dans son regard, dans le changement de couleur de sa peau, dans ses gestes, ou dans le dessin qu'il en fait sur papier que la croyance est un ancrage puissant qui marque le corps et la psyché de l'enfant. Elle solidifie la cuirasse en la fixant encore plus dans la chair, dans la mémoire musculaire et cellulaire du corps. Les croyances ressemblent à des lunettes de couleurs différentes qui teintent le regard de l'enfant sur sa réalité. Elles sont aussi comme des petites boîtes, des petites cases qui expliquent le vécu de l'enfant et contribuent à favoriser la propre reconnaissance de son identité. Les croyances ainsi créées ont pour source un conditionnement intérieur tel que nous venons de le démontrer, mais elles peuvent aussi provenir d'un conditionnement extérieur.

Les croyances créées par un conditionnement extérieur

L'art d'imiter ses parents fait partie du développement psychique et physique de l'enfant[18]. Celui-ci a besoin de s'identifier à ce qui l'entoure ; cela fait partie de son processus d'individuation. Un enfant livré à lui-même dans la jungle et élevé par une famille de singes épousera le corps de la maman singe et du papa singe. Il deviendra un enfant sauvage, parlera le langage des singes et adoptera les mêmes habitudes de vie, les mêmes conditionnements de survie que sa famille d'adoption. Ainsi, l'enfant imite ses parents : c'est une question de survie. De la même façon, le tout-petit fera siennes les croyances parentales[19]. Combien de fois avez-vous vu un enfant répéter à sa poupée ou à son nounours exactement les paroles de sa mère ou de son père, gestes à l'appui ? Les gens éclatent de rire devant un tel mimétisme, mais ce qu'ils ignorent, c'est qu'ils sont témoins de l'édification chez l'enfant des croyances et de tout un système d'ancrage qui l'emprisonnera jusqu'au jour où il se permettra, dans sa vie adulte, de remettre en question les conditionnements parentaux.

Imaginez par exemple un enfant dont l'un des parents a une peur phobique des chiens, qui répète à son nounours ces mots : « dangeleux hiens » accompagnés d'un geste réprobateur du doigt et d'un regard menaçant. Que se passe-t-il ? Tout son petit corps est dans l'action d'ancrer cette croyance que les chiens sont dangereux.

Les phrases qui semblent banales et qui sont répétées constamment par les parents entrent dans la psyché de l'enfant et deviennent des formes de slogans insidieux qui nourrissent un ancrage fort puissant. Ces ancrages seront à leur tour stockés dans la mémoire cellulaire et musculaire[20]. Ces phrases-croyances pénètrent l'enfant par les sens. Elles deviennent à leur tour une croyance nourrie par le besoin de mimétisme, certes, mais nourrie quand même. Elles sont à la base du même phénomène qui est d'indurer la cuirasse et d'emprisonner à la longue le mouvement de la vie. Elles proviennent d'un conditionnement extérieur et vont servir d'ancrage aux projections parentales, familiales et sociales qui sont dirigées vers l'enfant.

Ces conclusions, ces croyances nourries par soi ou par l'autre viennent renforcer ce qui était déjà là. Elles solidifient, dans leur fixation, la mémoire des impressions déjà stockées dans le corps par la mémoire cellulaire et musculaire. C'est ainsi que le fœtus ne bâtit pas de croyances dans le ventre de sa mère, mais les impressions de danger ou d'agression qu'il y a vécues seront nourries par des croyances que l'enfant développera plus tard. À ces conclusions qu'il tire, l'enfant ajoutera des croyances parentales pour bien solidifier ces croyances intérieures et maintenir inconsciemment ses cuirasses en place[21].

Prenons l'exemple de François, âgé de trente-cinq ans (cet exemple est véridique), qui souffre d'une blessure fondamentale de rejet parce qu'il n'était pas désiré lorsqu'il était dans le ventre de sa mère et contemplons l'édification de son système de croyance.

Vie intra-utérine
Pensées de la mère : je ne veux pas de cet enfant
=> rejet => tristesse, colère, dégoût => impression reçue
par le fœtus => agression, sensation de rejet => réaction
physique du fœtus => le fœtus se fait tout petit
=> impression de prendre trop de place => impression qu'il
ne faut pas naître => danger d'être rejeté

Naissance
Impression du danger d'être rejeté => la naissance difficile
=> impression d'une menace au-dessus de soi => impression
de rejet => rejet de la nourriture, refus du sommeil alors
=> peur de mourir => François est diagnostiqué
comme étant un poupon difficile

Petite enfance

Poupon difficile => croyances de la mère : « mon enfant est difficile » ; croyances de base inconsciente chez François à trente-cinq ans : « la vie est difficile », j'ai peur d'être rejeté », « je ne mérite pas l'amour »

Enfance

Croyances de la mère => « mon enfant est difficile » => ces croyances nourrissent chez l'enfant : « ma mère ne m'aime pas, je suis un bon à rien, je ne mérite pas de vivre » => croyance de la mère : « je ne voulais pas de cet enfant et je comprends pourquoi, car il est difficile » => croyance de l'enfant = « ce que je suis n'est pas suffisant » = « qu'est-ce que je pourrais faire pour être aimé ? »

Adolescence et vie adulte

« Qu'est-ce que je pourrais faire pour être aimé ? » = DEVENIR QUELQU'UN D'AUTRE => « Je dois devenir quelqu'un d'autre, ce que je suis n'est pas suffisant, je suis trop ou pas assez… pour ma mère, je ne peux pas exister comme je suis, je dois être plus ou autre… »

Nous contemplons ici l'enchaînement inconscient d'une blessure de rejet vécue au cours de la vie intra-utérine, du développement d'un système de croyances, de la croyance de base associée à la vie intra-utérine à la croyance de surface, identifiée pour François dans sa vie adulte. C'est ainsi que François s'est construit un autre lui-même.

LE MOI, LA BLESSURE FONDAMENTALE ET LA CONSTRUCTION DE L'AUTRE MOI-MÊME AVEC LES CROYANCES

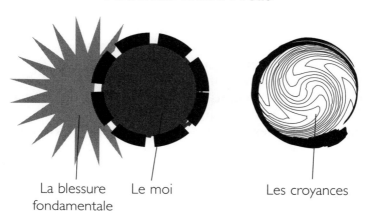

La blessure   Le moi   Les croyances
fondamentale

L'édification des complexes

Après avoir contemplé le rôle des impressions, des tensions, des cuirasses, des émotions, des croyances dans la construction d'un autre moi-même, nous en venons à une structure beaucoup plus édifiée qui aide le moi à se figer définitivement dans une induration : les **complexes**[22]. Le moi est en lui-même un complexe qui agit comme un filtre plus ou moins épais à travers lequel nous portons un regard sur le monde extérieur et sur notre monde intérieur.

Le complexe est une structure psychique bâtie par un rassemblement de croyances, d'émotions, de blessures, d'impressions et de mémoires lourdes du passé, qui ont été créées autour de la blessure fondamentale et refoulées parce qu'elles étaient intolérables pour l'enfant. Le complexe appartient à une attitude de protection du moi appelé le refoulement (*voir chapitre 1*) qui aide à maintenir l'équilibre psychique de la personnalité[23].

Prenons l'exemple d'Alexandre (exemple véridique) qui a souffert d'avoir été abandonné à la naissance par son père. Ce dernier a quitté le foyer conjugal le jour de sa naissance. Alexandre a développé un complexe de « bon garçon ». Enfant, il a conclu qu'il devait être fort et cacher ses émotions. Inconsciemment, pour préserver cette croyance, il aura tendance à refouler toute émotion jugée « négative », émotion qu'il ne peut pas se permettre de ressentir parce qu'il est fort et qu'il est un bon garçon. Par le fait même, il aura tendance à développer son accueil des émotions dites « positives » et refoulera toutes les émotions jugées négatives par lui et son système de croyances.

Il développera alors, en fonction de cette attitude, un système de pensée et d'actions qui nourriront son refoulement et son choix de ne montrer qu'une facette de lui-même, ce qui est appelé le complexe du « bon garçon ». Alexandre a développé ce complexe pour se protéger de sa blessure d'abandon.

Imaginons qu'un jour vous agressez verbalement Alexandre – le bon garçon. Sa réponse sera faite d'inhibition et de refoulement. Il vous répondra gentiment en ne montrant surtout pas sa colère. Même si vous continuez de l'agresser par des mots grivois ou vulgaires, Alexandre saura se contenir et refoulera toute forme de colère provoquée par la situation. Il continuera d'être à tout prix un bon garçon et refoulera ses instincts qu'il juge comme étant les plus bas, jusqu'au point de développer un ulcère ou des troubles digestifs importants ou encore des pierres à la vésicule biliaire.

Plus le complexe d'Alexandre sera stimulé par son quotidien, en ce sens que plus il lui sera demandé par son milieu, son environnement et par lui-même d'être un bon garçon, plus il aura à refouler sa nature de « mauvais garçon » (représentée ici comme étant les émotions de colère, ou toutes autres formes de refoulement) qui continue d'exister même si Alexandre affiche l'inverse.

Le complexe est l'aboutissement d'une édification intérieure, d'un comportement bâti qui sépare l'individu de sa nature profonde, de ses instincts et de sa douleur. Tout comme les croyances, il sert de protection face à l'agression de l'environnement, sauf qu'il est plus solide. Là où les croyances sont semblables à un filtre de conclusions et de déductions, le complexe ressemble à une formule « tout compris » ou encore à une table d'hôte ou à un menu gastronomique que vous prenez au restaurant de votre vie. Dès que le complexe est réveillé par un événement extérieur, il est suivi de sa formule « tout compris » : des croyances, des émotions, des impressions, des souvenirs, des réactions physiques, tel un ensemble réactionnel qui étouffe l'individu, le maintient enfermé et, surtout, l'éloigne de lui-même.

LE COMPLEXE

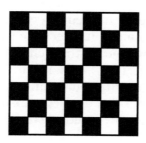

Il existe différentes structures de complexes. Voici un dernier exemple véridique d'un complexe de persécution développé autour d'une blessure fondamentale de trahison. C'est l'histoire d'un psychothérapeute connu, qui dès sa vie intra-utérine, fut jalousé par sa mère. Cet enfant était très attendu par le père qui, déjà lorsqu'il était dans le ventre de sa mère, le voyait comme l'enfant prodige, l'enfant qui sauverait le couple en souffrance, l'enfant qui aurait un grand destin. La mère de cet enfant a réagi par une trahison des liens d'amour maternel. Elle fut profondément jalouse de son fils et de l'attention qu'on lui donnait dès sa gestation.

Un jour, je suis invitée avec des amis à manger chez un thérapeute connu mondialement. Ce thérapeute et moi habitons le même quartier. Au cours du repas, il m'annonce que cela fait six semaines qu'il mange seul tous les soirs et qu'il est très content que nous ayons accepté son invitation. Un peu plus tard dans la soirée, il continue sur cette lancée en nous disant qu'il a tenté de s'ouvrir à différentes personnes du quartier, mais qu'il n'a reçu que des réponses négatives. Voyant ma surprise, le thérapeute me dit :

— C'est ainsi pour moi. Mais je me suis fait à l'idée. J'accepte cette situation. Cela est ainsi.

Il s'arrête pour pousser un grand soupir. Devant notre écoute, il poursuit.

— C'est l'histoire de ma vie. J'attire à moi des gens qui me jalousent et m'envient. J'ouvre mon cœur et je ne reçois que jalousie et envie, que de la négativité. Même ma dernière secrétaire, que je portais dans mon cœur, m'a livré au fisc. J'ai décidé de ne plus reprendre de secrétaire.

Notre interlocuteur fait une pause pour poursuivre.

— Cela a commencé très jeune, j'étais dans le ventre de ma mère et elle me jalousait. Je n'ai reçu d'elle, rien de positif. Que de la dureté, de l'envie et, surtout, elle ne m'a jamais touché. Je n'ai pas reçu d'affection. Mais à sa mort, je lui ai tout pardonné. Maintenant, c'est terminé tout cela.

Pendant quelques secondes, les yeux du thérapeute et tout son corps ont exprimé une profonde tristesse, puis il s'est repris en nous disant pour la ixième fois que cela était ainsi. Qu'il était habitué à cela. Avec un grand sourire, tel un masque déposé sur la tristesse de son visage, il a continué la conversation.

Ce thérapeute venait de nous livrer son complexe de persécution. Reprenons ce complexe dans sa structure en le décortiquant de la surface à sa profondeur. Je fais ressortir ici les phrases clés du complexe qui n'en sont que les structures extérieures, mais qui cachent une structure interne, et ce, pour vous aider à comprendre comment le complexe se tient en lui-même et par lui-même.

« Je mange seul depuis six semaines => je suis content que vous ayez accepté mon invitation » => phrases légères d'un langage superficiel qui sous-tendent le complexe inconscient du thérapeute ; par contre son langage corporel est fort révélateur : dos courbé, poitrine creusée légèrement sous le poids de ce langage superficiel. (Le terme superficiel ici est utilisé pour démontrer un langage de surface à l'opposé d'un langage de profondeur).

« J'ai tenté d'ouvrir mon cœur à des gens dans le quartier, mais je n'ai reçu que des réponses négatives. » => phrases un peu plus profondes qui sont basées sur une vérité ou sur la perception de la vérité de cette personne et qui démontrent une forme de souffrance. Le complexe se pointe un peu plus, telle la pointe d'un iceberg. Pour ma part, cette phrase m'a interpellée et j'ai réagi par un mouvement de surprise et presque d'incrédulité.

« C'est ainsi pour moi, j'ai accepté… Je m'y suis fait… » => phrases qui ne sont pas légères et qui démontrent un système de protection bien installé chez la personne. Le complexe commence à montrer son visage et son enfermement.

« C'est l'histoire de ma vie. J'attire à moi des gens qui me… dès que j'ouvre mon cœur, je ne reçois que… même ma dernière secrétaire m'a fait… j'ai décidé de… » => nous nous approchons du cœur du complexe. L'individu nomme sa souffrance, les trahisons dont il fut victime, et surtout la façon dont il a survécu à cette souffrance en s'édifiant tout un système de croyances qui nourrissent le sentiment de persécution et maintiennent une protection.

« Cela a commencé très jeune… j'étais dans le ventre de ma mère… elle m'a fait… elle a agi ainsi… et je m'en suis fait une raison… je lui ai pardonné… » => voici le cœur du complexe qui est loin d'être guéri… La personne nous révèle l'histoire de sa souffrance. Son discours nous démontre que ce thérapeute n'est pas guéri, il s'est isolé, il en a conclu que… il s'est soigné dans sa solitude et dans sa croyance qu'il en était ainsi pour lui pour toute sa vie. Il a pris pour acquis qu'il serait constamment jalousé et qu'il en souffrirait.

Même si cet individu n'est plus aujourd'hui persécuté par une mère qui l'aurait soi-disant trahi, il se croit persécuté. Son complexe de persécution est maintenu en place par sa douleur qui est emprisonnée par tout un système d'émotions et de croyances. La guérison n'est pas dans son cœur. Car s'il avait vraiment pardonné à sa mère, il ne se sentirait plus persécuté. Il se serait senti libéré[24].

Les exemples d'Alexandre – bon garçon – et de ce thérapeute – persécuté – nous démontrent comment le complexe nous aide à construire l'autre moi-même et nous sépare de notre nature profonde. Dans les deux cas, il y avait une douleur que l'individu ne voulait pas rencontrer et dont il se protégeait.

LE MOI, LA BLESSURE FONDAMENTALE ET LA CONSTRUCTION DE L'AUTRE MOI-MÊME AVEC LES COMPLEXES

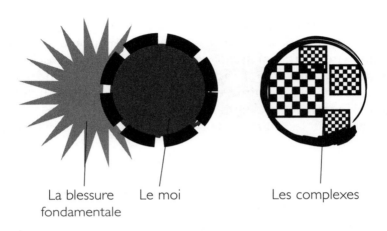

La blessure   Le moi   Les complexes
fondamentale

Le système familial et le rôle projeté sur l'enfant

L'édification des complexes et des croyances, qui sont le produit de la réaction de survie face à l'agression, à la blessure, n'existe pas dans un monde à part. Le tout-petit ne vit pas isolé, il vit en famille. Quel est le rôle de la famille dans la construction de l'autre moi-même et dans la séparation d'avec soi-même ?

Qu'est-ce qui a été projeté sur l'enfant même avant sa naissance[25] ?

Est-il l'aîné – le successeur possible – ou celui du milieu ? – le « sandwich », la fille parmi une série de garçons, le garçon après quelques filles – ou encore est-il le dernier de la famille – le bâton de vieillesse ?

Peut-être est-il celui qui est vivant après celui qui est mort – l'enfant d'un deuil – ou celui qui évitera la séparation – l'enfant pris en otage qui retiendra l'autre, l'enfant qui sauvera le couple ? Ou encore l'enfant qui sauve la mère d'un échec professionnel ? Ou encore l'enfant soleil qui sortira le père de sa dépression ? Ou encore l'enfant unique qui aura tous les droits ?

Quel est le rôle que l'on projette pour l'enfant avant même sa naissance ou au moment de la conception ? La projection du père est-elle la même que celle de la mère ? L'enfant est-il divisé déjà à sa conception ? Pris en otage par un des parents ?

Ces questions sont importantes, car elles influencent directement la psyché de l'enfant, ses impressions premières, ses systèmes de croyances, ses conditionnements et ses complexes.

Comme vous le voyez, l'enfant n'est pas seul et ne naît pas seul.

Le système familial a une grande influence sur lui et vient nourrir le complexe et les cuirasses, les aidant à se fixer.

La projection du rôle familial peut être vécue comme une réelle agression[26].

Prenons l'exemple de l'enfant que l'on voue à devenir avocat quand il est fondamentalement un artiste ou de l'enfant que l'on attendait garçon et qui se révèle être une fille. Déjà, dans le ventre de sa mère, il est orienté vers… Déjà, dans le ventre de sa mère on tente de le façonner à…

On entend :

« Il sera grand et fort » et c'est une fille maigrichonne qui pendant toute son enfance ne se sentira pas à la hauteur.

« Il sera un bon avocat comme papa » et c'est un lunatique, il aura tendance à fuir sa réalité qui est trop lourde et inadaptée à la personne qu'il est.

« Il est mon espoir de vie », car il sauve un des parents de la dépression – dépression que l'enfant porte intrinsèquement par projection parentale. Cet enfant, devenu adulte, se demandera pourquoi, malgré tout les efforts qu'il fait pour être heureux, il est constamment déçu et déprimé.

Il est fort aisé pour un parent de projeter sur celui qui n'est pas encore né ou sur son nouveau-né sa propre douleur, ses propres complexes, ses manques, ses enfermements, sa quête de l'absolu[27]. L'enfant en naissant est déjà le souffre-douleur ou le persécuteur d'une mère qui n'en voulait pas alors que le père en voulait à tout prix ou encore le sauveur d'un couple en détresse. Peu importe la projection, elle coûte cher à l'enfant et un jour il aura, s'il le choisit, à s'en défaire pour naître à lui-même.

La projection parentale[28], comme toute autre forme d'agression, vient, telle une couche de plus, enfermer l'enfant dans ses cuirasses, complexes et tensions profondes. Elle fait partie de la construction de la personnalité, de l'autre moi-même. Plus cette projection parentale est forte, plus elle peut maintenir l'enfant et l'adolescent dans cet autre lui-même, lui permettant de vivre dans une fausse identité.

LE SYSTÈME FAMILIAL
ET LA CONSTRUCTION DE L'AUTRE SOI-MÊME

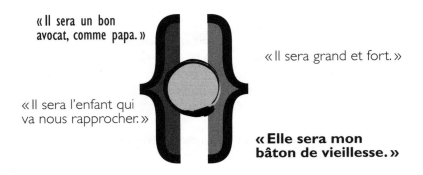

« Il sera un bon avocat, comme papa. »

« Il sera grand et fort. »

« Il sera l'enfant qui va nous rapprocher. »

« Elle sera mon bâton de vieillesse. »

L'apparition des symptômes

La douleur fondamentale, tel le dragon qui se terre dans la caverne, dans le donjon ou dans les oubliettes d'un château fort, se cache dans une partie de l'appareil psychique qui est l'inconscient. Cet inconscient, détrompez-vous, est fort conscient malgré son nom. Il est le gardien du seuil, il est celui qui protège contre le dragon. Quelquefois, un événement, une répétition de gestes, une phrase, un mot sont suffisants pour réveiller la blessure qui semble dormir. Alors, cette dernière, telle le dragon, lâche ses flammes. Le corps est agressé et la psyché attaquée. Cette attaque peut provenir de l'extérieur: un événement, une phrase, un regard, un geste suffisent pour éveiller ce qui dort. Mais la réelle attaque ne provient pas directement de l'événement, de la phrase, du mot, du regard ou du geste mais plutôt de **l'interprétation** que l'enfant, l'adolescent, en fera. Cette façon d'interpréter la réalité de la vie provient de la construction de la personnalité, du moi[29].

Cette interprétation, qui se vit à travers le filtre souple ou durci du moi, est ce qui va réellement éveiller le dragon. L'inconscient, le gardien du seuil, utilisera trois outils possibles pour communiquer qu'il y a eu agression et attaque. Les **rêves (signes de nuit)**, le **corps** par les **symptômes physiques** ou les **rêves éveillés (signes de jour)**, c'est-à-dire des **événements répétitifs** qui, sous les effets du «hasard», viennent percuter le conscient, le moi induré de la personne[30]. Voici comment la psyché et le corps réagissent lorsqu'un événement extérieur vient réveiller la douleur fondamentale. Le corps et les rêves envoient des signaux au conscient, signaux qui démontrent l'**éveil** de la douleur fondamentale. Ces signaux vont s'exprimer sous forme de rêves ou de cauchemars récurrents suivis de symptômes physiques.

Si l'enfant est dans une situation continue de stress, des signaux très clairs peuvent apparaître vers l'âge de **quatre à sept ans**. Mais seront-ils compris par les parents? Seront-ils entendus de l'enfant? Si ces signaux ne sont pas entendus, ils se refouleront à nouveau dans l'inconscient et ils seront envoyés de nouveau vers l'âge de **dix à treize ans**. Seront-ils entendus de l'enfant ou de la famille? S'ils ne le sont pas, ils vont resurgir vers l'âge de **vingt à vingt-deux ans**. Il se peut que la famille ne soit plus là, mais seront-ils entendus par le jeune adulte qui les vit?

Dans cette évolution des signaux de détresse envoyés par le corps et les rêves[31], les chercheurs ont découvert qu'il y avait souvent trois événements importants dans la vie de l'enfant, de l'adolescent ou de l'adulte qui précèdent le diagnostic fatal d'une maladie. J'appelle ceci la spirale d'involution vers la maladie, dont voici le tableau.

TABLEAU I
SPIRALE D'INVOLUTION
DES SYMPTÔMES À LA MALADIE

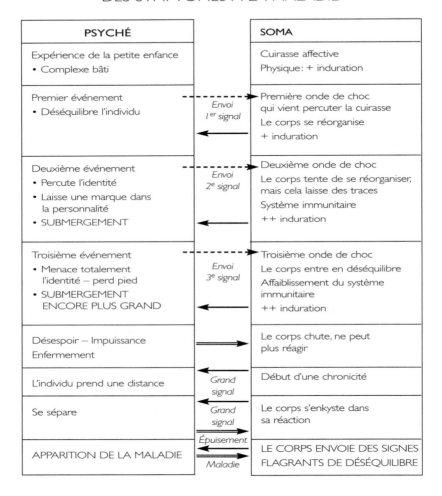

PSYCHÉ		SOMA
Expérience de la petite enfance • Complexe bâti		Cuirasse affective Physique : + induration
Premier événement • Déséquilibre l'individu	*Envoi* *1er signal*	Première onde de choc qui vient percuter la cuirasse Le corps se réorganise + induration
Deuxième événement • Percute l'identité • Laisse une marque dans la personnalité • SUBMERGEMENT	*Envoi* *2e signal*	Deuxième onde de choc Le corps tente de se réorganiser, mais cela laisse des traces Système immunitaire ++ induration
Troisième événement • Menace totalement l'identité — perd pied • SUBMERGEMENT ENCORE PLUS GRAND	*Envoi* *3e signal*	Troisième onde de choc Le corps entre en déséquilibre Affaiblissement du système immunitaire ++ induration
Désespoir — Impuissance Enfermement		Le corps chute, ne peut plus réagir
L'individu prend une distance	*Grand* *signal*	Début d'une chronicité
Se sépare	*Grand* *signal*	Le corps s'enkyste dans sa réaction
APPARITION DE LA MALADIE	*Épuisement* *Maladie*	LE CORPS ENVOIE DES SIGNES FLAGRANTS DE DÉSÉQUILIBRE

J'ai nommé ce phénomène **spirale d'involution** parce que ce mouvement est en phase d'involution, à l'opposé d'évolution. Il y a une chute des systèmes du corps et il y a un phénomène d'involution, c'est-à-dire de descente d'un état de santé à un état de maladie pour le **soma** (corps) et descente d'un état d'équilibre à un état de déséquilibre pour la **psyché**.

Partons du principe de base que le moi ou la personnalité a atteint un équilibre dans la construction de l'autre moi-même. Puis il y a...

L'apparition d'un premier événement qui vient percuter la *construction de l'autre moi-même*, qui vient réveiller le dragon qui sommeille, la blessure fondamentale. Le dragon lance ses flammes. Le corps perçoit une agression qui sera la première onde de choc dirigée vers lui. Le corps (soma) va alors réagir en se contractant pour se défendre et il va vite se réorganiser. Par contre, il va se souvenir de cette agression et donnera à la psyché un premier signal d'alarme[32]. Ce dernier correspond à l'apparition des premiers symptômes. Le corps, qui se souvient de cette onde de choc réactionnelle, va assurer ses arrières et s'endurcir encore plus en créant une tension, une dureté. De même, l'appareil psychique, qui reçoit les premiers symptômes du corps, va assurer une plus grande protection de ce corps qui ne ment pas. Le moi va se cuirasser dans sa membrane et un phénomène de plus grande induration va s'installer. Puis il y a...

L'apparition d'un deuxième événement qui vient percuter la *construction du moi, déjà indurée par le premier événement*. À nouveau, la blessure fondamentale est stimulée, le dragon lance sa flamme. C'est une seconde agression pour la personnalité, sensibilisée par le premier événement. Le moi est perturbé dans son identité. Pour le soma (le corps), une autre agression de la blessure fondamentale est analysée comme une seconde attaque de soi envers soi. Cette seconde onde de choc réactionnelle est transmise au cerveau limbique. Le système nerveux autonome reçoit un coup. Le corps tente de se réorganiser le mieux possible en se défendant contre lui-même. Cette lutte laisse des traces dans le système immunitaire qui s'épuise un peu plus dans cette lutte contre lui-même[33]. Cette réaction du système de défense est aussi enregistrée par un état de vulnérabilité qui se manifeste par une sensibilité émotionnelle. Les cuirasses de protection sont atteintes par la blessure fondamentale qui crie sa douleur. Les flammes du dragon ont touché le bouclier du chevalier. Le moi est menacé dans sa construction et dans son identité. Ceci laisse une trace observable dans la personnalité par une réactivation des systèmes de croyances. Un malaise s'est infiltré. L'enfant ou l'adulte vit un état qui le submerge émotionnellement sans en comprendre la cause. Les gens autour de lui ne comprennent pas ses réactions. On trouve qu'il y a exagération. La façon dont la personne est submergée est jugée non appropriée dans les circonstances. La violence réactionnelle due à la réactivation de la blessure fondamentale n'est pas comprise et sera jugée. On tentera de la faire taire ou de l'adapter à nouveau jusqu'à l'apparition du troisième événement. Même si la sensation d'être submergé semble s'atténuer, une vulnérabilité s'est installée. L'enfant ou l'adulte est plus sensible, plus irascible, plus nerveux, le dragon a la tête sortie de son donjon. Puis il y a...

L'apparition d'un troisième événement qui vient percuter la personnalité déjà menacée et submergée. Cet événement porte le coup fatal au moi, qui perd pied. Le dragon sort de son antre. La blessure fondamentale crie sa douleur à travers tous les pores de la peau. Les flammes du dragon sont dévastatrices. Le cerveau limbique interprète cela comme une grande agression. L'onde de choc et le mot attaque sont transmis au cerveau émotionnel qui envoie un signal « alerte rouge » au système nerveux central. Tous les systèmes sont activés pour entrer dans une lutte. Le chevalier sort ses plus solides armures, mais il est épuisé physiquement et psychiquement. Déjà, il livre bataille depuis deux, trois ans. La croisade est longue et il n'a plus la force de réagir. Il ne peut plus se défendre, car ses systèmes sont épuisés parce que cela fait des années qu'il est submergé par la bataille et qu'il tente de survivre aux petites attaques. À la longue, celles-ci l'ont miné. Il se sent IMPUISSANT, il entre dans un DÉSESPOIR. Il abdique, il s'enferme. Il s'assoit sous son armure et il attend que la mort vienne le délivrer de sa fatigue, de son épuisement, de sa souffrance. Il se sépare encore plus de lui-même. Il prend de l'opium pour ne plus souffrir, il boit du vin pour oublier[34]. Il se laisse dévorer par son dragon. Il attend que l'on vienne le sauver, le délivrer. Il attend que l'on vienne panser ses plaies. Il crie « SOIGNEZ-MOI.... SAUVEZ-MOI... » de mon échec, de mes blessures, de ma souffrance.

Il n'existe pas de séparation entre la blessure fondamentale et la douleur qui en émane. Même si le corps et la psyché se bâtissent des couches de protection, la douleur est toujours là ; elle continue de communiquer sa souffrance et elle continuera. La personnalité et le corps tenteront de s'adapter et même de se suradapter, mais la douleur sera toujours là, latente et lancinante, parce qu'elle a quelque chose à dire. L'inconscient sert de grenier où l'on cache l'intolérable, l'inoubliable, l'indicible[35]. L'enfant, devenu adolescent, puis adulte croit qu'il a créé une distance par la construction de sa personnalité. Il est dans l'illusion d'une forme d'équilibre. **La séparation d'avec la douleur n'existe pas vraiment.** Elle est une illusion que la personnalité maintient en place. L'apparition des symptômes nous le démontre. Ces derniers ne sont pas seulement d'ordre psychosomatique. Ils peuvent aussi être d'ordre psychique pour l'adolescent[36] ou l'enfant, par exemple un problème de langage, la perte d'intérêt pour les études, un laisser-aller vestimentaire, une baisse de motivation, un comportement agressif ou encore des habitudes compulsives reliées à la nourriture, à la drogue ou à la sexualité. Les symptômes sont l'expression, le cri douloureux exprimé par la partie de soi inconsciente, refoulée, maintenue séparée, qui porte la blessure fondamentale. Cette partie de nous isolée qui envoie les signaux d'alarme est menaçante pour cette forme hybride édifiée qu'est l'autre moi-même. C'est pourquoi le signal d'alerte qu'est le symptôme n'est pas entendu.

De là naît l'opposition des forces du moi, le moi qui est dans la lumière et le moi qui est dans l'ombre.

La bataille des opposés

Le moi dans la lumière est l'autre moi-même construit qui est reconnu par la projection parentale, isolé de sa souffrance, gratifié par la recherche de la vie en rose, édifié dans sa tour d'ivoire des complexes et croyances. Ce moi est nourri par le système familial. Ce moi dans la lumière est bien éclairé par la volonté d'être bien, de correspondre aux critères sociaux du moment et le désir de dominer ce qui est vulnérable en soi.

Le moi dans l'ombre est la partie de soi qui porte la souffrance. Cette partie est très vivante car elle souffre, elle connaît notre histoire, elle sait le pourquoi de cette souffrance, elle est la piste de la réelle libération mais elle n'est pas entendue, elle effraie. Elle est occultée par le moi qui se durcit. Si elle était reconnue par le milieu extérieur à l'enfant ou à l'adolescent, elle pourrait livrer son message, ce qui aiderait l'enfant à se rééquilibrer. Mais elle est mise en ombre non seulement par l'enfant et l'adolescent mais par son milieu, car elle est trop menaçante pour son entourage.

LES FORCES EN OPPOSITION
LE MOI DANS L'OMBRE ET LE MOI
DANS LA LUMIÈRE DE LA PERSONNALITÉ

Moi dans
l'ombre

Moi dans
la lumière

HISTOIRES DE JÉRÔME ET DE MARYSE (PREMIÈRE PARTIE)

Entrons à l'écoute de l'histoire de Jérôme et de Maryse dans cette rencontre avec la séparation d'eux-mêmes et l'apparition des symptômes.

Histoire de Jérôme

J'aimais ce mal qui me rongeait du haut de mes vingt-deux années de vie, sans même connaître son nom.

Peu m'importait, les médecins étaient là pour les gens qui désiraient se soigner, moi pas.

Les médicaments, beurk! Un psychologue? Mais je vais très bien…

Cette douleur naissante au creux de mes hanches alimentait en moi un nouveau feu d'intérêt. Je me sentais différent et je croyais en cette différence. Cette douleur sourde qui se réveillait après deux heures de tennis ou après un entraînement de boxe française justifiait parfaitement l'état dans lequel je vivais : un peu punk dans l'âme, je ne pouvais qu'aimer la destruction, pas l'échec. Avec les gens, si je pouvais leur envoyer une phrase cinglante, je n'hésitais pas... La vie était pour moi un jeu, un voyage ; je vivais à travers mes bandes dessinées et je rêvais.

C'est durant cette même période que je me suis mis à suivre les conseils d'une petite voix intérieure, petite voix de l'inconscient : « Fais ces personnages en sculpture, fais en ton métier et tu deviendras riche. »

Wow ! Pour le fric, j'allais démarrer un processus de modélisation dans l'argile qui allait, au fil des années, devenir obsessionnel, passionnel.

Bien sûr, je poursuivais des études d'architecture qui affinaient mes rapports à l'espace, aux volumes ; mais ce qui me passionnait bien plus, c'était ce rapport qui grandissait entre l'argile et moi. Un seul outil, après mes mains, un couteau. Cet unique instrument allait creuser la terre, la façonner, la pénétrer avec acharnement, voire avec rage... Après deux ou trois essais moyens, sortit de mes doigts la tête d'un personnage tellement vivant, tellement fou : les lèvres retroussées, il montre ses dents serrées à bloc, prêtes à mordre, des dents de loup...

« Maudite arthrose ! Je t'aimais plus que les femmes. »

Histoire de Maryse

Je m'appelle Maryse. Je suis l'aînée. Je ressens encore l'accueil que me fit ma mère à ma naissance, il y a trente-huit ans : son regard chargé de haine et de rejet et ses mots : « Ah ! la vache ! » Mon père était présent mais pétrifié et n'a pas pu m'accueillir. À cet instant, je ne respirais pas encore. L'entrée dans ce monde m'horrifiait. C'est la sage-femme, par sa pichenette faite sur ma main gauche, qui m'a poussée à prendre de l'air et à vivre. Mais cette pichenette est restée gravée dans mon corps. Un kyste s'est formé à cet endroit et j'entends encore ma mère répéter : « c'est la sage-femme qui t'a fait mal quand tu es née pour que tu respires. » À l'âge de quatre ou cinq ans, mes parents m'ont emmenée voir un docteur dans une clinique. Je comprenais qu'on voulait m'enlever cette bosse que j'avais sur la main. Mais j'ai eu tellement peur qu'on mutile mon corps que le kyste a cessé de se développer et a même disparu en quelques semaines.

Trois mois après ma naissance, ma mère s'est retrouvée enceinte de ma sœur. Elle était furieuse contre mon père de l'avoir mise dans cet état si peu de temps après une première grossesse. Elle était en colère et se plaignait d'être fatiguée. Alors, très tôt, j'ai appris à me débrouiller seule, à ne rien demander pour ne pas la déranger, ne pas la mettre en colère.

Les photos de moi à l'âge de deux ans montrent une petite fille triste, en retrait de la vie. C'est à peu près à la même époque qu'un soir, un monsieur est venu chercher mon lit. Mes parents le lui avaient promis pour ses jumeaux. Je dormais déjà quand, sans aucune explication, mes parents m'ont réveillée. Puis ils ont installé sommairement un grand lit dans une pièce en rénovation qui allait devenir ma chambre et celle de ma sœur. Mais ce soir-là, je me suis retrouvée seule dans cette chambre « fantôme ». J'avais peur. Je me sentais arrachée de la vie, de là où la lumière brillait : la chambre de mes parents où ma sœur était restée. Moi, j'étais dans l'obscurité, abandonnée de tous, rejetée par la famille. J'ai pensé qu'on ne voulait plus de moi, que je n'avais pas le droit de vivre. Je me sentais abandonnée de Dieu aussi. Je n'avais plus l'image de l'ange au-dessus de mon lit. Je ne pouvais plus établir ce lien tout particulier avec lui, tel un rituel chaque soir. Je me sentais perdue, désespérée. On m'avait retiré ce lien qui me maintenait en vie. Une réelle cassure affective s'est produite là. Je suis devenue une petite fille timide, très sage, obéissante, et surtout j'avais peur des autres, peur de n'importe qui. J'avais tellement « peur d'avoir mal, qu'on me fasse du mal », que je faisais tout pour être acceptée, pour être aimée et déranger le moins possible.

À l'âge de cinq ans, on a découvert à l'école que je voyais mal de l'œil gauche. Je me souviens très bien de cette époque. Grâce aux soins que nécessitaient mes yeux puis à la paire de lunettes, j'avais le sentiment d'être importante, d'avoir une place dans la famille et d'exister.

Ma mère se plaignait toujours d'être fatiguée par ses deux grossesses rapprochées. Elle continuait toujours à s'énerver pour un rien et, sans que je sache pourquoi, elle me giflait. Petit à petit, elle a pris l'habitude de s'acharner sur moi dès que la colère montait en elle, quelle qu'en soit la raison. Je recevais des gifles chaque jour. Je demandais «pourquoi?» ou criais mon innocence quand la bêtise venait de ma sœur et non de moi. Mais ma mère ne me croyait pas. Elle s'énervait encore davantage, m'accusait de mentir ou de lui répondre et me giflait de plus belle. Ma sœur ne disait rien pour l'empêcher de me battre à sa place. Je ne comprenais pas ce qui se passait. Par contre, je ressentais de l'injustice. Plus le temps s'écoulait, plus je me sentais incomprise, terrifiée par ce que je vivais. J'avais mal dans mon cœur, dans mon corps et dans mon âme. Personne ne m'aimait, tous me rejetaient, pourquoi? C'était toujours de ma faute, mais qu'avais-je fait de mal? J'ai commencé à croire que je n'avais pas le droit d'exister. J'ai arrêté de me défendre. Je me suis repliée sur moi, je m'isolais pour pleurer. Le ressentiment contre ma mère et ma sœur ont pris naissance à cette époque. Plus je me repliais, plus je souffrais, plus je m'enfermais et plus on s'acharnait sur moi. Mon père se moquait de moi et disait en ricanant que je boudais. Personne ne voulait voir dans quel état de détresse et de douleur j'étais. En grandissant, le ressentiment a pris l'avantage sur la détresse. Mon corps se contractait de plus en plus. Vers l'âge de six ans, j'ai commencé à souffrir très souvent de torticolis.

À l'école, j'étais une élève brillante et trop réservée. J'étais effrayée à l'idée de ne pas réussir un exercice, d'avoir une mauvaise note. Je devais être performante. Je ne m'autorisais aucun droit à l'erreur; j'avais tellement peur d'être jugée et grondée. Pour mes parents, ce n'était jamais assez bien. Alors, je travaillais davantage dans l'espoir qu'ils soient fiers de moi et me le disent. Mais jamais je n'ai reçu de compliment de leur part.

À l'âge de neuf ans, ma mère m'a brûlée en renversant sur mon bras droit une casserole pleine de soupe. C'était le soir de la Toussaint. La peau et la chair de mon bras sont restées collées à mon vêtement. Je hurlais de douleur et de terreur. J'étais terrorisée par ce que je vivais et voyais. Ma mère était devenue hystérique, incapable de me prendre en charge.

Puis, elle s'est mise à répéter : « C'est de ta faute ». Mon père a à peine levé les yeux de son assiette. Je me suis sentie en danger, en insécurité totale. J'avais peur de ma mère. Je n'avais plus confiance ni en elle ni en mon père. Et surtout, j'avais l'impression qu'elle voulait me tuer et que mon père était d'accord avec elle puisqu'il ne réagissait pas.

Puis ma mère m'a badigeonné le bras d'huile, l'a bandé, puis m'a laissée seule dans mon lit avec ma douleur, dans le noir. Une nouvelle fois, je me suis sentie refoulée dans l'obscurité par ma famille, comme à l'âge de deux ans, mais en plus dans une souffrance physique énorme. J'ai vécu là une solitude macabre remplie d'impuissance et de désespoir en plus d'un sentiment de mutilation de mon corps. Ce n'est que le lendemain soir après l'école que j'ai vu un médecin. J'étais brûlée au troisième degré.

Plus je grandissais, plus je me heurtais à ma mère et moins je supportais son comportement envers moi. L'attitude de ma sœur me devenait aussi insupportable. Elle était toujours de l'avis de ma mère et toujours prête à me faire punir. Je me sentais de plus en plus victime d'elles, mais aussi de la vie, et mon ressentiment ne faisait qu'augmenter.

L'arrivée de l'adolescence est venue aggraver ce déséquilibre. Je ne réussissais plus à endurer l'injustice et les gifles de ma mère. Alors, un jour, n'en pouvant plus, je lui ai rendu sa gifle. J'avais quinze ans. À partir de ce jour, elle ne m'a plus jamais battue. Par contre, son acharnement à me détruire ne s'est pas éteint pour autant. D'agressions physiques, elle est passée à des agressions psychiques. Elle me rabaissait toujours : « Regarde-toi, tu n'es rien. »

À cette époque, je cherchais à entrer en contact avec mon père. Jusqu'à ce jour, il avait été plutôt inexistant bien que toujours présent. Je voulais dialoguer avec lui. En fait, j'avais envie qu'il me reconnaisse, qu'il s'aperçoive que j'existais, qu'il me dise : « Oui, tu es ma fille. Je te reconnais et je t'aime. » Mais je me retrouvais en face d'un mur. Mon père parlait sans prêter attention à son interlocuteur. Il n'y avait pas de discussion possible. Il avait toujours raison sur tout, même sur les choses qu'il ne connaissait pas. Moi, j'avais envie de briser ce mur, d'entrer par la force. Ces scènes se passaient toujours au moment des repas. Ma mère entretenait ce rôle du père tout-puissant. Elle maintenait l'ordre, « son » ordre. Personne ne devait contredire l'homme de la maison, tout le monde devait se faire petit devant cet homme qu'elle mettait sur un piédestal comme s'il avait été Dieu le Père.

Mais comme mon besoin de reconnaissance était profond, je m'opposais à mon père, bousculant toutes les règles établies par ma mère. Celle-ci se retrouvait alors complètement déstructurée et le drame éclatait. Elle m'ordonnait de me taire, de respecter mon père et surtout de rentrer dans le cadre sécurisant pour la famille. Mais j'étais prête à tout pour obtenir la reconnaissance de mon père. Alors, je devenais plus virulente dans le choix de mes mots.

Ma mère en profitait pour se placer en victime de mon père, lui reprochant de la rabaisser. Puis, très rapidement, comme envahie par une sorte de peur, elle se mettait à crier, à pleurer, m'accusant de tout son « mal-être ». Tout devenait de ma faute. Elle disait que mon seul but dans cette dispute avec mon père était de lui faire du mal à elle, que j'étais son bourreau de chaque instant. Elle me regardait, les yeux remplis de haine, et cherchait la moindre faille en moi pour m'attaquer et me culpabiliser davantage. Elle levait les bras au ciel, implorait Dieu, demandant pourquoi elle avait une fille pareille et ce qu'elle avait bien pu faire pour mériter ça. Puis elle se griffait le visage et se mordait. Ma sœur, voyant ma mère dans cet état, renchérissait et m'accusait de « faire toujours le mal autour de moi et surtout à maman ». Mon père laissait se dérouler la scène, comme impuissant devant un tel désastre.

La vision de « la folie persécutrice » de ma mère dont on me tenait responsable, ajoutée à mon ressenti lié aux questions de ma mère à Dieu sur l'objet de mon existence, étaient pour moi insoutenables. Je me sentais coupable d'exister, coupable d'être responsable de toute la folie de ma mère, je me voyais alors comme un monstre. Ma famille avait raison. J'étais bien ce monstre qui ne méritait pas de vivre tellement il apportait la destruction et le malheur autour le lui. Le seul fait de me sentir et d'être vivante était intolérable. Je ne pouvais plus vivre une minute de plus. La seule chose dont j'avais envie, c'était de mourir pour ne plus sentir cet enfer. Je me détestais et je me rejetais.

Je partais alors me réfugier dans les bois au bord du ruisseau, dans un état de panique et de détresse immenses. Suffoquant, je criais à ma famille : « Je vais me tuer. Comme ça, vous serez contents, c'est ce que vous voulez. Je ne vous ferai plus de mal. » Prononcer ces mots était horrible pour moi et augmentait encore ma détresse et mon rejet de moi-même. Une fois dans les bois, je m'effondrais. Je pleurais au bord de l'eau. Je parlais aux arbres, à l'eau et à ma chatte qui venait toujours me consoler. Je déversais alors tout mon ressenti, toute ma peine, tout mon mal de vivre : « Personne ne m'aime. Personne ne me comprend. C'est pas vrai que c'est de ma faute. Je ne suis pas le bourreau qu'ils disent. » Je me sentais victime d'eux et je les haïssais. Puis je me détestais. J'étais en colère contre moi, contre la vie, contre mon corps. J'avais envie de me faire du mal. Je retournais toute la colère que j'avais contre ma famille contre moi. Et l'idée de me suicider passait dans mon esprit. Mais jamais je ne m'en suis donné le droit. À la simple pensée de ce geste, une phrase revenait à mon esprit : « Je ne peux pas faire ça, je vais faire mal à mes parents. » Plus je ruminais, plus je me faisais mal et plus je me détestais, plus j'avais envie de mourir. Quand quelqu'un venait me chercher dans le bois, je le rejetais. Je voulais qu'on me laisse dans mon désespoir, dans ma destruction, mais surtout pas qu'on me ramène dans la vie.

À partir de cette époque, j'ai passé des heures à ruminer, à détester ma famille. Je me sentais incomprise, rejetée de la famille mais aussi de la vie. Cet état d'esprit dans lequel je me trouvais continuellement faisait que partout où j'allais, je me mettais à l'écart. Je m'excluais du groupe. Je rejetais ou décourageais les rares personnes qui venaient me chercher pour aller s'amuser, rire ou danser. On me disait d'arrêter de « faire la gueule ». Mais ces mots venaient m'insulter et renforçaient mon scénario « d'incomprise, personne ne veut de moi, personne ne m'aime ». Je devenais aigrie par la vie. Je me refermais de plus en plus sur moi-même. J'étais de plus en plus seule.

Mon corps manifestait aussi ce mal de vivre. Mes problèmes intestinaux s'étaient aggravés depuis ma petite enfance, à tel point que parfois j'hésitais à sortir si je n'étais pas sûre de trouver des toilettes là où je me rendais.

QUESTIONNAIRE

Raconter son histoire

À ce stade du livre, cher lecteur, je vous suggère, si vous le choisissez, de prendre rendez-vous avec un ami qui vous est cher. Retrouvez-vous autour d'un thé, d'un café ou même d'une bonne bouteille de vin et racontez-lui l'histoire de votre vie, tel que cela vient spontanément. Le but de ce processus n'est pas de vivre du nombrilisme. Je vous invite à vous laisser aller à « vous raconter » tout en observant vos réticences. Osez vous livrer, osez rire, osez pleurer, osez parler des moments heureux et des moments difficiles. Ceci vous aidera à démystifier votre histoire tout en créant un peu plus d'intimité avec vous-même. Ce que vous raconterez est la portion consciente de votre vie (ce dont vous vous souvenez). Cela aura pour effet d'aider la partie plus inconsciente de votre vie à monter à la surface de votre psyché pour être entendue et ceci facilitera la réponse au questionnaire qui suit. Prenez par la suite une pause de quelques jours et préparez-vous à répondre au questionnaire.

Merci !

Dépistage et compréhension des symptômes physiques ou psychiques

Souffrez-vous d'un malaise physique (maladie ou douleurs récurrentes, épuisement physique) ou d'un malaise psychique (état dépressif, état chronique de stress, problème de sommeil récurrent, peurs phobiques, épuisement psychique) ou avez-vous déjà vécu un accident grave ?

Si oui, quand êtes-vous devenu conscient de cet état de fait physique ou psychique ? Est-ce par diagnostic médical ou par vos propres observations ?

Y a-t-il eu trois événements **majeurs** dans votre vie qui ont précédé l'apparition des malaises ci-haut mentionnés ? Prenez votre temps pour retracer trois événements. Vous pouvez aussi en retracer quatre ou cinq. Attention, ces événements peuvent avoir été banalisés (réflexe de protection) par vous comme étant de moindre importance, mais pour votre inconscient ce sont des événements majeurs...

Après avoir retracé ces événements, que ce soit deux ou trois ou cinq, vous pouvez poursuivre ce questionnaire.

Prenez les événements par ordre décroissant, c'est-à-dire du dernier au premier, et répondez aux questions suivantes : y a-t-il une émotion qui prédomine ou une série d'émotions qui ressortent en ce qui concerne cet événement ? Quelle était votre condition émotionnelle par rapport à cet événement ?

Votre condition physique (douleur, malaise) ?

Votre condition psychique (peurs, doutes, négation, désir de fuir, sentiment d'impuissance, de perte) ?

Quelle est la douleur qui a été réveillée par cet événement (douleur de l'abandon, du rejet, de non-reconnaissance, humiliation, sentiment d'être trompé, exploité...) ?

Quel a été votre comportement réactionnel face à la blessure ou à la douleur que l'événement a fait ressortir en vous ?

Avez-vous caché votre réaction ou l'avez-vous montrée aux autres autour de vous ?

Comment vous êtes-vous occupé de votre douleur, de vos émotions, de votre comportement ? Avez-vous pris soin de vous ou attendiez-vous que l'on prenne soin de vous (que l'on trouve la solution pour vous) ?

Avez-vous cherché des solutions à l'extérieur de vous et à l'intérieur de vous ? Ou encore avez-vous subi l'événement et tenté de l'oublier ?

Les réponses à ces questions vous donneront une piste de compréhension face à l'apparition de symptômes, à savoir quelle est la charge émotionnelle, affective et psychique reliée aux événements majeurs de votre vie. Dépister cette charge permet déjà d'agir dans une plus grande compréhension de soi-même.

CHAPITRE 3

Le divorce de sa nature profonde

Je ne peux plus vivre avec qui je suis, je n'y arriverai pas,
je me sens démuni, je me sens incapable de changer ma vie,
je me sens impuissant. Je divorce de moi-même.

De dix-huit à vingt-deux ans

Le divorce d'avec sa vraie nature est nourri par une séparation d'avec soi-même. Il se prépare tout au long de l'enfance et de l'adolescence. Mais la décision de divorcer de l'intérieur apparaît à l'âge critique du passage de l'adolescence à la vie de jeune adulte.

J'ai observé dans ma pratique que ce divorce est souvent associé à un sentiment inconscient d'impuissance et de désespoir déjà inscrit depuis la petite enfance mais qui se scelle dans la psyché, sournoisement, vers l'âge de dix-huit à vingt-deux ans. Une partie intérieure de soi qui est encore en vie et qui porte la vraie nature de l'individu envoie des signaux de vie, mais la séparation d'avec soi-même due à la construction de l'autre soi-même est plus forte. Ces deux forces qui se trouvent de plus en plus en opposition créent une séparation qui ira jusqu'au divorce.

Le langage émotionnel qui crée le terrain propice au divorce d'avec soi-même s'installe sous la forme de pensées déjà en place, telles des croyances que j'appelle les croyances de rupture : « Tout est difficile » ; « Je n'y arriverai jamais » ; « Je ne suis pas comme les autres » ; « Je ne suis qu'un incapable » ; « Il ne faut pas que je leur montre qui je suis » ; « Les autres vont être déçus ». Cet engrenage peut même amener l'individu à nourrir des pensées de pulsion de mort, se reprochant d'une manière quasi inconsciente d'être ce qu'il est, déçu de la construction qu'il a faite de lui-même. La séparation de lui-même, tel un mensonge qu'il vit, devient de plus en plus difficile à avaler et la solution est de partir, ou de se quitter.

Le corps et la psyché vont exprimer ces signes de rupture soit par l'apparition de maladies psychosomatiques ou par l'apparition de chocs : la personne sera par exemple victime d'agression ou d'accidents violents. De l'extérieur, rien ne transparaît, mais à l'intérieur une déception s'installe, et le mot déception est léger, je pourrais dire une mort, la mort à soi-même.

Cette mort entraînera petit à petit le jeune adulte à divorcer de lui-même encore plus et à choisir de nourrir inlassablement la construction de l'autre soi-même, expression hybride du moi bâti.

Il s'ensuit l'édification d'une réalité psychique où l'individu s'identifie de plus en plus à sa blessure, qui le ronge même s'il la fuit. Cette construction psychique emprisonne les émotions associées, moteurs de ces symptômes physiques. À la limite du conscient et de l'inconscient, dans cet espace préconscient, se crée un attachement à la souffrance et une chronicité s'installe qui entraîne un goût de morbidité et de destruction, telle une forme de fatalisme face aux événements de la vie, face à l'amour et à la liberté.

Quoi qu'il fasse ou quoi qu'on lui suggère, l'individu se sent emprisonné par tout ce qui l'entoure et ne se doute pas que c'est avant tout par lui-même[1].

La maison inversée du divorce intérieur

La structure psychique et physique que je vous présente dans cette portion du livre est basée sur mon observation au long de vingt-cinq années de travail auprès de gens atteints de maladies que l'on nomme « psychosomatiques ». La structure psychosomatique du divorce intérieur qu'un individu se bâtit est, je vous le rappelle, à la limite du conscient et de l'inconscient. Elle ressemble à une maison qui aurait la forme d'un entonnoir à trois étages dont le premier étage s'appellerait « l'identification à la blessure», le second, «la prison émotionnelle» et le troisième, «l'enfermement dans les symptômes». Chaque étage est constamment en interrelation avec les autres et ils ne peuvent être séparés, se nourrissant les uns des autres. En accord avec la forme de pyramide inversée ou d'entonnoir qui se resserre vers le bas, le matériel psychique des deux étages supérieurs, soit l'identification à la blessure et l'enfermement émotionnel, se déverse sur l'étage du bas, qui représente le corps et l'enfermement dans les symptômes corporels. Le corps est celui qui absorbe l'onde de choc du déséquilibre. La maison est construite du haut vers le bas. Regardons de plus près la construction de cette maison et contemplons le déséquilibre de son édification.

L'ÉDIFICATION DE LA PYRAMIDE INVERSÉE

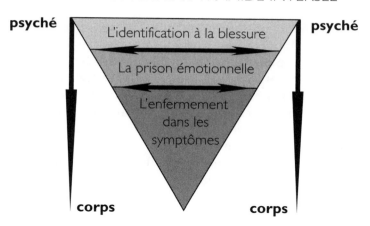

L'étage supérieur: l'identification à la blessure

Le moi, dans sa structure première, a besoin de s'identifier pour exister. L'enfant, dans son processus d'individuation, a besoin de s'identifier à ses parents pour se bâtir un sentiment de réalité psychique. Il développe son caractère et sa personnalité en se référant à la cellule familiale qui l'entoure. Il s'approprie ses parents, ses jouets, il se bâtit des références à partir des matériaux fournis par les êtres qui l'entourent. Cette construction se fait à travers sa personnalité par ses sens. Il utilise le toucher, l'ouïe, l'odorat, la vue et le goût pour s'identifier à son environnement et se créer un sens de lui-même.

Il en est de même pour un jeune adulte qui vit dans un mal-être depuis des années. Si ce mal-être n'est pas entendu par les différents aspects de lui-même ou par son entourage, une identité se créera autour de ce mal-être et de toutes les composantes psychiques qui y sont associées. La blessure même, si elle est occultée, servira de base à la toile de fond d'une construction « d'identité malheureuse[2] ». L'individu devient alors « sa » blessure. Il n'est plus quelqu'un qui a été blessé ou qui souffre, il devient la blessure et la souffrance, mais sans le savoir consciemment. Cette nouvelle identité qui est de « vivre avec un mal-être non entendu » semble encore une fois nécessaire au processus d'évolution. L'identité de base qui était « moi et les autres » devient « moi et ma douleur ». Cette nouvelle identité lui donne une nourriture – malsaine peut-être, mais une nourriture quand même – qui donne un nouveau sens à son existence « perdue ». Le langage intérieur ressemble à ceci : « Je ne me fais plus confiance, je me sens incertain devant les tâches sociales, familiales et culturelles, je ne sais plus à quoi me référer à l'extérieur de moi, ma vie n'a plus de sens. Mais il y a quelque chose en moi qui est toujours là tel un bon ami, un compagnon du mal-être : ma blessure. Cela, je connais, je reconnais et je peux m'y fier et je vais même solidifier mon compagnon de route, je vais le nourrir, bien l'entretenir et lui donner un toit dans ma maison intérieure. »

L'étage **supérieur** de l'édifice est construit.

Le second étage : la prison émotionnelle

Les émotions sont tout ce qu'il a de plus vivant dans notre corps. Elles laissent une trace hormonale dans notre sang. Elles proviennent d'une impulsion nerveuse de la psyché et d'une conclusion inconsciente que l'on porte sur une mémoire, une impression, une forme pensée, une croyance. L'émotion est le résultat d'une association.

L'identité à la blessure est nourrie par des croyances, des formes de pensées (étage supérieur) qui engendrent des états émotionnels (second étage de l'édifice).

Comment nourrir l'identité à ma blessure ? La réponse est toute simple : en me nourrissant sans cesse des mêmes croyances, des mêmes émotions et des états qu'elles engendrent : tristesse, colère, haine, honte, culpabilité, ressentiment, peur, doutes, incertitudes, méfiance, indifférence, dégoût, rejet, intolérance, frustrations, déception, impuissance, colère, haine, tristesse, peur, rejet, dégoût, orgueil, indifférence.

L'étage supérieur de l'édifice que sont les croyances bâties tout autour de la blessure inconsciente engendre un échafaudage émotionnel qui ressemble à un sandwich.

IMAGE D'UN SANDWICH :

Douleur première
Colère (couche protectrice)
Impuissance
Tristesse face à cette impuissance
Haine, ressentiment face à cette impuissance
Tristesse et début du sentiment de culpabilité
Colère d'être triste
Agressivité face à soi-même
Tristesse d'être agressif
Impuissance
Doute, culpabilité d'être en colère
Tristesse, peurs
Agressivité
Méfiance, intolérance, envie
Peurs, doutes
Confusion émotionnelle
ANGOISSE

CORPS ▼ (étage inférieur)

Si nous examinons la structure de cet échafaudage, nous constatons qu'il débute autour de la blessure fondamentale et de sa douleur première. De là, s'ensuit une réaction émotionnelle en chaîne qui a pour but d'ensevelir ce qui est le plus douloureux. L'aboutissement de l'échafaudage est la pointe de l'iceberg, c'est-à-dire l'angoisse qui est absorbée en finalité par le corps.

De quoi se compose le sandwich? La colère est la toute première substance qui vient mettre une couche protectrice inconsciente sur ma blessure fondamentale, dès que la douleur est ravivée. Cette bonne vieille colère qui sert à me protéger de ma souffrance et à revendiquer le droit à la vie, au bonheur, au plaisir[3]. Cette réaction face à la douleur et à son cortège d'impuissance et de désespoir constitue une réaction saine de survie. Ce qui est moins sain, c'est le jugement (toujours inconscient) que je porte sur cette colère et sur mon désir de me sortir de ma douleur. Cette première couche de colère est à la fois une protection pour éviter que la douleur ne me fasse mal et un cri à la vie, comme une pulsion pour se sortir de la souffrance[4]. Cette colère ressemble à une montée vers le haut qui est immédiatement étouffée par l'entourage interne (des parties de soi qui jugent ce mouvement de vie) ou l'entourage externe avec des paroles du type: «Tais-toi, souffre en silence», «Tu es né pour un petit pain», «Tu sais bien que tu ne peux pas t'en sortir». «Si tu veux que je t'aime reste comme tu es» et bien d'autres... Ces paroles vont servir à faire descendre dans le corps cette énergie qui veut monter vers le haut pour être exprimée mais qui est refoulée vers le bas.

S'ensuit un sentiment **d'impuissance** face à la colère non exprimée qui soulève une vague de **tristesse** de me sentir impuissant devant ma colère. Ai-je déjà oublié que cette colère me protège de ma douleur?

Continuons...

Cette tristesse me pousse à cultiver de la **haine** et j'en veux aux autres de m'empêcher de vivre. Entre alors en jeu le **ressentiment**, qui est une colère bien cultivée, bien « **ress**entie », bien « **ress**assée » et qui est dirigée vers les autres. De cet état viennent des pensées de l'ordre de « je vais souffrir encore plus pour que les autres souffrent de me voir souffrir, puisqu'ils m'empêchent de vivre et qu'ils ne veulent pas entendre ma souffrance. C'est moi qui vais les faire souffrir et le chemin que je prends est de me faire souffrir; ils se sentiront à leur tour impuissants et tristes. »

C'est le langage du ressentiment et comme ce langage est dur, il appelle en moi des émotions de **tristesse** face à mon sort et aussi de **culpabilité** face à la haine que j'éprouve envers les autres. Je m'enfonce dans mon sandwich ou dans mon échafaudage.

Je m'en veux d'être triste et de me sentir coupable, je suis en **colère**. Je nourris encore plus cette colère envers les autres et envers moi-même. Je deviens **agressif**, j'attaque par mes paroles et mes gestes sont brusques. Je me blesse et je blesse les autres. Ai-je oublié que le but de ma première colère était de me protéger de ma douleur ?

Continuons…

Les autres me trouvent dur et je m'en veux d'être dur, mais je ne peux pas faire autrement. Je ne comprends plus pourquoi je le suis mais je sais que c'est ainsi ; cela m'**attriste** et je me sens **impuissant**. Je **doute de moi** et je me sens de plus en plus **coupable** sans savoir pourquoi. Ai-je oublié la toute première colère qui me protégeait de ma douleur ?

Continuons…

J'ai **peur** et j'étouffe. Je me sens pris et cela me met en **colère**. Quelquefois, je me sens enragé et je ne sais pas pourquoi. Je me **méfie** des autres. Je suis de plus en plus **intolérant** envers moi-même et envers les autres. J'envie ceux qui semblent heureux, je leur en veux. Ai-je oublié ?

Continuons…

J'ai **peur** et je **doute** de mes capacités. J'ai l'impression que je ne suis bon à rien. Je me sens instable. J'ai peur, je suis frustré par la vie. J'étouffe, je ressens une pression, j'ai peur, je me juge, je m'en veux, je suis confus… **J'ANGOISSE**. Ai-je oublié ?

Le plat est servi. Si l'on me demande ce qui fait que j'angoisse, je ne sais plus, je me sens confus, car j'ai oublié… je me suis enfermé dans ma prison émotionnelle qui repose dans mes couches musculaires. Je suis pris au piège de la douleur première qui repose dans les entrailles du cœur de mon corps et dans mes couches les plus intrinsèques. J'ai bâti à travers mes couches profondes le mur de mon enfermement, de l'intrinsèque à l'extrinsèque. L'angoisse est là en surface, elle est la pointe d'un iceberg émotionnel qui veut exploser sous la poussée des couches moyennes et profondes. Mon corps s'est refermé sur ma douleur et sur ma toute première réaction de colère et de survie. Mes muscles se sont durcis, mon tissu conjonctif, mon fascia s'est refermé tel une toile d'araignée sur mes différentes émotions[5]. Je ne sais plus si je suis triste ou en colère ou coupable. Mais de quoi suis-je coupable ? Pourquoi est-ce que j'en veux à la terre entière ? Je ne sais plus, j'ai oublié, je me suis étouffé sur moi-même. Je suis en surface et tout ce que je sais c'est que j'angoisse.

Le **deuxième étage** est bâti. Tout le matériel émotionnel est dirigé dans le corps, des profondeurs à la surface, et de la surface aux profondeurs.

L'étage inférieur : l'enfermement dans les symptômes

Les symptômes physiques ou psychiques sont l'aboutissement du déséquilibre, tel qu'exprimé dans la spirale d'involution vers la maladie (*voir chapitre 2*). Le symptôme apparaît et il est nécessaire, car il permet l'assise de l'enfermement jusque dans la chair. Il permet un contact avec une réalité plus tangible. Corps et psyché ne font qu'un tout : plus nous nous identifions à une réalité psychique de mal-être, et plus nous nous enfermons dans nos émotions pour entrer dans un état de confusion, plus notre corps se referme sur lui-même et s'indure. À la longue, les tensions musculaires s'accumulent, le système immunitaire envoie ses cris d'alarme. Déséquilibre et symptômes apparaissent pour soulager le corps et la psyché d'une trop grande pression créée par l'enfermement. Le symptôme est vécu comme une sortie de secours, une urgente évacuation de trop-pleins créés par l'enfermement sur soi, du haut vers le bas dans l'édification de la maison du divorce intérieur.

Malheureusement, j'ai observé que l'individu qui s'est identifié à sa douleur va perpétuer la même quête d'identité avec ses symptômes. Ces derniers ne sont pas accueillis comme étant des signaux de l'inconscient mais plutôt comme une fatalité, quelque chose « qui va de soi » vu ses malheurs ou comme étant une agression. Si le symptôme est perçu comme une fatalité, il devient un état de fait que l'on ne remet pas en cause. On s'y habitue, on le prend pour acquis, on ne le questionne plus, on le fait sien, on s'y soumet et on s'y enferme. S'il est perçu comme une agression, on s'en défend, on s'en coupe, on le fuit, on s'en protège, on s'en éloigne et on s'enferme dans cette coupure du symptôme.

Mais qu'est-ce qui fait que l'on s'y enferme ?

J'ai observé que nous nous enfermons dans nos symptômes parce que nous projetons sur notre corps ou sur nos émotions le même rapport de divorce, de séparation d'avec nous-mêmes. Par exemple, si je me bafoue en entretenant des idées très négatives sur moi-même de non-confiance, de peurs et de méfiance, si j'ai cessé de croire en moi, si je me crois voué à l'échec, je projetterai la même relation sur mes émotions qui sont vivantes et sur mon corps qui est tout aussi vivant. Si, par exemple, je suis une femme qui a peur de la vie, qui a peur du succès, qui n'y croit pas, qui est certaine que l'échec m'attend, je vivrai la même chose par rapport à toute possibilité de transformation d'une douleur physique vers le bien-être. Je serai certaine que mon genou qui me fait mal depuis des mois va encore me faire mal demain, donc à quoi cela sert-il de s'en occuper? Je vais organiser ma vie avec ma douleur et ma souffrance et j'utiliserai mon genou comme souffre-douleur pour nourrir mon identité à ma souffrance et à mon emprisonnement émotionnel. Au lieu de chercher une solution pour soulager cette douleur au genou, je vais l'utiliser pour me nourrir et l'enfermer dans le cercle vicieux de ma psyché. Mon propre enfermement dans mes symptômes deviendra une nourriture de plus pour mon identité de douleur. Cette douleur au genou fera partie de mon *curriculum vitæ*.

Si, par contre, je suis un combattant par la volonté et que je cultive un esprit militaire d'attaque face à toute situation qui m'échappe, si je suis une personne qui tente de tout contrôler par réaction de survie et qui voit tout ce qui est vivant comme étant un danger, contrôlant mes enfants, mon conjoint, mes amis, mes émotions, j'agirai de la même façon avec le symptôme qui se présentera par mon corps à mon conscient. Je vais tenter de le contrôler. Contrôler la partie du corps qui exprime le déséquilibre. Je vais voir le symptôme comme un ennemi qu'il faut attaquer, abattre et tuer. Je vais projeter sur cette partie du corps en souffrance la réalité psychique de mon identité souffrante de combattant. Je vais développer de l'agressivité, de la colère et même de la haine, m'éloignant de toute communication possible. Mais comme mon corps ne ment pas, même si je réussis à abattre un premier symptôme et à le faire taire à tout prix, le déséquilibre va réapparaître dans une autre région du corps, ce qui me rendra encore plus en colère. La chaîne de symptômes fera partie de mon identité de combattant de survie et d'agressivité.

Peu importe l'organisation de la psyché face aux symptômes, cette réaction d'identité à la souffrance du corps entraîne la chronicité.

LA CHRONICITÉ

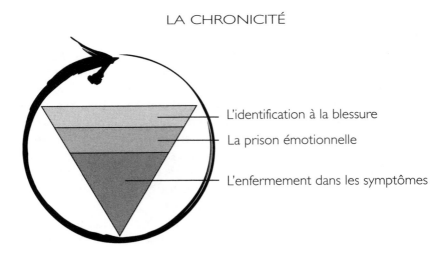

- L'identification à la blessure
- La prison émotionnelle
- L'enfermement dans les symptômes

La chronicité, du grec *chronos*, qui signifie durée dans le temps, naît d'un attachement à l'enfermement. Dans la chronicité, le symptôme devient durable parce que l'enfermement dure dans le temps. Si l'enfermement perdure, c'est qu'il y a inconsciemment un attachement à un état de fait ; cet attachement est l'expression d'une induration de l'identité à la douleur. S'il y a attachement à un état de fait, c'est qu'il y a inconsciemment des gains secondaires qui maintiennent en place l'enfermement. Le symptôme s'installe de façon chronique parce qu'il me nourrit inconsciemment. Il me donne la permission de répondre à un besoin inconscient, besoin auquel je n'oserais pas répondre si j'étais en santé. Mais comme la chronicité d'un symptôme est reconnue socialement et que le système qui est en place me permet de m'y maintenir, je gagne alors inconsciemment à être installé dans une chronicité de symptômes.

Qu'est-ce que je gagne ?
1. d'attirer l'attention ;
2. de demander de l'aide ;
3. de me reposer ;
4. de prendre du temps pour moi ;
5. de m'isoler pour me ressourcer ;
6. d'être reconnu ;
7. de me sentir en sécurité ;

8. d'être accueilli ;
9. d'être aimé ;
10. d'être traité avec douceur.

Les gains secondaires sont des besoins que nous n'arrivons pas à exprimer et surtout à satisfaire sauf si le corps l'exige par ses symptômes. Le mal-être, la maladie et la chronicité viennent donner réponse à ces besoins, mais de façon détournée.

La chronicité vient encercler la maison du divorce intérieur comme une roue du temps et la nourrit par cet enchaînement logique que j'appelle le cercle vicieux du mal-être ou courir après la queue du dragon.

Ce cercle vicieux est composé d'un mouvement qui part de la superficialité des symptômes qui sont perçus comme une attaque. Cette impression d'être agressé par le symptôme crée une chaîne de réactions émotionnelles à laquelle une myriade de croyances sont associées. Cette réaction en chaîne ne fait qu'augmenter le mal-être. Le symptôme est alors chargé et, en plus, il est nourri par le mouvement répétitif de la réaction en chaîne. Le résultat est que le symptôme augmente à cause de la charge de négativité qui le sous-tend et qui l'entretient. L'individu court après la queue du dragon.

Exemple :

J'ai une migraine => cela me met en colère => je me juge bonne à rien et incapable de travailler comme tout le monde => cela me rend triste et en colère contre moi-même => je suis irritée et contrariée => mon mal de tête augmente => je me sens devenir de plus en plus en colère...

Symptômes => réactions émotionnelles => pensées négatives => émotions dures => symptômes + vifs => pensées négatives + fortes => émotions + difficiles => symptômes + + vifs = chronicité + forte => jugements sur soi => pensées négatives, sentiment d'échec, impuissance, désespoir => émotions => symptômes = chronicité + + +

Une façon illusoire de se sortir de ce cercle vicieux est de se soigner, c'est-à-dire de se soulager par des soins qui vont diminuer le symptôme. L'action de se soigner n'est pas mauvaise en tant que telle ; elle crée un temps de répit où l'individu ne sent plus rien.

Il se maintient en surface de lui-même et n'ose plus bouger. Il a cessé temporairement de courir après la queue du dragon, il se repose jusqu'à la prochaine attaque. Mais le soin ne règle pas la chronicité de la chose, le soin n'aide pas l'individu à aller à la source de cette réaction en chaîne destructrice qui est maintenue par une identité à la souffrance et ses gains secondaires. Le soin devient une compensation plutôt qu'une solution créatrice.

CERCLE VICIEUX OU
COURIR APRÈS LA QUEUE DU DRAGON

La maison du divorce intérieur ferme ses volets, se resserre sur elle-même. À la longue, les gains secondaires ne nourrissent plus, une irritation s'installe autour de la chronicité des symptômes, suivie d'un désespoir et d'un sentiment d'impuissance envers soi-même. L'individu est réellement divorcé de lui-même et la chronicité l'entraîne vers une lente destruction de lui-même.

La douleur qui détruit

Dans ma pratique, j'ai côtoyé beaucoup de gens qui souffraient physiquement et ou psychiquement. Avec amour, j'ai consacré du temps pour tenter d'entendre et de comprendre leur souffrance : j'ai observé et étudié leurs réflexes, leurs comportements face à cette douleur qui faisait si mal... Ainsi, j'ai découvert petit à petit le processus qui fait qu'une douleur peut mener à la destruction et aussi le processus inverse, qui fait qu'elle peut mener à la guérison.

De la blessure fondamentale émane une douleur que j'appelle la douleur première. Première, car elle est la première expression de la blessure, son premier langage. Cette douleur est importante, car elle est le langage vibrant de la blessure. Elle est collée à elle, elle connaît son histoire. Elle est l'amie de la blessure. Cette douleur a deux facettes, elle peut devenir destructrice si l'on s'en protège et créatrice si nous savons l'utiliser pour établir un dialogue avec notre blessure fondamentale.

LA DOULEUR FONDAMENTALE

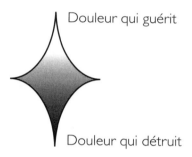

Douleur qui guérit

Douleur qui détruit

Cette douleur première peut détruire si elle est emprisonnée, scellée, enfermée par une identité et un attachement à cette identité. Elle sert alors de motif au divorce d'avec soi-même. Elle sera le moteur inconscient de l'autodestruction. Emprisonnée et occultée, elle devient lancinante et douloureuse. Elle alimente plusieurs états émotionnels dont le ressentiment (*voir le sandwich émotionnel, p 83.*) qui est à la source de l'affaiblissement du système immunitaire et à la base de plusieurs maladies.

Suivons maintenant l'évolution de la douleur première en douleur qui détruit. Autour de cette douleur que l'on fuit se crée un vide qui, sous l'effet d'une contraction de l'être, devient un vacuum. Le vide est créé du fait que l'on se sépare de sa douleur première. Ce réflexe de séparation en est un de survie mais il peut, à la longue, devenir un conditionnement, une contraction. Plus on se sépare de sa douleur plus on souffre. Pourquoi ? Parce que cette douleur est l'expression d'une partie de notre être et que, se séparer d'elle, c'est se séparer de soi. Un peu comme si on s'amputait d'un membre trop douloureux. Cette séparation crée un « vide dans la relation de soi à soi ». Si l'individu se contracte autour de ce vide, qu'il y met une peur, une tension, le vide devient alors, par la force de la contraction, un vacuum.

Le vacuum est un espace vide agité d'une force centripète qui donne la sensation d'être aspiré : plus je résiste à la douleur, plus je suis aspiré. À la longue, le vide remplit de la souffrance d'être séparé de sa douleur première.

L'individu entre alors dans un cercle vicieux : plus il tente de s'éloigner de ce qui est douloureux et plus ce qui est douloureux prend de l'ampleur par un appel venu de la profondeur de l'être. Ce vide, ce vacuum, fait peur et soulève chez certains individus un sentiment de terreur comme s'il y avait un monstre, un dragon tapi dans les coins occultés de la psyché. Combien de fois, dans ma pratique, ai-je vu l'individu qui s'approchait de sa blessure fondamentale éprouver une terreur, une terreur indescriptible, innommable ? Cette terreur est immense parce qu'il y a le vacuum, le vide, le néant, la sensation d'être aspiré dans l'abysse... et souvent aucun accompagnement thérapeutique pour soutenir la descente vers soi.

Plus la douleur est enfouie sous des couches émotionnelles inconscientes qui se sont superposées au fil du temps et de sa chronicité, plus la terreur est grande. Le vide, le vacuum, a augmenté en puissance, parce que nourri par la chronicité. Par le fait même, la terreur augmente à son tour et, plus elle augmente, plus l'individu, la fuit, emprisonné dans un cercle vicieux : fuite => isolement => divorce d'avec lui-même. Une urgence de fuir pointe à la conscience de l'individu, ce qui entraîne une réaction de compensation dans les profondeurs de son être. La douleur crie sa douleur. Elle se déchaîne avec violence et elle fait mal. Ce mal est un cri, tel un hurlement pour se faire entendre. Plus cette douleur est enfermée, plus elle détruit, utilisant tous les moyens possibles pour attirer l'attention sur la partie inconsciente de l'individu qui la porte. Dans cette structure, tout le potentiel de vie que comporte cette douleur et qui repose en son sein est utilisé vers la destruction, c'est-à-dire la **non-vie,** plutôt que vers la construction, c'est-à-dire la **vie.**

C'est alors que le divorce d'avec soi-même est définitivement prononcé ; toutes les raisons sont bonnes pour se séparer de la souffrance qui détruit[6]. Ce que l'individu ignore, c'est que cette souffrance est portée par lui, c'est-à-dire par une partie inconsciente de lui-même. Qu'elle est nourrie par lui, c'est-à-dire par son attachement à son identité de séparation.

Après maintes années de travail auprès de gens souffrant dans leur chair et leur psyché, une de mes plus grandes observations est que :

> *Ce n'est pas la douleur qui fait mal,*
> *mais le vide qui l'entoure.*

Entrons à l'écoute de la relation qu'établissent Jérôme et Maryse avec cette douleur première. Écoutons ce qu'ils ont à dire sur le divorce d'avec eux-mêmes.

HISTOIRE DE JÉRÔME

Pas des femmes, mais de l'argile. Inconsciemment, je canalisais ma violence, ma rage sur l'argile et non plus sur mon propre sort. Alors, ma douleur m'envoyait son paquet de colère sur les hanches pour me punir de ce nouveau ménage à trois.

À vingt-six ans, mes hanches souffraient toujours un peu plus, mais qu'importe, j'avais mon diplôme d'architecte, comme papa, et je décidai de me consacrer uniquement à la sculpture, quitte à manger comme un loup.

En même temps, apparut ma louve, ma compagne de l'obscur, de l'ensorcellement des sens.

J'aimais cette douce folie qui nous unissait même si notre amour commençait à noircir. Jusqu'à ce jour où cette petite voix dans ma tête est revenue, au réveil. Juste un mot : Espagne.

Ce mot revenait souvent par la suite à mon réveil. Là encore, je l'écoutais et j'abandonnais cet amour devenu malade, mes amis, ma famille, et direction le sud, Màlaga, Andalucia, España.

J'avais l'argile dans le coffre de ma voiture et ma douleur dans mes poches de pantalon, je partais.

Vivre de mon art, en faire mon métier, telle était ma quête en Espagne.

Je pris vite le rythme andalou, mélange de contemplations diurnes et de folies nocturnes.

Je commençais à être reconnu dans le quartier, « El guiri, el escultor ! »

En même temps, mes douleurs s'amplifiaient et devenaient plus aiguës.

Un goût de sang dans la bouche, un goût de rage.

Je revenais en France, après quelques années, pour savoir enfin ce que j'avais aux hanches.

Radios des hanches, spécialiste, rhumatologue, médicaments, beurk !

Je ne connaissais pas encore le nom de ma maladie et je savais que ce jour était grave. C'était le jour du verdict. Je pris ce lacet en cuir qui traînait sur la table et me le mis autour du cou comme un pacte avec ma haine. Puisqu'on allait identifier au grand jour ma maladie, ce lien c'était ma reconnaissance envers cette douleur jusque-là secrète. Je ne quittais jamais ce collier, jusqu'à ce jour…

« Coxarthrose ! » me dit froidement ce spécialiste habillé de blanc.

« Vous voyez, sur ces radiographies, que vous n'avez quasiment plus de cartilage à vos deux hanches. Vous êtes bien jeune pour avoir de l'arthrose, quel âge ? Trente et un ans, c'est rare à vôtre âge, mais il y a des cas similaires… »

Je restai fermé, le fixant de mes yeux devenus fous.

« Vous allez prendre des antidouleurs, des médicaments qui vont vous soulager, vous souffrirez moins… »

Mais de quoi il se mêlait celui-là ! Ma douleur, je l'aimais !

« Vous devez savoir aussi que, dans un futur proche, vous devrez subir une opération des hanches afin de vous mettre des prothèses, vous m'entendez ? »

Ah ! le fumier ! Cet être abject voulait me séparer de mes hanches malades et m'enlever ma douleur.

Je crois qu'à cet instant j'aurais pu tuer. Mais d'où me venait toute cette violence alors qu'il était là, théoriquement, pour me sauver ?

HISTOIRE DE MARYSE

Puis, à l'âge de vingt-trois ans, mon corps a développé d'autres symptômes. C'est à cette époque que mon compagnon m'a annoncé que jamais il ne se marierait avec moi si ses cheveux ne repoussaient pas. J'ai reçu cette phrase comme un choc d'une extrême violence. Je me suis sentie rejetée. Je ne comprenais pas le lien entre moi et sa calvitie. J'étais déstabilisée par rapport à qui j'étais pour lui. Puis, petit à petit, il m'a niée. Je n'existais plus. Avoir l'impression qu'il ne voulait plus de moi était insupportable et, en même temps, je me rendais compte que je me mettais aussi dans des situations où j'allais être rejetée.

Mon corps s'est mis à me faire mal et j'étais très épuisée. Quand j'étais petite, personne n'avait prêté attention aux différents langages de mon corps et en grandissant, j'ai continué à faire de même. Mais là, mon corps, par sa douleur, me conduisait à lui et allait m'obliger à me rencontrer. Ces symptômes me menaient à une maladie chronique, invalidante, incurable et surtout extrêmement douloureuse. Mais pour le moment, je n'étais pas prête à les prendre en considération. J'étais dure avec moi-même. Je m'ignorais, moi et mon corps.

La fatigue a fait place à des douleurs articulaires du sacrum et de la région lombaire. Puis des irradiations névralgiques sciatiques et crurales sont apparues. Les douleurs devenaient atroces. Elles ne me quittaient plus et atteignaient un paroxysme insoutenable la nuit. Je n'arrivais plus à bouger.

QUESTIONNAIRE

La séparation d'avec soi-même

Vous souvenez-vous d'un moment de rupture intérieure, c'est-à-dire un moment où vous avez pris la décision intérieure de vous couper d'une partie de vous ?

Si oui :

À quel âge ?

Pour quelles raisons ?

Quelles étaient les circonstances atténuantes ?

Quelles étaient les émotions en place ?

Votre corps ou votre psyché ont-ils réagi à cette décision de rupture intérieure (ex. : symptômes récurrents, sentiment de dépression, extrême fatigue psychique ou physique, sensation de déception, tristesse chronique) ?

Avez-vous pris cette décision pour quelqu'un ou quelque chose (ex. : pour vos parents, pour votre profession, pour votre conjoint, pour vos enfants) ?

Aviez-vous l'impression de devenir quelqu'un d'autre ?

Combien de temps avez-vous vécu ce sentiment de séparation intérieure ?

Êtes-vous toujours en présence de ce sentiment ?

Si oui :

Croyez-vous pouvoir retrouver cette partie de vous que vous avez quittée ?

Qu'est-ce qui vous enferme et vous maintient séparé de vous-même ?

Le but de ce questionnaire est de vous aider à devenir conscient de cette séparation intérieure (si elle existe), de contempler ce qui vous enferme ou vous empêche de vous en dégager et de vous réunifier. Être conscient de sa prison intérieure est le premier pas vers une libération.

CHAPITRE 4

L'esclavage de la destruction

Je suis maintenant divorcé de moi-même. Je cherche
l'autre partie de moi-même dont je me suis séparé.
Qui peut me la donner ? Qui peut me sauver de ce divorce ?
Qui peut me soigner de ma douleur ? Qui ? Où êtes-vous ?
Aidez-moi, je vous attends.

De vingt-trois à trente-six ans

L'individu qui est divorcé de lui-même vit dans un manque continuel parce qu'il n'est pas en contact avec ses réels besoins[1], de ses réels désirs[2] et de ses réels élans et aspirations[3]. Sur le chemin menant de la séparation au divorce, en s'éloignant de sa blessure fondamentale et de sa nature profonde, le divorcé de lui-même s'est perdu de vue. Il a bâti un hybride tel un moi suradapté, une fausse identité dont la vie est basée sur de faux besoins, de faux désirs. Attention, ces faux besoins et ces faux désirs semblent fort véridiques pour celui qui a choisi d'épouser les besoins de ses parents, les désirs de son conjoint. Ils sont vécus comme réels, mais ils sont la réalité d'une structure édifiée et non pas de la vraie nature de l'individu.

Par le fait même, comme ces besoins et ces désirs font partie de l'hybride de soi-même, ils ne sont pas nourrissants, ils sont insatiables, ils entretiennent la sensation de manque et toutes les compulsions qui en résultent. Ce manque qui fait que le divorcé de lui-même se tourne vers l'extérieur à la recherche d'un environnement pour y mettre la maison construite de son divorce.

Lorsque l'individu divorce de lui-même, il n'est plus nourri par sa propre source. Ce qui le maintient en vie, ce sont ses mécanismes de survie qui ont pris racine de plus en plus profondément dans sa personnalité pour en devenir un processus d'identité. Le divorce intérieur crée un vide de soi très profond qui entraîne de multiples compensations. Le regard de cette autre partie de soi qui s'est séparée de soi se tourne alors vers l'extérieur. La douleur qui détruit ne sème plus la destruction en soi mais aussi tout autour de soi, insidieusement.

J'ai observé que plus le divorce d'avec soi est grand, plus la recherche vers l'autre est grande. Ce vide intérieur qui est caché sous le trop-plein de l'enfermement crée un manque de quelque chose. L'entité n'est plus nourrie, à la limite de sa conscience, l'individu se sent vide. Il est coupé de sa souffrance et il est si protégé de lui-même qu'il ne se sent plus. Il est devenu cet hybride de sa nature profonde. Il est en manque, il a une soif d'être rempli, d'être sauvé, d'être aimé ou d'être détruit par... l'autre, les autres, la vie, les événements, la société, la drogue, les paradis artificiels, la compulsion des sens, les croyances religieuses ou l'alcoolisme du travail.

Il crie au monde entier : SAUVEZ-MOI ! SOIGNEZ-MOI ! PRENEZ EN CHARGE MON MANQUE ! SORTEZ-MOI DE MON MAL-ÊTRE, SORTEZ-MOI DE MON DIVORCE.

Mais ce cri à l'aide ne vient pas de l'amour de soi ou d'un désir de guérir. Il vient d'un espace de destruction en soi ; par le fait même, ce cri porte une sonorité de morbidité, de haine, de déception, de culpabilité, de doute, de peur, de frustration, et de violence.

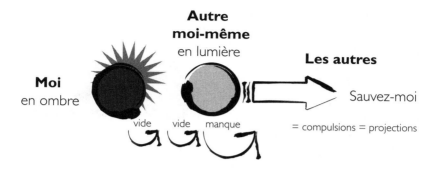

Les épousailles de la vie en rose

Ce divorce intérieur étant insupportable, le divorcé cherche à épouser toute substance ou tout être qui offrira le mirage d'une forme de salut marital. Certains vont épouser le travail, d'autres la drogue, d'autres la nourriture, d'autre un conjoint, d'autres des enfants, d'autres une religion, d'autres le jeu, d'autres la maladie, d'autres le « rien faire », d'autres l'accumulation de richesses.

Ces épousailles semblent être une solution de salut et le sont pour une période de temps où le divorcé d'avec lui-même s'abreuvera au nectar de l'illusion d'un bonheur de fusion avec son objet de mariage.

Pendant cette période, le sentiment de fusion donnera un nouveau sens à son existence. De l'extérieur, l'individu semblera reprendre goût à la vie. Il affichera un masque social de bonheur, de contentement, de satisfaction. Son niveau de frustration sera à la baisse. Les symptômes subtils du déséquilibre seront masqués par une forme d'embonpoint du corps psychique et social sous la forme de notoriété, d'accumulation de biens matériels, de reconnaissance, de diplômes ou d'accroissement de la famille et de son patrimoine. Cette fusion avec un objet marital extérieur donne un tonus nouveau à l'autre soi-même.

La personnalité se réorganise dans une structure qui est tournée vers l'extérieur. S'il y a eu maladie ou instabilité psychologique, cette période offrira un temps de stabilité, voire un temps de régression de la maladie ou des états de mal-être qui, antérieurement, minaient la vie du divorcé de lui-même.

L'individu entrera dans une démarche encore plus poussée de volonté. Volonté de se soigner s'il y avait un malaise, de faire de l'argent s'il y avait un sentiment de pauvreté, volonté de réussir s'il y avait eu échec, une quête sans fin pour donner un sens à son existence.

La période de vingt à trente-six ans est souvent un âge propice au processus d'individuation qui témoigne de ce passage. La réalité psychique de l'adulte de cet âge consiste à se construire un monde extérieur, un environnement qui peut accueillir la maison de son divorce intérieur et qui nourrit l'illusion du bonheur[4]. Certains déploient une énergie monstre pour construire ce bonheur par la volonté d'être bien à tout prix, en se cachant leur propre mal-être et de plus, en refusant de voir celui des autres qui les entourent.

Petit à petit, des signes venant de l'intérieur tels les messages du corps ou des rêves vont signifier à l'individu qu'il y a illusion. Si ces signaux ne sont pas entendus, viendront les signes extérieurs tels la répétition de comportements destructeurs. La répétition d'événements qui renvoient à l'échec, à la séparation et à la perte vont apparaître avec évidence. Soudainement, ce que l'individu avait l'impression de contrôler n'est pas si contrôlable. L'objet des épousailles qui renvoyait un miroir si éclatant de beauté semble se ternir. Une ombre se pointe à l'horizon dans le tableau sans tache de cette réalité illusoire.

Le mécanisme de l'autodestruction et le triangle de projection

L'ombre au tableau est signalée par le corps qui ne ment pas et son expression symptomatique, et/ou par la récurrence d'événements troublants qui démontrent un processus de destruction inconscient que j'ai appelé le triangle de projection[5]. Ce triangle est communément appelé le triangle dramatique par certaines écoles de psychologie. Le triangle de projection est une structure inconsciente de protection de la personnalité (du moi) face à la douleur qui détruit. Cette structure qui comprend trois positions, soit victime, persécuteur et sauveur, est souvent à la base de la communication avec l'autre et avec soi-même. Contemplons son anatomie :

TRIANGLE DE PROJECTION

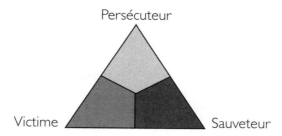

Ce triangle a trois angles ; par les trois angles du triangle, l'individu peut passer d'un rôle à l'autre très rapidement et ainsi se maintenir dans un emprisonnement qui va nourrir son identification à la souffrance. Les rôles de victime, de persécuteur et de sauveur peuvent être épousés pour répondre au besoin profond de se faire prendre en charge, de se faire soigner, de se faire sauver d'une réalité psychique qui a créé le divorce intérieur. En passant d'un coin du triangle à l'autre, l'individu peut ainsi avoir l'impression de s'occuper à assouvir sa soif de vivre quand au contraire il ne fait qu'alimenter sa soif de survivre.

Le triangle de projection comprend deux aspects qui sont les deux facettes d'une même réalité psychique : une base de communication avec le monde extérieur : le triangle de projection extérieur, et une base de communication avec le monde intérieur : le triangle de projection intérieur.

TRIANGLES SUPERPOSÉS

Triangle de projection extérieur

Mécanisme d'autodestruction

Triangle de projection intérieur

Le triangle de projection extérieur

Cette structure psychique du triangle occupe l'énergie psychologique et physique de l'individu. Elle est un terrain propice qui nourrit l'individu dans son divorce de lui-même. Elle le maintient occupé par l'autre. Toute son énergie est centrée vers le changement de position dans le triangle, relié à l'expérience d'un quotidien en présence de l'autre. Elle entretient les états de confusion, de dépression, d'impuissance, de sensation de ne plus y voir clair, d'être pris, d'être emprisonné. Cette structure est le reflet de sa douleur première, tel un miroir de sa blessure fondamentale. L'individu qui se sent coincé devant le reflet de sa douleur d'abandon, de rejet, de non-reconnaissance n'a souvent qu'une envie, soit de mourir à lui-même, soit de faire mourir l'autre.

J'ai longuement observé dans ma pratique l'évolution de cette structure du triangle de projection chez mes patients qui étaient aux prises avec un mécanisme d'autodestruction et de destruction autour d'eux, des mécanismes très puissants dont ils n'arrivaient pas à se libérer.

J'ai par exemple observé qu'il existe une **porte d'entrée** au triangle, c'est-à-dire une position privilégiée qui est prise de façon réflexe pour entrer dans la structure du triangle, et tant que l'individu y projette son énergie, il n'existe pas de porte de sortie. Ainsi, une fois entré dans le triangle, il est très difficile d'en sortir. C'est ce qui sème la destruction de soi-même et la confusion face à son environnement. La seule façon de s'en sortir est de retirer son énergie du triangle de projection dirigé vers l'autre et de prendre responsabilité de ce qui est là devant soi. Par exemple, imaginons ce scénario où je suis en relation avec un homme qui, constamment, m'envoie des signaux que j'interprète comme du rejet. Dans cette situation, je prends position face à cet homme et j'entre inconsciemment dans le triangle sous l'angle de la victime. Je me sens victime de lui, je me sens rejetée constamment par ses propos, et s'ensuit l'enchaînement des positions : je passe de la victime au persécuteur puis je joue au sauveur. Je me nourris de ce triangle dans ma relation avec cet homme, mais je m'épuise. J'y dépense beaucoup d'énergie.

Je peux sortir de ce triangle en contemplant son reflet. Je me pose la question : qu'est-ce que cet homme me fait vivre ? la douleur du rejet. Je peux sortir de ce triangle en comprenant que cette douleur de rejet m'appartient. Elle est mienne et elle se rejoue encore une fois dans le scénario de ma vie. Donc je prends la responsabilité de cette douleur. Je m'occupe de la soigner et de la guérir et je me retire du triangle. Chaque fois que cet homme m'enverra les signaux éventuels de rejet, je m'occuperai de guérir ma propre douleur et je me désensibiliserai des émanations de l'autre.

Sortir ainsi du triangle me permettra de vivre cette relation différemment. Je serai plus en mesure de vraiment voir qui est cet homme. Me rejette-t-il vraiment ? Si oui, puisque je suis sortie du triangle, je serai en mesure de choisir si je poursuis cette relation avec quelqu'un qui me rejette, ce qui serait toxique, ou si je me retire de cette relation. Il se peut aussi que je réalise que cet homme ne me rejette pas et que j'ai projeté sur lui ma blessure de rejet. Une fois sortie du triangle, il sera plus aisé pour moi de voir clair et je serai libre de poursuivre ou non la relation. Il est possible de sortir du triangle extérieur de projection.

Contemplons maintenant comment je suis entrée dans le triangle. Qu'est-ce qui fait que j'ai choisi la porte d'entrée de la victime et non du persécuteur ?

Cette position privilégiée provient de la façon dont j'ai vécu mes premières années de vie et de ma réaction face aux agressions, c'est-à-dire la façon dont je me suis installée dans mes cuirasses de mal-aimée ou de protection. La façon dont j'ai vécu mon positionnement dans mes cuirasses lorsque j'étais jeune me pousse à répéter ce scénario avec mon environnement lorsque je serai adulte.

Disséquons les trois positions du triangle en imaginant la situation d'avoir à faire face à une agression quotidienne, soit de la part d'une personne, soit d'un événement répétitif.

agression = » réaction = » entrée dans le triangle

J'entre dans le triangle, qui est mon moyen de communication avec l'extérieur, donc je me place en situation de :

Victime : J'ai mal et je me vois comme une victime par rapport à mon environnement et aux événements extérieurs. Ce qui m'arrive est la faute des autres et je suis leur souffre-douleur. J'ai mal et les autres me font souffrir, les événements aussi, la vie… tout, pauvre de moi ! Je suis en souffrance et je ne peux pas m'en sortir[6], à moins qu'un sauveur ne vienne à ma rescousse ou qu'un persécuteur ne soit là pour m'enfoncer et entretenir pour moi mon rôle de victime. Je suis le mal-aimé et je me nourris à cette structure en moi, la cuirasse du mal-aimé[7], et j'entre en communication avec les gens ou les événements qui m'ont agressé dans cette position de victime. Je subis et j'en perds mon réflexe d'action, je l'inhibe.

Persécuteur : J'ai mal et j'en veux aux autres. Je me protège et je me défends. Pour me défendre, je prends la position d'attaque. J'attaque par mon agressivité, par ma dureté, par ma fermeture. De toute façon, on va m'attaquer[8] donc je me maintiens continuellement en processus de protection. Je me nourris à la structure de la cuirasse de protection[9] et je suis continuellement en situation d'agressivité face au monde extérieur. Comme j'ai peur d'avoir mal, je prends pouvoir sur les autres, inconsciemment ou consciemment, pour tenter de contrôler mon environnement, de posséder celui qui semble plus faible. Ainsi, je m'assure de ne pas souffrir. J'entre en communication avec les gens qui m'ont agressé dans cette position de persécuteur, c'est-à-dire d'attaque.

Sauveur : J'ai mal et je me sens impuissant face à ma douleur, donc je fuis en voulant sauver ceux qui ont mal aussi[10]. Ainsi, je me perds dans l'autre et dans la douleur de l'autre. J'y trouve une sensation de puissance, car si je ne peux pas me sauver moi-même, je peux tenter de sauver l'autre et il y a tellement de gens qui veulent être sauvés. Donc, je me maintiens très occupé. Je me suradapte et je me nourris à la cuirasse de suradaptation[11], celle du bon garçon, de la bonne fille, du superman. J'ai la solution à leur problème. Je sais ce dont ils ont besoin et je me nourris du pouvoir qu'ils me donnent. Je me remplis de ma toute-puissance. Je suis fort et invulnérable. Je suis le sauveur et le tout-puissant. J'entre en communication avec les gens qui m'ont agressé dans cette position de sauveur, c'est-à-dire de fuite de ma réalité difficile.

Nous retrouvons ici les trois mécanismes décrits au chapitre 2 en réaction à l'agression. Le phénomène de fuite (sauveur), d'attaque (persécuteur) et d'inhibition de l'action (victime).

Ainsi, la façon dont je me suis conditionné face à l'attaque et dont j'ai fixé inconsciemment mes cuirasses face à la blessure fondamentale me serviront de porte d'entrée dans le triangle de projection. Une fois entré, je ne peux plus m'en sortir, car m'en sortir signifierait lâcher prise sur cette structure hybride. M'en sortir signifierait que je cesse de croire que les autres sont la cause de mon agression et qu'il est possible que quelque chose en moi la nourrisse. M'en sortir signifierait quitter cette fausse identité que je me suis construite et aller à la rencontre du moi-même réel, adopter le regard tourné vers soi à l'opposé du regard tourné vers le faux bonheur. Qu'arrive-t-il une fois que l'individu entre dans le triangle ?

La position d'entrée sera toujours celle que l'individu privilégiera, mais il ne peut pas la maintenir longtemps, car il ne vit pas seul. Il vit dans la vie qui est en mouvement. Il vit dans un système qui l'entoure et qui est aussi en mouvement. L'individu lui-même est en mouvement malgré sa fixité. Une fois entré dans le triangle, l'individu va se déplacer d'une position à l'autre et revenir à sa position privilégiée pour à nouveau se déplacer d'une position à l'autre et ainsi de suite.

Observons les déplacements au sein du triangle en utilisant l'histoire de Pauline (cas véridique). Pauline entre un jour dans mon bureau et me dévoile son triangle de projection extérieur à partir d'un événement : Pauline a développé une nouvelle amitié avec une femme qui ne semble pas la reconnaître. Cette amitié existe depuis une année et Pauline se sent impuissante face à cette femme. Elle ne comprend pas ce qu'elle vit. Elle se sent obsédée et voudrait s'en sortir, mais elle n'y arrive pas.

Qui est Pauline ?

Dans sa petite enfance, Pauline n'a pas été reconnue par ses parents. Elle porte en elle une blessure de non-reconnaissance. Face à cette blessure, elle s'est soumise (victime) et est entrée dans une inhibition de ses réflexes de protection (inhibition de l'action). Lorsqu'elle ne se sent pas reconnue (ce qui est vécu comme une agression pour elle), Pauline reste là et attend qu'on la reconnaisse ; au tout début, elle va même déployer encore plus d'efforts pour être reconnue. Mais comme on ne la reconnaît pas, elle souffre, elle se sent impuissante et devient victime de la situation. Elle reste toujours là pour se faire reconnaître. C'est très souffrant, car elle se maintient en présence de l'agression et de l'agresseur (persécuteur) jusqu'à en perdre ses moyens et ne plus savoir comment réagir.

➤ Observons que Pauline entre dans le triangle de projection par la position de victime, car depuis sa toute petite enfance, face à l'agression (la non-reconnaissance), sa réaction première est d'adopter un rôle de victime.

Pauline me raconte qu'elle en a assez de ne pas être reconnue par cette femme qui s'appelle Violaine. Elle la perçoit comme une réelle persécutrice qui ne reconnaît ni ses qualités ni sa valeur. Pendant des mois, Pauline a tenté de se faire reconnaître par Violaine, mais sans succès. Pauline me raconte qu'elle en a assez et qu'elle a quelquefois envie de la battre et de lui faire mal.

➤ Observons que Pauline est sur le point de changer de position dans le triangle de projection extérieur. Elle est sur le point de devenir la persécutrice de son amie Violaine

Pauline me raconte qu'un jour elle s'est fâchée, elle a lancé des mots très durs à Violaine et que, depuis, la situation a changé. Violaine est devenue toute douce, toute gentille et toute soumise à son autorité. Pauline me raconte qu'une partie d'elle était contente de voir que Violaine semblait souffrir du fait que Pauline oubliait même de se présenter à des rendez-vous fixés. Pauline me dit qu'elle lui faisait payer un peu de ne pas avoir été reconnue par elle ; à son tour, elle l'oubliait.

➤ Observons que Pauline est devenue une réelle persécutrice et que Violaine est devenue sa victime.

Pauline me raconte qu'un jour, elle s'est sentie coupable de voir Violaine souffrir et, qu'en plus, elle croit avoir décelé chez Violaine une forme de faiblesse, de lâcheté. Elle me dit avoir même découvert par des amis communs que Violaine avait connu de graves problèmes dans son enfance. Elle a eu soudainement envie de l'aider à mieux se comprendre.

➤ Observons que Pauline entreprend un changement de position dans le triangle en épousant le rôle du sauveur qui a pitié de sa victime (Violaine).

Pauline s'est mise à sauver Violaine et leur relation était devenue très harmonieuse. Elles se fréquentaient chaque semaine. Elles sortaient ensemble, jusqu'au jour où Violaine a oublié de présenter Pauline à un nouvel ami lors d'un repas et, selon les dires de celle-ci, Violaine se serait moins occupée d'elle pendant tout le repas. Pauline a cru que la terre s'effondrait sous ses pieds. Elle s'est sentie non reconnue par Violaine et par les autres qui étaient là tout autour de la table. Violaine venait de la blesser à nouveau. Pauline ne s'est pas remise de cet événement. Elle ne comprend pas ce qui s'est passé, mais elle ne peut pas pardonner à Violaine cette bévue. Elle voudrait quitter la relation d'amitié, mais elle en est incapable. Elle se sent triste, impuissante et en colère.

➢ Observons que Pauline est redevenue victime de Violaine. Elle est retournée à la case de départ où face à l'agression (non-reconnaissance), elle se soumet, elle perd ses moyens, elle se sent impuissante, elle ne peut pas bouger jusqu'au jour où, à nouveau, elle quittera son rôle de victime pour repartir dans le cercle vicieux du triangle.

Observons les déplacements du triangle de Pauline qui rencontre celui de Violaine :

L'ATTRACTION DES TRIANGLES

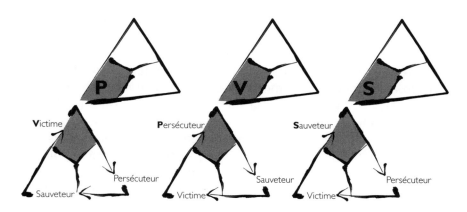

Poursuivons et imaginons que Pauline, souffrant de sa blessure de non-reconnaissance, ait développé dans sa petite enfance le réflexe d'attaquer lorsqu'elle n'est pas reconnue. Le réflexe premier est alors la défense. Au lieu de se soumettre, Pauline attaque celui ou celle qui ne la reconnaît pas. Pour se défendre de l'agression, Pauline entre dans le triangle comme persécuteur, c'est-à-dire que face à une personne ou à une situation de non-reconnaissance, elle se défend plutôt que de se soumettre.

Imaginons maintenant que Pauline, souffrant toujours de la même blessure, ait développé un phénomène de fuite et de rationalisation. Le réflexe premier est alors la fuite. Au lieu de se soumettre, Pauline fuit la situation et la rationalise. Elle devient le sauveur de la situation. Alors, Pauline entre dans le triangle comme sauveur, c'est-à-dire que face à une personne ou face à la non-reconnaissance, elle fuit plutôt que de se soumettre. Sa position d'entrée est celle du sauveur.

Voici comment on peut se positionner dans le triangle en y entrant puis être happé par le mouvement de la vie indurée (enfermée) au sein même du triangle de projection. Dès qu'un stimuli extérieur – ici, un stimuli qui est perçu comme une agression – met l'individu en présence de sa blessure, la personnalité va réagir en utilisant le triangle de projection comme structure de protection. Au lieu de vivre « en présence de » sa blessure et d'aller à la rencontre de cette douleur soulevée, le moi, divorcé de lui-même, va utiliser le triangle pour mettre en scène la blessure, la rejouer comme un mauvais film que l'on repasse ou comme une bande magnétique que l'on répète. Cette mise en situation de « rejouer la blessure fondamentale » sans la libérer ancre encore plus dans la personnalité blessée une douleur qui ne peut que semer la destruction, car elle n'est pas basée sur un réflexe naturel de survie et de vie qui serait : « Je suis blessé, j'ai mal, je m'occupe de mon corps, je m'occupe de ma blessure, je la panse, je la soigne et je la guéris », mais plutôt sur un réflexe conditionné induré qui est : « Je suis blessé, j'ai mal, je fuis ma douleur, car elle me fait peur ; je me sens impuissant et je laisse ma blessure s'envenimer. J'ai peur de la regarder. J'ai encore plus mal, mais je fais tout pour ne pas voir ma blessure qui saigne de plus en plus et qui suppure. Je fuis mon corps, je me fuis, j'accuse les autres, je cherche le coupable. » Pendant ce temps, la blessure ne fait que s'envenimer, la plaie se creuse et la gangrène risque de se propager.

Le triangle de projection intérieur

Il existe donc un triangle de projection que le moi, dans sa fausse identité, utilisera vers l'extérieur, mais ce que l'individu ignore, c'est que des forces intérieures sont en action, activées par un triangle de projection intérieur[12]. De plus, toute l'énergie psychique d'enfermement déployée dans le vécu de la projection vers l'extérieur occupe le territoire mental et émotionnel de l'individu, ce qui a pour effet de le séparer encore plus de lui-même et de le rendre inconscient des forces autodestructrices en place.

Le triangle de projection extérieur n'est qu'une représentation d'une structure similaire qui existe en lui-même, tel un reflet dans le lac de la psyché d'une structure qui est déjà là, fixée et bien en place : Le triangle de projection intériorisé.

Dans ma pratique, j'ai observé que lorsque le patient avait bien identifié son triangle de projection extérieur, il connaissait déjà un regain de l'énergie psychologique (envie de participer à la guérison, goût de vivre) et d'énergie physique (plus de force). Car l'individu se sent plus en mesure de comprendre et de dépister ses mécanismes de protection, c'est-à-dire ses cuirasses, ses complexes et ainsi de repérer la blessure fondamentale. Par contre, la découverte du triangle intérieur de projection est une clé importante qui amènera le DÉCLIC intérieur et la libération des énergies de SURVIE pour la VIE.

Le **triangle de projection intérieur** est celui qui sème le plus la destruction et qui entraîne, s'il n'est pas révélé à la conscience de l'individu, une autodestruction et surtout une fixation, un attachement à cette autodestruction, un état de morbidité. Il en résulte sur le plan physique une forme d'implosion de l'énergie vitale qui sème le déséquilibre. Plus ce triangle est vécu dans une fixation et un attachement, plus il sème à la longue le déséquilibre qui entraîne la maladie et même la mort.

Ce triangle s'installe entre les deux forces en opposition, c'est-à-dire le moi dans l'ombre et le moi dans la lumière.

De la même façon, le divorcé de lui-même utilisera le triangle de projection extérieur pour créer un environnement propice à :

- l'identification à sa douleur ;
- la création de sa prison émotionnelle ;
- l'enfermement dans ses symptômes.

De la même façon, il utilisera cette structure du triangle de projection, mais intérieurement et inconsciemment, pour entrer en relation avec cette partie de lui de laquelle il a divorcé, le moi dans l'ombre qui porte la blessure.

MÉCANISME D'AUTODESTRUCTION

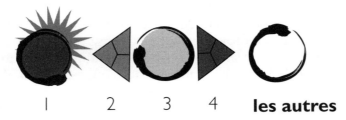

| 1 | 2 | 3 | 4 | **les autres** |

1- **Moi** en ombre qui cache la blessure
2- Triangle de projection intérieur
3- **Moi en lumière** qui porte les fausses identités
4- Triangle de projection extérieur

L'agression peut venir de l'extérieur, ce qui éveille la blessure et la douleur qui y est associée. L'agression, le stimuli peut aussi venir de l'intérieur par ce moi dans l'ombre et, de la même façon, stimuler une réaction de défense et de protection du moi, mais dirigée contre soi-même.

Prenons un scénario ou nous sommes en présence d'un individu qui porte la blessure d'avoir été abandonné. Imaginons que sa douleur d'abandon est réveillée par un événement extérieur. Dans sa structure du moi qui porte les fausses identités, l'individu va réagir à cette agression (événement extérieur) par un mécanisme de protection soit en entrant dans le triangle de projection par la position de victime, de persécuteur ou de sauveur face à l'agression, ou encore, en utilisant les autres structures de protection (*voir chapitre 1*).

Il se maintient ainsi en état de protection de sa douleur et de sa blessure. Une partie de son énergie vitale est utilisée à jouer la « mise en acte » de sa blessure d'abandon. Mais intérieurement, un tout autre scénario se vit aussi.

Reprenons le scénario : La douleur d'abandon de cet individu est réveillée, le moi édifié réagit et projette son énergie face à l'agression extérieure en se positionnant dans le triangle extérieur. Ce qui ne règle rien à la blessure réveillée : telle un dragon qui dort, elle est toujours là en souffrance et est constamment alimentée par le fait que la psyché et ses complexes revivent l'abandon dans le triangle extérieur de projection.

PREMIÈRE RÉACTION
MÉCANISME DE PROTECTION
L'ÉVEIL DU TRIANGLE EXTÉRIEUR

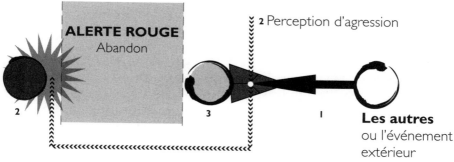

ALERTE ROUGE
Abandon

2 Perception d'agression

Les autres
ou l'événement
extérieur

1 Attaque
2 Perception d'agression
3 Éveil du triangle extérieur

Mais comme l'individu est divorcé de lui-même, sa douleur d'abandon, qui est réveillée et qui est encore plus stimulée par le triangle extérieur de projection, sera vécue comme une agression, mais cette fois-ci venant de l'intérieur. Donc l'individu, inconsciemment, va aussi réagir à l'agression intérieure en se positionnant dans son triangle de projection intérieur. Ce qui aura pour effet de sceller le mécanisme de destruction.

DEUXIÈME RÉACTION
ÉVEIL DU TRIANGLE
MÉCANISME DE PROTECTION INTÉRIEUR

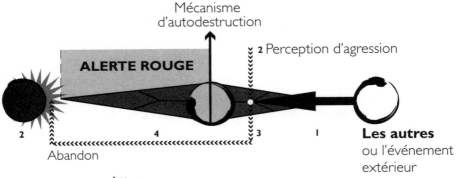

1 Attaque
2 Perception d'agression
3 Éveil du triangle extérieur
4 Éveil du triangle intérieur

Si la porte d'entrée dans le triangle de projection extérieur est celle de la victime, de la même façon, les probabilités sont élevées que l'individu se positionne en autovictime devant l'agression intérieure. Il en est de même avec les autres positions : le persécuteur devient un autopersécuteur, le sauveur, un auto-sauveur. Toutefois, il n'y a pas d'équation magique. Il se peut que la position de victime dans le triangle de projection extérieur provoque une autopersécution interne par réaction à l'état de victimisation que l'individu projette à l'extérieur de lui-même. Il est important de se rappeler qu'avant tout, il y aura une recherche d'écologie interne. Par exemple, si je me sens très victime d'une situation externe, mon autopersécuteur se réveillera pour contrebalancer ; sinon, je sombrerais dans le rôle de la victime et je me noierais dans mon marasme de victimisation.

Suivons maintenant le chemin d'un blessé par abandon (histoire véridique).

Gilles fut abandonné par sa mère dans ses premiers mois de vie. Il n'entretient pas de relation amoureuse, il cherche l'âme sœur dans les sites de rencontre d'Internet. Un soir, en surfant, il croit avoir enfin trouvé. Il « chatte » pendant plusieurs mois avec une femme, pour finalement lui donner rendez-vous.

Gilles se présente à ce rendez-vous galant sur lequel il a beaucoup misé. Il est dans l'expectative de cette rencontre et il est très content. Il a des papillons dans l'estomac et le cœur serré. Il sent qu'il a rencontré l'âme sœur, enfin !

Il se présente donc au rendez-vous et attend et attend… deux heures… pour constater que la personne en question ne viendra pas. Il l'appelle plusieurs fois, lui laissant des messages, mais en vain. Il constate au bout de deux heures, qui lui ont paru des siècles, qu'elle ne viendra jamais au rendez-vous et que c'est terminé. Elle a changé d'idée. Il se sent seul au monde et totalement démuni. Il est triste, puis en colère. Il ne sait plus, il est confus : tristesse ? colère ? Il choisit la colère car c'est moins douloureux, mais il sait que sous cette colère se cache une douleur vive qu'il connaît trop bien. Il ne faut surtout pas qu'il la ressente. Il bloque son diaphragme et décide d'aller boire un coup avec des copains pour raconter ses déboires et dire à qui veut l'entendre que les femmes sont des sales garces et qu'on ne peut pas leur faire confiance. C'est fini, il s'est fait encore trahir. Il n'y croit plus.

Les premières réactions de Gilles
Réactions émotionnelles en chaîne => confusion émotionnelle => formes pensées de l'ordre des croyances => le complexe d'abandon vient d'être réactivé.

La douleur se fait ressentir, car la blessure originelle d'abandon est réactivée.

Gilles se dirige vers un bar où il sait qu'il va trouver ses copains. La colère du début l'a quitté et fait place à du dégoût. Il se sent épuisé. Il a mal au dos. Ses épaules sont lourdes, il a mal dans son cœur. Il se sent abattu. Il se sent victime de toutes les femmes et il n'a qu'une envie, c'est de pleurer, mais il n'ose pas le faire… Il pense : « On m'a encore oublié, mais qu'est-ce qu'elles ont, les femmes ? Je suis incapable d'être aimé par elle. Je suis un bon à rien. Qu'est-ce que j'ai fait pour leur déplaire ? Je ne suis pas assez. Je ne suis pas bien pour elles. »

Les deuxièmes réactions de Gilles

L'entrée dans le triangle de projection extérieur par la position de victime, son langage émotionnel => colère qui cache une tristesse, désespoir, physique => douleur au dos et affaissement des épaules et psychique => croyances.

Pendant ce temps, la douleur est là à l'intérieur, car la blessure d'abandon par la mère a été réveillée. Gilles continue d'avoir mal ; une partie de son énergie physique et psychique est utilisée pour vivre son scénario extérieur de projection. Mais il y a autre chose qui se vit inconsciemment dans ses profondeurs et qui s'agite. La douleur d'abandon émane de plus en plus du moi dans l'ombre et sera perçue comme une agression intérieure par le moi dans la lumière. Un mécanisme réflexe intérieur de protection se réactive et le triangle de projection intérieur s'active. Comment notre sujet se positionnera-t-il face aux réactions de ces deux aspects de lui-même qui sont en opposition ?

Voici les scénarios possibles.

La douleur d'abandon est là et envoie ses signaux de détresse telle une « **alerte rouge** ».

Notre sujet peut se positionner en **autovictime** face à ce signal de douleur. La réponse sera alors celle-ci : « Oh ! pauvre de moi, j'ai encore mal, je suis un bon à rien, je ne mérite pas l'amour, je ne suis pas aimable, je ne vaux rien ! Je n'ai qu'une envie, c'est ne plus être là, j'en ai marre, j'ai envie de me casser. »

Réaction physiologique : état de dépression, d'impuissance qui peut entraîner des réactions d'hypothyroïdie, état de désespoir, jusqu'à l'éveil de la pulsion de mort.

L'**autopersécuteur** S'ÉVEILLERA ALORS et sa réaction sera celle-ci : « Tu es un pauvre type, qu'est-ce que tu crois ? Tu crois encore aux femmes ? Pauvre toi, tu t'es fait encore avoir. Qu'est-ce que tu attends pour comprendre ? Idiot. Tu es une mauviette, tu n'as pas de colonne vertébrale. Réveille-toi, bon Dieu ! Envoie-les promener, les bonnes femmes. Elles sont toutes des garces de toute façon. Durcis-toi, mon pauvre vieux. Cesse de pleurer, ça suffit maintenant. »

Réaction physiologique : colère et agressivité contre soi, décharge d'adrénaline, augmentation de l'inflammation dans le corps, acidité, augmentation du taux d'acide urique, hyperthyroïdie, hypertension.

L'**autosauveur** S'ÉVEILLERA ALORS et sa réaction sera celle-ci : « Tu devrais aller prendre une bonne bière, cela te fera du bien. Fume un pétard et oublie. Tu ne veux pas un peu de chocolat ? Va voir un film, oublie, ça va passer. Pourquoi pas une bonne baise et oublie l'âme sœur. »

Réactions physiologiques : compulsion et accoutumance, réaction d'anesthésie dans le corps et la psyché.

L'esclavage de la destruction

Pendant le déroulement de cette réalité psychique vécue dans le triangle de projection intérieur, l'énergie psychique et vitale qui était utilisée pour le triangle de projection extérieur est déplacée vers le triangle de projection intérieur. Comme sous l'effet de vases communicants, l'énergie psychique est transférée d'un triangle à l'autre.

TRIANGLES COMMUNICANTS

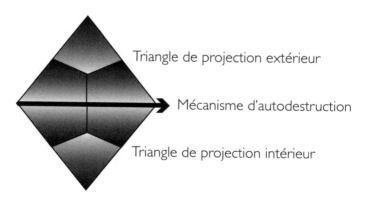

Triangle de projection extérieur

Mécanisme d'autodestruction

Triangle de projection intérieur

Pendant tout ce temps, la douleur soulevée par la stimulation de la blessure fondamentale n'est pas entendue pour ce qu'elle est. Au lieu d'être écoutée, elle est vécue comme une agression dont l'individu se protège. Devant cette agression intérieure, le réflexe premier de l'individu sera de retourner vers l'extérieur et de nourrir le triangle extérieur, soit en victime de l'autre, soit en persécuteur de l'autre ou en sauveur de l'autre. Cette autoprotection contre soi-même projette à nouveau l'individu vers l'extérieur, car habiter sa maison intérieure lorsqu'il y a auto-agression s'avère trop douloureux (voir ci-haut). L'individu peut ainsi passer de l'un à l'autre, se nourrissant de la force destructrice projetée vers l'extérieur puis revenant par une projection intérieure à la force autodestructrice et ainsi de suite. L'énergie vitale explose vers l'extérieur puis implose vers l'intérieur. Comme un yo-yo, elle passe d'un vase communicant à l'autre.

ESCLAVAGE DE LA DESTRUCTION LES VASES COMMUNICANTS

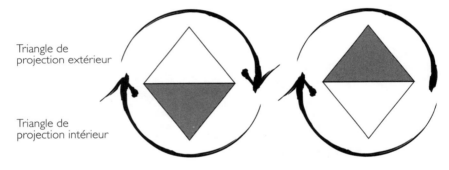

Triangle de projection extérieur

Triangle de projection intérieur

Mécanisme d'autodestruction

La somme d'énergie vitale qui est déployée pour être utilisée ainsi est incommensurable et, à la longue, le corps se fatigue de ces jeux de destruction qui deviennent un esclavage. La chronicité s'installe : l'individu est tellement habitué au mal construit par ses enfermements qu'il ne sent plus la douleur réelle. Il est trop préoccupé par son mécanisme de destruction qui, en fait, utilise une énergie très douloureuse qui n'est pas réellement la douleur fondamentale mais un sous-produit de cette douleur. Ce qui a pour effet d'éloigner encore plus l'individu de lui-même et de la source de sa blessure première. L'individu est loin de sa capacité de se guérir, il est pris par son propre esclavage inconscient de la destruction.

Cet esclavage de la destruction interne et externe entraîne un phénomène psychique étonnant : comme dans un cri, exprimant un très grand besoin d'exister, l'individu s'inflige à lui-même la même blessure fondamentale dont il a été victime dans le ventre de sa mère ou dans sa petite enfance.

S'il a souffert d'abandon, il va s'autoabandonner. S'il fut victime de rejet, il va s'autorejeter. S'il fut victime de grandes humiliations entraînant une non-reconnaissance de lui-même il ne reconnaîtra pas sa valeur et s'humiliera lui-même. C'est ainsi que la douleur première qui aurait pu le rapprocher de lui-même sert à le détruire. Se donner à soi-même la même blessure ne relève pas d'un désir sadomasochiste mais du seul besoin inconscient d'exister en répétant ma réalité d'enfant. Par exemple, si j'ai eu un parent absent ou persécuteur, j'ai intégré ce parent en moi et je me rejoue ce scénario où je m'inflige la même blessure reçue du parent. Ainsi, je répète le scénario quotidien de mon enfance, ce qui me donne l'illusion d'exister. J'existe toujours en présence de ce parent intérieur par qui je m'inflige la blessure. Je n'ai plus besoin du parent extérieur. Je me rejoue le scénario de mon enfance. J'attise ma blessure, mais comme c'est hyper douloureux, je me protège de nouveau contre moi-même. Devenir conscient de ce scénario de destruction intérieure, peut me permettre de reconnaître cette douleur, la laisser me guider vers la blessure dont elle est l'expression pour la libérer. Dans cette blessure se cache toute une histoire qui est la mienne et se cache aussi tout un potentiel de vie qui est aussi mien. **Le mécanisme d'auto destruction n'est qu'un système de protection face à soi-même.**

Histoire de Jérôme

Mais d'où me venait toute cette violence alors que le médecin était là pour me sauver ? Je suis sorti de la consultation la tête dans une lessiveuse et j'ai jeté dans la première poubelle mon ordonnance d'anti-inflammatoires. Pour qui il se prend, ce mouton ? M'annoncer qu'à quarante ans, je devrais faire attention en courant, car les prothèses risquaient de se déboîter à la suite d'un faux mouvement ! Moi, avec des jambes de marionnette ! Jamais ! Plutôt crever, comme dirait mon ami, écrivain fou.

Je me remis au travail, à sculpter de nouvelles créations, toujours mon couteau, toujours ma haine.

Maudite arthrose, nous devenions plus soudés, toi et moi.

Le monde, autour de moi, devenait de plus en plus petit. Je réduisais mes distances, allégeais mes charges, oubliais le sport, perdais le goût de la joie. La douleur s'exprimait naturellement dans n'importe quel lieu, à n'importe quel moment. Me lever d'une chaise me faisait serrer les dents. Je devais soulever mes sculptures comme un petit vieux, cul sec ! Certains soirs, les potes me portaient sur leur dos plutôt que de m'attendre.

Devenais-je fou, illuminé ou terriblement sauvage ? Le rapport que j'avais avec la douleur me satisfaisait.

J'entretenais ma résistance à la souffrance. Je laissais grandir le loup.

L'argile subissait, sous mes doigts, toutes les tortures que moi je recevais.

Sculpter réveillait ma volonté créatrice, ce désir de croire en la vie, et cette petite voix qui m'avait promis, entre autre, la richesse ; j'étais à sec, impossible !

HISTOIRE DE MARYSE

J'étais prisonnière de cette douleur paralysante, incapable du moindre mouvement volontaire. Par contre, mes muscles se contractaient de plus en plus dans une douleur et une tension irrépressibles. Je tentais tant bien que mal de maîtriser mon corps pour ne pas perdre conscience. Cette lutte était entrecoupée de moments de rage contre ces douleurs, contre mon corps et contre moi-même. Je me détestais, moi et mon corps. J'en voulais à la vie, au monde entier. La haine, la colère me remplissaient tout entière. Je les criais dans la nuit, puis je pleurais. J'étais envahie par le désespoir et la rage. J'étais prête à tout pour que ça cesse, pour arrêter de sentir cette douleur logée partout dans mon corps et dans ma tête. Je n'en pouvais plus. J'avais envie de me jeter par la fenêtre, de m'assommer… mais aucun de mes muscles n'était capable du moindre mouvement pour me permettre de sortir de mon lit. Dans la journée, la douleur s'estompait un peu. Je pouvais me déplacer tant bien que mal en m'agrippant aux murs et aux meubles. J'arrivais ainsi à marcher très lentement et en boitant beaucoup. Mon corps se contractait pour contenir la douleur et, petit à petit, il se rigidifiait. Mais je n'étais toujours pas prête à me faire soigner adéquatement. Je prenais différents antalgiques et anti-inflammatoires que des collègues médecins me prescrivaient entre deux portes à l'hôpital. J'étais contre la médication allopathique, mais j'ai fini par en prendre tous les jours tellement la douleur me handicapait, sans obtenir de véritable soulagement.

Je n'ai pas cessé de travailler pour autant. J'essayais de marcher le mieux possible, de faire mon travail normalement. Mais bien souvent, je n'arrivais pas à montrer à mes patients les mouvements que je leur demandais de réaliser pour leur rééducation. La douleur refusait à mon corps de se mouvoir. Tout geste de la vie quotidienne devenait une épreuve, aggravait mon état douloureux et mes capacités motrices.

Puis, d'autres symptômes sont encore apparus : les atteintes des épaules, de toute la colonne vertébrale et ensuite de la cage thoracique. Ils ont fait suite à un événement traumatisant dans ma relation avec un homme. Comme la fois précédente, je me suis sentie niée et rejetée par cet homme que j'aimais et qui m'aimait, et qui soudainement s'est trouvé mal dans la relation amoureuse et ne pouvait plus la poursuivre. À nouveau, j'étais dans une incompréhension qui a bien failli me conduire à la folie. J'étais déchirée à l'intérieur de moi et complètement déstructurée. C'est comme si j'avais éclaté. Je me suis vue être comme ma mère avec les mêmes gestes d'auto-mutilation. J'ai vu la folie et j'ai eu peur de devenir ça.

La douleur m'empêchait maintenant de respirer et mon corps se repliait sur ma poitrine. J'avais trente et un ans. Depuis huit ans, je me battais contre ces douleurs que je tentais de nier et de cacher aux autres. Mais l'atteinte des côtes m'a fait comprendre que je souffrais d'une affection grave : d'arthrite et plus exactement de spondylarthrite ankylosante. J'avais étudié cette pathologie au cours de ma formation, mais pendant huit ans j'en avais nié tous les symptômes. Je refusais de me voir malade malgré l'évidence. Mon corps était devenu rigide comme un bâton. Ma cage thoracique ne pouvait plus connaître d'expansion. J'étais maintenant enfermée dans un carcan de contractures musculaires.

QUESTIONNAIRE

La vie à l'extérieur de soi
Le mécanisme
Avez-vous l'impression d'être enfermé dans un mécanisme de destruction ?

Si oui : Comment pouvez-vous le décrire (**symptômes physiques**) : chronicité de douleur, d'accidents, d'opérations ou de blessures sur le corps – **symptômes psychiques** : colère tournée contre vous-même, culpabilité récurrente, sentiment d'impuissance, inhibition de vos actions, peur de vivre, peur d'aller vers l'avant – **symptômes affectifs** : avortement relationnel, emprisonnement relationnel et destruction du couple, sentiment de solitude et d'isolement, échecs amoureux répétitifs, échecs professionnels ?

Depuis combien de temps ?

Le déclencheur
Y a-t-il un ou des événements qui ont déclenché en vous ce processus d'autodestruction ? Et qui continuent de le déclencher ?

Décrivez les circonstances.

Quelle est la blessure en vous qui fut réveillée par ces événements (abandon, rejet, non-reconnaissance, trahison, humiliation, abus) ?

Vous êtes-vous senti victime (c'est leur faute, moi, je n'y suis pour rien, pauvre de moi) ? persécuteur (je vais leur en faire voir, je vais me défendre) ? sauveur (ils ont besoin d'aide, je vais les aider, les sauver) ?

La vie à l'intérieur de soi
Le mécanisme
Êtes-vous conscient d'un mécanisme d'autodestruction, c'est-à-dire d'une destruction retournée contre soi ?

Comment se manifeste en vous ce mécanisme d'autodestruction ? Débute-t-il par des **croyances ou des pensées** que vous portez sur vous-même ou sur les autres (je me déteste, je ne suis bon à rien, la vie est trop difficile, les autres ne m'aiment pas...) ou le processus débute-t-il par des **émotions** qui vous submergent (vous êtes envahi par une colère ou une tristesse qui ne finissent plus, par un sentiment de désespoir qui vous entraîne dans des pensées suicidaires) ou par des **symptômes physiques** (douleur sournoise qui va en s'intensifiant, douleurs musculaires au réveil, faiblesse physique au réveil, douleurs soudaines dans la journée, blessures physiques que vous vous affligez sans vous en rendre compte, accidents répétitifs). Essayez d'évaluer comment se manifeste le mécanisme d'autodestruction en vous, quelle en est la première expression, et de là suivez sa piste. Par exemple, s'il débute par :

- des pensées, observez s'il y a des émotions qui suivent ou des tensions physiques qui se déclenchent ;
- des émotions, observez, s'il y a des pensées qui viennent immédiatement pour maintenir la charge émotionnelle ;
- des tensions physiques, observez s'il y a des émotions qui se manifestent autour de ces tensions et aussi des formes pensées.

Plus vous arriverez à découvrir le phénomène de stimuli qui s'enclenchent l'un à la suite de l'autre dans ce mécanisme d'autodestruction, plus il vous sera possible d'arrêter son mouvement et de comprendre quelle est la douleur qui se cache sous ce système de protection interne.

Le déclencheur
Y a-t-il des actions que vous accomplissez pour vous qui déclenchent le processus d'autodestruction (ex. : compulsion alimentaire, films, écoute d'une musique, engagement dans des réalisations impossibles, sorties dans un bar, soupers chez des amis, achats de vêtements, port d'un maillot de bain, vision de votre corps dans une glace d'une salle d'essayage, consommation d'alcool, de drogue ou d'autres stimulants, voyages, décalage horaire) ?

Plus vous devenez conscient de ce qui déclenche en vous votre propre mécanisme d'autodestruction, plus vous pouvez enrayer ce mécanisme, le décortiquer et aller à la source de cette destruction intérieure.

CHAPITRE 5

Des témoignages sur le déclic

J e tiens à remercier tous les thérapeutes qui ont accepté de vivre cette entrevue et ce témoignage. Chacun a livré une partie de lui-même pour cet ouvrage. Je les ai choisis parce que je connais leur travail. Ils sont pour ma part, des thérapeutes de cœur et leur travail touche de près la guérison du cœur, de l'âme et du corps.

J'ai posé à chacun les deux mêmes questions et dans l'intimité crée par l'échange, d'autres questions se sont rajoutées :

Est-ce que pour vous, il existe une différence entre se soigner et se guérir ? Si oui, quelle est cette différence ?

Avez-vous dans votre pratique été témoin d'un phénomène que j'appelle « le déclic » où l'individu devant vous passe de l'état de se soigner à celui de se guérir ? Si c'est le cas, pouvez-vous décrire les facteurs qui ont facilité ce déclic selon vous ?

Voici leurs témoignages.

NICOLAS BORNEMISZA

Nicolas Bornemisza est originaire de la Hongrie. Après avoir étudié le cinéma à Bruxelles et travaillé au Canada dans ce domaine, il s'est rendu à Zurich, en 1984, pour étudier la psychologie analytique à l'Institut Carl-Gustav-Jung. Il consacre depuis la majeure partie de son temps à la pratique privée de la thérapie et à l'enseignement de l'interprétation des rêves.

Adepte du yoga, il est le créateur d'une méthode appelée Yoga psychologique.

M. L. :   Est-ce que, pour vous, il y a une différence entre se soigner et se guérir ?

Nicolas :   Je pense que c'est évident. Se soigner réfère aux soins que l'on se donne à soi, mais j'ai l'impression que la notion de guérison va beaucoup plus loin, parce qu'il y a beaucoup de sortes de soins mais peu de sortes de guérisons.

M. L. :   En effet.

Nicolas :   Il faut aller trouver les soins voulus pour le corps et pour l'âme et, en bon jungien, vous savez que je vois la guérison en collaboration avec le monde intérieur. Marion Woodman, une analyste jungienne de Toronto, dit que je ne peux pas me guérir moi-même mais qu'il y a en moi un monde qui peut me guérir et que pour cela il faut faire appel. Sans l'appel, il n'y a pas grand-chose qui se produit.

M. L. :   L'appel…

Nicolas :   Demandez et vous recevrez… et elle sait de quoi elle parle, elle s'est autoguérie à trois reprises. Je pense qu'en apprenant un peu la leçon avec elle, nous nous rendrons compte que nous avons tout intérêt à côtoyer ce monde intérieur qui d'abord nous rend malade. Pour Jung, l'apparition d'une névrose ou d'une maladie était aussi une tentative d'autoguérison. Donc déjà, les symptômes au départ indiquent qu'il y a un effort vers cette fameuse guérison dont vous parlez.

M. L. :   Est-ce que Marion Woodman a écrit un livre sur ce processus d'autoguérison dont elle parle ?

Nicolas :   Elle a publié des ouvrages clés, certainement, mais pas nécessairement centrés sur le processus d'autoguérison. Son livre le plus complet, le plus inspiré est *La Vierge enceinte* dans lequel il est beaucoup question des rapports avec la mère, le père, avec la Vierge noire… mais pas tellement dans le sens corporel de la guérison.

M. L. :   Quand vous parlez de l'appel qui vient de ce monde intérieur, est-ce que vous évoquez quelque chose que l'individu lui-même déclenche en disant : « Je veux comprendre la maladie » ?

Nicolas :   Oui. En comprenant que toute maladie, physique ou psychologique, est une tentative d'autoguérison, comme on l'a dit, si on peut être en possession d'informations par rapport à ça, dès que les symptômes arrivent, ils peuvent nous indiquer qu'il y a là quelque chose d'important pour nous. Et alors il faut faire appel. Et on fait appel normalement.

M. L. :   Qu'entendez-vous par normalement ? Voulez-vous dire qu'on fait appel naturellement, par réflexe ?

Nicolas :   Telle une inspiration, nous avons cette compréhension que les symboles non compris deviennent des symptômes. Alors, quand nous sommes en face des symptômes et que nous sommes le moindrement avertis, une question se pose : « Que dois-je comprendre là-dedans ? » Nous faisons alors appel à ce monde intérieur qui, éventuellement, va nous dire où il y a un manque dans notre adaptation à la Vie. Et c'est pour ça que chez nous, les jungiens, nous apprécions beaucoup les messages des rêves, parce que les rêves, généralement, vont répondre à ce questionnement de base.

M. L. :   Alors donc, pour vous, il existe vraiment une différence entre se soigner et se guérir ?

Nicolas :   Je crois évidemment que ça prend des soins, comme on le lit dans des livres assez connus, des soins de l'âme, etc. Donc les soins sont nécessaires, mais nous ne pouvons nous guérir qu'en établissant ce contact avec notre monde intérieur. Guérir, finalement, c'est devenir entier et ça va beaucoup plus loin que de simplement se soigner.

M. L. :   J'aimerais savoir si vous avez été témoin, dans votre pratique, en séances individuelles ou même dans certains séminaires, d'un phénomène que je nomme le « déclic ». C'est un déclic intérieur qui se vit au moment où quelqu'un passe de l'action de se soigner à celle de se guérir.

Nicolas : Oui, j'ai été témoin de cela à quelques reprises, mais généralement, dans le travail jungien, c'est une évolution qui prend place. Les jungiens disent : « Nous ne pouvons guérir personne, mais nous pouvons aider la personne à accéder à son processus d'individuation et ce qui guérit la personne, c'est le processus. » Donc, par définition presque, c'est quelque chose qui prend plus de temps parce qu'avant que la personne puisse se déclarer guérie, il faut que l'inconscient soit réorganisé, réordonné. Et cela prend du temps. C'est pour ça que c'est rarement spectaculaire, mais il arrive que cela soit spectaculaire.

M. L. : Quels sont les facteurs qui, selon votre perception, provoquent ou favorisent ce déclic intérieur, cet état de transformation ?

Nicolas : Après une vingtaine d'années de recherche, je suis de plus en plus convaincu que le facteur guérissant est un contact avec ce que les Orientaux appellent Satori ou Nirvana. Le bouddha disait que ce qui guérit la souffrance humaine, c'est le nirvana. On ne veut pas nécessairement aller chercher les réponses orientales, mais ma perception de ce que Jung apprend à l'humanité, un peu comme les Orientaux, c'est que si nous pouvons rencontrer le soi jungien, c'est-à-dire le Dao, le divin, que sais-je, la conscience cosmique, cela nous apporte une assurance qui nous transporte de notre état de souffrance à une forme d'assurance que même nos souffrances ont du sens et qu'on peut alors les dépasser, sans d'ailleurs qu'il y ait tellement de logique derrière le processus. C'est une expérience.

Et l'idée de Jung était que Dieu le Père c'est la Loi, Dieu le Fils c'est la Foi et Dieu le Saint-Esprit c'est l'Expérience. Et on sait aussi que la spiritualité orientale, ce n'est même pas une philosophie, c'est une expérience. Donc, pour moi, l'élément qui guérit, c'est l'expérience de la réalité transcendantale.

Quand Marion Woedman était prise à partie dans certains ateliers par des gens qui lui disaient : « Tu nous parles de la santé, mais à la fin de la journée, tu n'arrives plus à parler, tu as le cancer, tu traînes la patte, qu'est-ce que c'est que cette attitude ? », sa réponse était : « Vous savez, vous avez raison de me critiquer, mais au fond, ce que je peux vous dire, c'est que moi, demain, je peux mourir, mais je vais mourir guérie ».

M. L. : Merci, Nicolas.

MICHEL ODOUL

Ayant pratiqué puis enseigné l'aïkido pendant dix-sept ans, Michel ODOUL a appris les techniques énergétiques orientales durant huit ans. Il est diplômé en shiatsu et techniques énergétiques de digitopuncture, qu'il étudie depuis 1978. Il a également appris les techniques de relaxation et de psychologie moderne.

Il a ouvert un Centre de Formation en Shiatsu en 1996 et a développé des formations adaptées à chacun, du néophyte au professionnel. Il est l'un des précurseurs de la psycho-énergétique et de son développement vers la « psychologie corporelle », approche proposant de donner un sens aux maux que notre corps exprime.

Michel ODOUL anime des conférences et est l'auteur de plusieurs ouvrages dont le livre *Dis-moi où tu as mal, je te dirai pourquoi.*

M. L. : Est-ce que pour vous il existe une différence entre se soigner et se guérir ?

Michel : Oui, il existe une différence entre se soigner et se guérir et elle est même fondamentale. Se soigner, c'est porter de l'attention, de l'énergie, c'est se préoccuper de la manière dont on peut supprimer ou éventuellement faire taire le symptôme qui peut exister dans notre corps et qui rend le quotidien inconfortable. Alors que se guérir, c'est aller chercher une dimension bien au-delà de cela, une dimension qui va essayer de trouver ce qu'il y a derrière le symptôme, quelle en est la cause réelle.

À travers le fait de se soigner, on va donc se préoccuper de la manifestation, alors qu'à travers le fait de se guérir, on va se préoccuper de la cause, de la raison, de l'origine...

Il est bien évident que notre culture (et la manière dont nous avons été éduqués) nous dirige vers ce qui est manifesté, ce que l'on perçoit, ce qui est visible, ce qui est tangible ; nous avons considéré pendant longtemps que le corps et l'esprit étaient séparés l'un de l'autre. Et que le corps physique était une réalité, une machine, un assemblage de pièces mécaniques sur lequel, lorsqu'il y avait un élément dysfonctionnel, il suffisait d'agir pour le réparer, croyant que l'ensemble de la machine se remettrait à tourner.

Se soigner s'inscrit là ! Il est parfois utile, nécessaire, indispensable de le faire pour des pathologies graves et qui peuvent mettre en péril la vie de la personne, mais, sur le temps, se soigner n'est jamais suffisant. Se guérir, c'est aller au-delà de l'action de se soigner, pour inscrire cette manifestation du corps dans une dimension plus vaste, dans une réalité plus profonde. Se soigner est un acte se situant au niveau de l'horizontalité. C'est donc la satisfaction du Moi, du fait que celui-ci ne va plus ressentir quelque chose d'inconfortable alors que se guérir consiste à aller chercher une dimension plus verticale, qui est celle du Soi, qui est la conscience de soi et la manière dont on s'inscrit dans la vie.

La guérison suppose donc la reconnexion avec cette dimension. Elle suppose le fait que l'on soit capable d'aller « toucher » à cette dimension élevée que l'on nomme « spirituelle », c'est-à-dire celle qui donne un sens à la réalité de l'être humain dans sa vie. Ce n'est pas toujours facile et c'est un travail qui nécessite d'en accepter le prix. La particularité humaine réside dans la verticalité, « on se tient droit ». Mais la station debout n'est ni « naturelle », ni confortable. Elle demande un effort et un travail permanents.

Le sens de la verticalité, dans lequel s'inscrit la guérison, va au-delà du corps. Et c'est, je crois, en arrivant à se redonner un sens, en arrivant à se réinscrire dans sa propre vie, dans son schéma de vie, en se réconciliant avec soi et avec l'image lumineuse que la Vie a pu inscrire en nous, que l'on peut accéder à la guérison. C'est un travail beaucoup plus vaste et ambitieux que celui de se soigner.

Le deuxième niveau où une différence fondamentale apparaît entre se soigner et se guérir, c'est que dans le fait de se soigner, on « délègue », on confie cela à d'autres. Nous agissons parfois nous-mêmes mais toujours avec des méthodologies ou des outils qui nous sont extérieurs, comme avec l'apport de substances, de plantes, ou d'un certain nombre de données. Alors que dans la guérison s'inscrit une nécessité à faire un travail interne et intérieur. Cela passe par un travail de réconciliation avec des espaces de nous-mêmes dans lesquels, sans doute, on avait empêché la Vie de circuler librement, parce que cela nous gênait ou nous était inconfortable, ou bien, nous demandait un effort allant à l'encontre de la satisfaction des plaisirs de l'instant.

Il y a donc aussi derrière cette idée de la guérison, la capacité à admettre que l'on puisse sortir de la fatalité d'état de victime. Que l'on puisse comprendre que si on est atteint par quelque chose, on y a pris part. En sachant que reconnaître y « avoir pris part », ce n'est pas reconnaître une culpabilité mais une responsabilité. Prendre cette responsabilité, c'est se donner les moyens de continuer à pouvoir agir sur ce « négatif » en y ré-inscrivant du « positif ». Il s'agit là d'une réconciliation avec soi, avec la Vie, avec la dimension (au niveau) de l'être.

M. L. :   Avez-vous l'impression que se soigner fait partie des étapes d'une guérison ou que l'on passe directement à se guérir ?

Michel :   Il peut y avoir des processus dans lesquels il y ait des faits d'illumination, si j'ose dire. Des faits où le processus de guérison puisse s'inscrire comme une révélation. C'est le canal étroit des mystiques, ces cas de « rémissions spontanées » extraordinaires qui surviennent chez des personnes, sans vraiment savoir pourquoi. En général, quand on déroule le fil de l'histoire de la personne, on se rend compte que tout le travail du soin avait été fait précédemment par la personne. Et que c'est par une élaboration et une élévation de la conscience permanente, dans chaque fenêtre du soin, qu'à un moment donné, l'être peut arriver à ce déclic, à ce déclenchement qui est celui qui va transformer le besoin de se soigner en nécessité de se guérir. Cependant, la plupart du temps « se soigner » reste une étape nécessaire au processus de guérison.

M. L. :   Avez-vous été témoin dans votre pratique de gens, de vos patients, qui ont connu ce phénomène de déclic, c'est-à-dire qui ont passé, sans que vous ayez même pu le prévoir, d'un état à l'autre ? Si oui, comment décririez-vous, selon votre perception d'intervenant, ce phénomène de déclic ?

Michel :   J'ai vécu cela à travers un cas particulier, vraiment très caractéristique de ce phénomène de « déclic ». Je suis praticien shiatsu et, par conséquent, je travaille sur le corps. Un jour, une personne est venue me voir en consultation parce qu'elle avait une hernie discale au niveau des vertèbres cervicales ; elle portait une minerve pour maintenir sa nuque en place. Une opération avait été programmée dans les quinze jours qui suivaient notre consultation.

Cette femme avait été envoyée vers moi par des amis à elle, parce qu'elle ne dormait pas depuis plusieurs semaines à cause de la douleur, et on lui avait dit : « Va voir au moins, le shiatsu t'aidera à mieux dormir, à détendre ta structure musculaire et donc à te sentir beaucoup mieux pour te préparer à ton opération. »

Cette personne est donc venue me voir. Lors de la consultation, je l'ai conduite, grâce aux grilles de décodage de la psycho-énergétique que j'ai élaborées, à percevoir puis à identifier petit à petit ce qu'il pouvait y avoir derrière cette hernie discale. C'est-à-dire à donner un sens à son symptôme, et non pas à s'opposer à lui.

Et j'ai vu petit à petit cette femme, au fur et à mesure que l'entretien avançait, bouger la tête avec de plus en plus de facilité, à droite, à gauche. Au bout d'un moment, environ une trentaine de minutes, elle bougeait la tête tout à fait normalement, comme si elle n'avait jamais rien eu. Donc, je me suis interrompu et j'ai dit à cette personne : « Est-ce que vous vous rendez compte que vous pouvez bouger la tête tout à fait normalement, comme si vous n'aviez pas de problème de hernie discale ? » Une espèce de « flash » s'est produit à partir de ce dont nous étions en train de parler. La personne s'est alors effondrée en larmes, a totalement contacté, identifié la structure émotionnelle qui était derrière sa hernie discale, et sans que j'aie eu même besoin de la toucher, cette personne a quitté mon cabinet de consultation avec sa minerve sous le bras et elle ne s'est jamais fait opérer de sa hernie discale, celle-ci s'étant résorbée.

Que s'est-il produit derrière ce phénomène ? Un fait qui est tout, sauf miraculeux, que j'essaie d'enseigner aux praticiens qui viennent se former chez moi à travers l'idée que dans l'axe psycho-énergétique, ce qui est fondamental, ce n'est pas de dire à l'autre le sens qu'il peut mettre derrière les vécus ou les ressentis. Ce qui est fondamental, c'est plutôt de conduire la personne à trouver elle-même ce sens, à le replacer elle-même dans son histoire et dans sa vie. De ce fait, lorsqu'elle contacte réellement le lien qui existe entre sa souffrance et ce qu'elle a vécu, et uniquement à partir de ce moment-là, se produit cette forme d'éblouissement, de fulgurance qui fait que la tension se relâche, se libère. C'est le « processus de libération » codifié en énergétique : le corps va relâcher tout ce qu'il avait « densifié » dans la zone particulière où la souffrance se manifestait.

Il est donc fondamental, pour que ce processus puisse exister, qu'on ne donne pas la réponse à la personne, mais qu'on la conduise à la trouver. Parce que cette conduite, par guidage, grâce à une grille bien entendu, va l'amener à donner un sens à sa souffrance. C'est la condition *sine qua non* pour permettre à la personne de faire le travail d'acceptation de ce qui existe derrière cette souffrance. À travers ce travail d'acceptation, elle va s'approprier complètement, à la fois le fait que c'est elle qui a conduit son corps à avoir besoin d'évacuation et qu'elle seule possède tous les moyens de régler le problème.

La personne pourra re-contacter le niveau de l'âme, qui est celui où elle va pouvoir à nouveau redevenir maîtresse de sa vie, pouvoir sortir de ce triangle infernal où on est à la fois victime et bourreau de soi-même et, à travers le fait de se soigner, sauveteur de soi-même. Elle va se donner la possibilité, en se réconciliant avec ce niveau de l'âme, de faire la paix avec la vie et de lui permettre de circuler à nouveau dans des endroits où, sans doute, elle avait de la difficulté à la voir exister.

Cette réconciliation avec cette dimension haute du **Soi** se fait parfois effectivement ainsi, comme une révélation, de façon fulgurante, et ce n'est pas toujours confortable. Et il arrive, par conséquent, que des personnes, en percutant avec cette force le coût au changement qu'il va y avoir ou l'édification qu'elles vont devoir à mettre en place dans leur vie, vont à ce moment-là refermer la porte et avoir besoin de continuer dans le rapport à **soi**, qui est un rapport de soignant à soigné. Pour finalement peut-être, un jour, passer un deuxième palier et pouvoir à ce moment-là, ce jour-là, contacter l'axe de la guérison.

Accepter la reconnexion avec le Soi et les conséquences de cette reconnexion est un travail, c'est le syndrome que j'analyse dans les structures psycho-énergétiques sous le nom de «syndrome d'Abraham». Ce concept illustre ces moments où semble-t-il la Vie, avec un «V» majuscule, semble nous conduire et nous obliger à renoncer à ce qui nous semble le plus cher, ce à quoi nous sommes le plus attaché. Il illustre également combien, si nous avons une confiance sans borne envers cette Vie, si nous sommes prêts à lâcher, à perdre le plus cher, nous n'avons alors plus besoin de « le vivre ». C'est à ce moment que le bras d'Abraham qui allait frapper son fils s'est arrêté et qu'il a pu remplacer ce fils par un symbole.

De même, la maladie va pouvoir devenir autre chose, devenir un agneau sur lequel nous allons pouvoir immoler tout ce que nous avons engrangé comme souffrance de vie, parce que nous ne voulions ou ne pouvions pas accepter la véritable dimension de cette souffrance et ce en quoi elle nous rendait responsable de ce que nous sommes et de ce que nous vivons.

M. L. : Merci Michel.

RÉMI PORTRAIT

Rémi Portrait est coiffeur de formation. Durant plusieurs années, il a exercé son art de coiffeur et de formateur au sein de salons renommés tant à Paris qu'à l'étranger. En 1989, il entreprend une formation complète en shiatsu et en psychologie corporelle appliquée avec Michel Odoul pour ensuite étudier la libération des mémoires émotionnelles avec Claudia Rainville au Québec. Depuis 1995, il donne des conférences sur le thème *Le cheveu, fil de l'âme.*

Il est coauteur du livre *Cheveu, parle-moi de moi* paru aux éditions Albin Michel.

Il a fondé, à Paris, le centre Rémi Portrait Formation pour les coiffeurs.

M. L. : Est-ce que dans votre travail thérapeutique ou même dans votre expérience de vie, vous percevez une différence entre se soigner et se guérir ?

Rémi : Ah oui, ce sont quand même deux choses tout à fait différentes. Se soigner par le remède, c'est une chose, mais se guérir c'est vraiment faire un travail de l'intérieur. C'est vraiment apporter quelque chose au corps et comprendre ce qui se passe, pourquoi nous sommes malades, pourquoi nous avons vécu cela.

Se guérir, c'est un autre travail, c'est tout à fait différent. Aussi bien en thérapie, pour soi, ou pour aider l'autre à se guérir. Se guérir, c'est vraiment travailler sur la problématique qui fait que nous étions malade. C'est toute la différence, pour moi.

M. L. : Et comment percevez-vous cette différence, par exemple si vous êtes en présence de quelqu'un qui se soigne et de quelqu'un qui se guérit ?

Rémi : Ce n'est pas du tout la même approche, ce n'est pas du tout le même travail. Se soigner, c'est prendre un médicament pour endormir le mal ; se guérir, c'est travailler sur soi pour agir sur la maladie et, par le fait même, sur le mal à dire, le mal-être. Et se soigner, soigner son corps, soigner son esprit, son psychisme, sa psychologie, c'est tout à fait autre chose, c'est se guérir, à travers différents éléments qui vont apporter un mieux-être : le psychisme, la psychologie, le corps, le physique, enfin tout ce qui est se guérir. C'est libérer en même temps les blocages que l'on peut avoir créés.

M. L. : Comment décririez-vous le terne « se soigner » ?

Rémi : Pour moi, se soigner, c'est avoir affaire à une tierce personne qui décide pour soi qu'on doit prendre telle et telle chose pour aller mieux. Se guérir, c'est se prendre en main soi-même, avec l'aide d'un thérapeute ou d'un autre médecin, mais c'est travailler sur soi, intérieurement. Pour se libérer. Se guérir et se soigner, ce n'est pas du tout la même chose.

M. L. : Dans votre pratique, est-ce que vous avez connu des gens qui ont vécu un phénomène que j'appelle le « déclic », qui est comme un changement soudain de l'état de se soigner à l'état de se guérir ? Tel un déclic intérieur.

Rémi : Comme un déclic intérieur... Bon, le fait de travailler en vibration par rapport à la coupe de cheveux...

M. L. : Excusez-moi Rémi mais qu'entendez-vous par vibration ?

Rémi : Je considère l'être comme un instrument de musique. Les cheveux sont des cordes de cet instrument, mon rasoir en est l'archet, et la boîte crânienne la caisse de résonance. Mon rasoir fait sept centimètres donc représente les sept notes de musique, suivant l'endroit de la lame où je travaille. Cette vibration est plus aiguë ou grave, suivant la note que je choisis. Cette note choisie va émettre une vibration qui passera dans le corps par le liquide encéphalorachidien qui ira contacter la mémoire cellulaire ou émotionnelle.

Alors, cette vibration qui passe à travers les écailles, qui contacte le cortex, les deux lobes du cerveau, qui travaille sur la matière grise et qui retrouve enfin le blocage qui a été créé soit par la maladie, soit un blocage physique ou émotionnel, lorsque cette vibration rencontre ce blocage, là il se passe quelque chose qui est au-delà de... comment dire, ce n'est plus du soin, c'est une fraction de seconde où la prise de conscience libère la personne de sa problématique ou de sa maladie. Et ça, c'est important, c'est vraiment se guérir.

M. L. :   Avez-vous été témoin de ce phénomène dans votre pratique ?

Rémi :   J'ai été témoin de plusieurs cas. Samedi dernier, je travaillais avec une cliente qui avait de longs cheveux et qui voulait une coupe courte. Cette cliente souffrait d'une cystite depuis un certain temps. Aussitôt la coupe réalisée, il s'est passé des choses liées à la douleur pendant la vibration ; elle est allée aux toilettes, elle est revenue et elle a dit : « Écoutez, c'est incroyable, je viens d'uriner une grande quantité et je n'ai plus de cystite, je n'ai plus mal. » Il s'est passé quelque chose en une fraction de seconde pendant laquelle le cerveau a enregistré cette vibration qui a permis à la matière grise d'aller décoder et de libérer cette cystite que cette personne s'était créée. La femme était elle-même très surprise parce qu'en quelques minutes, c'était fini. Et elle a ressenti un bien-être, elle n'avait plus de sensation de brûlure. Donc sa cystite semblait être guérie. Et elle m'a dit : « C'est incroyable, j'ai uriné abondamment. Une quantité incroyable d'urine est sortie de mon corps. »

En travaillant sur le méridien de la vessie par la coupe de cheveux au rasoir, on va donc libérer les vieilles mémoires. C'est souvent pour cela que dans des cas de libération rapide comme celui-là, la vessie rentre tout de suite en action, parce qu'on libère les liquides organiques. Donc les liquides ont libéré ce corps. Les liquides organiques ont tout de suite accompli leur fonction et ont libéré cette tension et cette infection. Et aussitôt cette femme a ressenti un bien-être. Elle était tellement surprise. Ça, c'est important.

M. L. : Et selon votre perception, votre lecture et votre expérience aussi, quels seraient les facteurs environnants, à l'intérieur de quelqu'un ou peut-être même à l'extérieur de lui, qui entraînent ce phénomène de déclic qui fait que quelqu'un passe soudainement d'un état de maladie à un potentiel de guérison incroyable ? Qu'est-ce qui permet d'y accéder ?

Rémi : Je pense que lorsque le client ou le patient est prêt à vivre une libération, il est déjà, dans son inconscient, préparé à vivre ce déclic. Je pense notamment à un homme qui est venu un samedi assister à la coupe de cheveux de sa femme. Il m'a dit que c'étaient sa mère et sa femme qui lui avaient coupé les cheveux depuis sa naissance. Il ne s'était jamais fait couper les cheveux par un homme. Eh bien je lui ai répondu : «Bonjour les problèmes avec le père ! »

Il a pris rendez-vous pour le mardi. Et entre-temps, la simple phrase que je lui avais dite a fait travailler son inconscient. Quand il est arrivé chez moi, je sentais qu'il allait se passer des choses. J'ai fait une mèche et puis j'ai senti que c'était douloureux, donc je l'ai fait venir dans la cabine. Et, arrivé dans la cabine, quand j'ai commencé la coupe de cheveux, il s'est mis à crier. Et au bout d'un moment, une ou deux minutes, il m'a dit : «Vous comprenez, avec ce que vous m'avez dit samedi. Vous m'avez parlé des problèmes avec mon père. Ce matin, je suis allé sur la tombe de mon père pour lui demander pardon». Donc, entre le samedi et le mardi, il y avait déjà un travail de libération en préparation.

Et lorsque j'ai commencé la coupe et qu'il a crié, qu'il m'a demandé d'arrêter tellement il souffrait, il est entré dans une colère — un homme de quarante ans qui était très grand, très fort. Il a crié comme un petit garçon pendant plusieurs minutes, me demandant d'arrêter, dans la souffrance et dans la colère qui remontaient à l'intérieur de lui, et je suis allé jusqu'au bout. Je lui ai fait sortir sa colère jusqu'au bout et après il était extrêmement fatigué. Dans cette vibration, dans cette mémoire et dans cette colère d'enfant surtout, il a pu libérer plein de choses.

Et il m'a avoué après que son père était mort quand il avait onze ans. Pendant ces onze années, pendant toute sa vie de petit garçon, il avait vu son père qui était alcoolique, qui tapait sur sa mère sans qu'il puisse la défendre. Il avait donc contenu sa colère pendant onze ans. Et à quarante ans, il n'était pas encore libéré de cette colère.

La guérison a été instantanée pour lui, mais ça lui a demandé deux heures de récupération parce que c'était une colère qui était restée bloquée pendant vingt-huit ans. Eh bien, il y a eu une transformation dans son corps : il a été complètement anéanti ; il n'avait plus d'énergie du tout parce qu'il tenait par la colère qui était bloquée. Et donc là, c'est quelque chose qui a duré une demi-heure. Une demi-heure de libération. Après, il m'a dit : « Je ne pensais absolument pas vivre ça un jour. »

C'était vraiment une guérison d'une colère et d'une haine, d'une chose contre l'homme. Et ce qui est fabuleux, c'est que sa mère lui avait toujours coupé les cheveux et depuis son mariage c'était sa femme. Dans son inconscient, il fallait qu'il se confronte à un homme. Il fallait vraiment que moi, je tienne le coup et que j'aille jusqu'au bout pour qu'il puisse crier, hurler contre moi alors que je lui faisais mal. Mais ça a été sa guérison.

La libération de l'énergie avait été tellement forte qu'il est resté deux heures au salon, dans la cabine, à se reposer pour récupérer son énergie. Et ça, ce sont des cas qui sont flagrants, immédiats. On voit vraiment la libération qui est une guérison.

M. L. : Qu'est-ce qui provoque cela, quels sont les facteurs qui sont en place et qui permettent ça, selon votre perception ?

Rémi : Je crois qu'elle est prête à lâcher. Il y a quelque chose dans son inconscient : pourquoi est-ce qu'il est venu avec sa femme assister à sa coupe ? Je n'avais pas de temps disponible avant la fin de février, et juste au moment où ils allaient partir, il y a une personne qui téléphone et un rendez-vous se libère pour le mardi. Donc il était prêt, il y a quelque chose là, dans son corps éthérique, qui avait lancé un message à l'Univers. Il était prêt à libérer ça, mais il fallait qu'il rencontre la personne allait l'aider à se libérer. En l'occurrence, c'était moi, mais ça aurait pu être vous, ça aurait pu être quelqu'un d'autre, mais il était sur son chemin de libération et il a rencontré la bonne personne au bon moment. Comme je dis toujours, lorsque l'élève est prêt, le maître apparaît. Voilà. Et lui, il était prêt.

M. L. : Merci Rémi.

FRANÇOISE JÈZE

Françoise Jèze est née en 1930. Durant quelques années, elle pratique le journalisme, l'écriture, le théâtre et la danse. Elle reprend des études de psychologie au moment de la révolution de Mai 68 qui la conduisent de rencontre en rencontre à découvrir son inconscient avec Feya Reggio, le souffle grâce au rebirth avec Dominique Levadoux, sa généalogie avec Janine Assens, sa tradition judéo-chrétienne avec Annick de Souzenelle et son âme grâce à Marie Lise Labonté.

Elle a exercé comme maître de conférence à l'Université de Paris durant vingt ans et anime, depuis vingt-cinq ans, des groupes de psychanalyse et dynamique du souffle avec son collègue Michel Armellino. Psychanalyste, elle continue à exercer son art.

M. L. :   Françoise, bonjour. Est-ce que pour vous il y a une différence entre se soigner et se guérir ?

Françoise : Oui. Oui parce que je crois que je me soigne depuis fort longtemps. Et que je commence à penser à la guérison. Enfin, j'ai l'impression que la guérison approche. J'ai 73 ans. Jusque-là, je ne me suis pas sentie guérie. Je me suis sentie, oui, en train de m'occuper de moi entre autres choses et de me soigner. Et j'ai rencontré beaucoup de gens pour m'aider. Mais guérir… D'abord, j'ai été formée avec des psychanalystes et la guérison était pour eux quelque chose de très secondaire. Et moi, cela m'a toujours semblé scandaleux que l'on dise cela parce que je cherchais une guérison, mais… profonde. Voilà. Donc, pour moi, en effet, c'est très différent.

M. L. :   Et comment pressentez-vous cette différence, en vous ou chez vos patients ?

Françoise : Pour ma part, j'ai un critère. C'est la joie. Alors, voilà, je pense que j'ai pu être amoureuse de la vie. Donc très, très fort amoureuse de la vie, très passionnée, mais pas profondément joyeuse. Et même profondément dramatique. Donc j'ai pu être le clown, et je suis toujours le clown. Mais je sais très bien que le clown, en général, il est très triste et c'est la dérision de cette dramatisation qui fait rire, mais ce n'est pas la joie. Alors, il peut déclencher de la joie, mais à partir d'une vérité qui est en général difficile.

Tandis que la joie simple d'exister, qui n'est pas la même chose que d'être très amoureuse de la vie, ce n'est pas pareil. Et j'ai fait récemment un rêve dont je ne me souviens presque pas, mais il y avait une petite fille qui disait : « Est-ce que j'aime la vie ? » C'était pour moi le signe que mon essence est plus joyeuse, en effet.

M. L. :   Quand vous parlez de votre essence ainsi, avez-vous l'impression qu'il existe une différence entre se soigner et se guérir ?

Françoise : Oui.

M. L. :   Et comment le percevez-vous ?

Françoise : Eh bien parce que… se soigner, c'était seulement choyer Françoise. Et alors, c'est comme si les forces que j'avais reçues, elles n'étaient jamais tout à fait légitimes ; j'étais en train de me plaindre alors que j'avais pourtant reçu beaucoup, ce que je savais. Alors que tout d'un coup, ce sont des forces qui deviennent peut-être, j'ai peut-être quelque chose à faire sur la terre, enfin je veux dire qu'il y a un sens, à ce moment-là. Et tout d'un coup, ça légitime mes forces, dont je me suis toujours sentie coupable à cause d'une petite sœur morte, enfin un tas de choses. Et parce que s'il ne s'agissait que de moi…

Je crois que je n'étais malade que de ça, qu'il ne s'agisse que de moi. Or je savais et cela fait longtemps que j'ai donné un caractère spirituel à ma recherche, mais là aussi, un peu dans une illégitimité.

Donc, la guérison ce serait être tranquille avec ma place, là, et je n'y suis pas encore tout à fait,. Et ça, c'est énorme. Ça semble élémentaire d'être légitime à sa place, mais ça a été tout un travail. Et je crois que j'en aurais plein à dire sur ce sujet, mais c'est ce qui me vient là dans un premier temps. C'est très fort, même.

M. L. : En tant que psychanalyste, avez-vous été témoin chez vos patients d'un phénomène que j'appelle le « déclic », qui fait que le patient est dans cet espace de se soigner, à la recherche de se soigner et soudainement, il se passe quelque chose à l'intérieur de lui, ou d'elle, qui fait qu'il entre en présence de la guérison, profondément ? Et si vous en avez été témoin, comment décririez-vous ce phénomène de déclic ?

Françoise : Je dirais la même chose, mais je ne sais pas si j'ai donné ça à beaucoup de gens. Il y en a beaucoup qui me remercient, donc cela doit être quelque chose comme ça. Mais j'essaie de trouver un exemple d'un déclic. C'est sûr que souvent après les rebirths que je peux donner, c'est : « Ah, c'était ça. » Mais si je parle de moi, de la guérison en moi, c'est vraiment sur le plan de se sentir légitime à sa place et je crois que c'est un petit peu différent pour chacun. Vraiment, c'est différent pour chacun. Par contre, où je peux parler d'un déclic, c'est quand les gens touchent quelque chose d'archaïque et de profond. Lorsque je parle de « ma place », c'est aussi de cela que je parle, mais le chemin est très long. Enfin, pour moi ça a été long. Et quand je touche à l'archaïque, quand je peux entendre quelque chose de la souffrance fœtale, de la souffrance à l'arrivée, là vraiment il y a quelque chose où l'autre est reconnu. Et si tu veux, oui, voilà c'est ça. Alors, ce n'est pas encore le vrai déclic, mais il est reconnu. Il cesse de se plaindre dans le vide, il est reconnu dans sa souffrance, à laquelle il ne comprend peut-être encore rien… Mais il est reconnu. Et si vous voulez, si moi j'ai beaucoup insisté pour travailler avec vous, c'est que le jour où je vous ai parlé la première fois, après un premier stage, je vous ai rencontrée sur tous les plans de la femme, de l'enfant, de l'amante et de la mystique ; vous m'entendiez jusque dans l'archaïque, etc. Alors là, il y a eu un déclic. C'était pas encore fait, je n'étais pas guérie… Mais le chemin commençait et vous pouviez m'aider. Donc, je ne peux pas parler pour mes patients, mais pour beaucoup, s'ils continuent à me voir, c'est parce qu'ils disent : « Je suis entendu. »

M. L. :   Avez-vous l'impression qu'il y a comme un terrain propice, dans la relation thérapeutique, qui permet ce déclic ? Ou un terrain aussi à l'intérieur de la psyché du patient qui permet qu'il passe de se soigner à se guérir ? Un terrain extérieur, mais un terrain intérieur aussi.

Françoise :   Vous voulez dire la responsabilité du thérapeute.

M. L. :   Non, je parle de ce qui fait que le déclic est vécu chez certaines personnes et pas chez d'autres.

Françoise :   Alors, c'est une grande question ! Je vous dirais que lorsque la perspective spirituelle elle est complètement bloquée, il est difficile pour le patient d'atteindre le déclic. Parce que la foi et la confiance vont ensemble chercher le sens. Nous revenons à ce que je disais au début, si c'est simplement soigner la bête, la personne, cela ne va pas forcément fonctionner. C'est pour cela que si je peux aider mes patients comme je le fais, c'est parce que ma vie fœtale a été compliquée. Par le fait même, je suis capable d'entendre dans la mesure du possible, quelque chose de la vie fœtale. Donc, pouvoir entendre quelque chose de leur vie fœtale, c'est entendre un peu le divin, mais il faut quand même que les gens aient ce goût-là. Voilà.

M. L. : Oui, je comprends.

Françoise : Alors pour moi c'est un peu compliqué parce qu'il m'est arrivé d'être agressée pour la petite croix que je porte. Je viens d'avoir un drame dans mon cabinet parisien. Il y a une toute petite icône de la Vierge et il y a un jeune homme qui a failli devenir fou de voir cette icône. En fait c'est très important qu'il l'ait vue, cette icône. Quant à la petite croix, qui m'a valu un jour une volée de bois vert, cette personne qui se dit athée est devenue une amie, j'ai une lettre d'elle dans mon sac. Donc je suis sobre parce que je ne prétends pas aider les gens sur ce terrain, et d'ailleurs pourquoi pas (ce sera peut-être le jour où je serai guérie !), mais jusqu'ici je me suis bornée à l'aspect psychologique. Donc je suis forcée d'être sobre en tant que psychanalyste. Mais je crois que je le suis de moins en moins. Enfin, de moins en moins formellement. Je me fiche maintenant de ce qu'on pense, ce qui est très guérissant.

M. L. : Est-ce que vous avez l'impression qu'on peut forcer le déclic chez quelqu'un, ou qu'on peut l'induire ?

Françoise : Il y a des jours où je me dis que je mets trop d'enthousiasme au sens étymologique à essayer de communiquer un petit peu de… du sens. Mais je sais bien que c'est possible. Cela dépend du terrain, du moment… Je crois aussi qu'il faut une grande patience, non ? Ça a été si long pour moi que j'ai du respect pour la longueur. Je ne dis pas à mes patients : « Tu t'enferres dans ton truc » parce qu'il n'y a rien de plus horrible à entendre.

M. L. :   Bien sûr.

Françoise : Cela a peut-être été vrai pour mon patient, mais bon, je sais aussi qu'il faut des tas de choses, des tas de rencontres, des tas de couches, voilà. Les miennes étaient très nombreuses, donc ça m'aide à accepter les couches et le fait qu'il faut remettre un peu sur le métier, toujours.

M. L. :   Vous parliez de la patience thérapeutique, croyez-vous que de la part du patient il faut aussi un niveau de patience ?

Françoise : Oui, parce que, pour ma part, je pense que j'aurais pu tout arrêter…, mais le fait que j'aie la foi me fait dire que l'on est appelé quand ce n'est pas fini. Moi, j'ai pu croire que c'était fini et puis les anges, ma fille, deux accidents de voiture m'ont remise sur le métier. Donc c'est à ça que je fais confiance, pas à moi. Le patient peut se lasser, mais il va avoir des choses qui vont se présenter comme je viens de le décrire pour moi. S'il veut guérir justement et trouver le sens, et s'il est peut-être à l'écoute, il ne va pas s'arrêter. Enfin, je suis peut-être optimiste aujourd'hui, mais je le crois. J'ai vraiment été poussée aux fesses, alors que j'aurais pu m'asseoir justement, parlant de fesses, sur ce que j'avais déjà acquis. Mais je n'avais pas la joie. Donc j'étais relativement, seulement relativement contente de moi. Mais il n'y avait pas de joie, donc ce n'était pas ça.

M. L. :   Merci Françoise.

JACQUES SALOMÉ

Jacques Salomé est psychosociologue, formateur, écrivain, poète. Il a commencé sa carrière dans le domaine de la relation d'aide en s'inspirant des recherches et des travaux inscrits dans le courant de la psychologie humaniste, comme ceux de Carl Rogers.

Il a été formateur en relations humaines pendant une vingtaine d'années et s'est spécialisé dans la communication intime et les relations au quotidien. Il a suivi le fil de la psychanalyse et a utilisé différentes techniques comme le rebirth, la bioénergie et le psychodrame. Il a développé, dans le cadre d'une démarche plus personnelle, ses propres outils et concepts : la méthode E.S.P.E.R.E. (Énergie Spécifique pour une Écologie Relationnelle Essentielle) et est l'auteur de nombreux ouvrages[1].

M. L. :   Est-ce que pour vous il y a une différence entre se soigner et se guérir ?

Jacques : Oui, il existe une différence fondamentale entre soigner et guérir, la même qu'entre soi-nier et gai-rire.

Soigner c'est tenter de toucher à la cause et aux conséquences de la cause, c'est vouloir réparer, atténuer, voire supprimer le symptôme, c'est essayer d'enrayer la douleur, diminuer la souffrance, alors que guérir suppose d'accéder au sens de la maladie. De permettre à la personne malade d'entendre ce qu'elle crie (avec des maux). La guérison, au-delà des soins médicamenteux, chirurgicaux, médicaux, supposera donc des soins relationnels qui passent par une écoute de la maladie entendue comme un langage métaphorique, symbolique, avec lequel nous tentons de dire et de cacher l'indicible. Guérir suppose de permettre au malade de retrouver la blessure originelle qui s'exprime avec un mal-à-dire qu'on appelle une maladie et parfois même une affection.

Affection, terme utilisé à la fois pour dire un ensemble de sentiments envers une personne aimée, recherchée, choisie, et pour qualifier un trouble, un dysfonctionnement. Le double sens de ce mot devrait d'ailleurs nous inviter à être vigilant, pour tenter d'entendre le sens profond (lié à l'affectivité maltraitée) de certaines maladies.

Guérir au-delà des soins apportés pour réduire la souffrance ou supprimer le symptôme, atténuer le dysfonctionnement, supposerait de permettre au malade d'entendre enfin ce qu'il ne peut dire avec des mots et exprime avec des maux, en relation avec une blessure ou une violence reçue dans son enfance ou à une période cruciale de son développement.

La médecine d'aujourd'hui, malgré les progrès considérables qu'elle a faits, sait soigner et parfois même avec une efficacité redoutable.

On vous enlève un kyste sans même vous ouvrir le ventre, mais on n'aura pas entendu que ce kyste, par exemple, tente de « parler » d'un enfant dont vous avez avorté et dont vous n'avez jamais parlé à personne.

La médecine devient de plus en plus opérationnelle et fonctionnelle et de moins en moins relationnelle et intimiste, c'est pour cela qu'elle a beaucoup plus de mal à guérir. Car guérir serait une tentative pour réconcilier un être humain avec les situations inachevées de son histoire, pour le libérer des violences engrangées autour des pertes et séparations anciennes ou récentes, pour le libérer des missions de réparation ou de fidélité qu'il a pu engranger dans son enfance, l'inviter à un lâcher prise sur les conflits intra-personnels qu'il entretient, bref pour l'aider à ne pas cultiver en lui, dans son histoire ancienne ou récente, tout ce qui est à l'origine des somatisations ou des mises en maux.

M. L. : Donc il y a vraiment, pour vous une différence entre se soigner et se guérir. Est-ce que dans votre pratique, vous avez été témoin d'un phénomène que moi j'appelle le « déclic » ? Ce qui fait que du jour au lendemain, dans un processus intérieur, l'individu qui est dans un état de déséquilibre X (symptôme, maladie, accident, souffrance…) vit un déclic intérieur et entre dans le processus de guérison comme si on renversait la vapeur. Si c'est le cas, qu'est-ce qui fait selon vous que ce déclic existe et comment pourriez-vous le décrire ?

Jacques : Je n'ai pas été un témoin direct de cette prise de conscience, de ce déclic. Je crois pourtant savoir comment ça se passe. Cela se passe à travers une rencontre qui interpelle, qui bouscule. Il y a ainsi des rencontres magiques ; des rencontres imprévisibles, inattendues qui se font dans une autre dimension que la rencontre physique, on pourrait appeler ça d'âme à âme. Ça peut être d'ailleurs une rencontre physique de personne à personne mais ça peut être aussi des lectures, une phrase entendue à la radio…

M. L. : Oui.

Jacques : Les cheminements pour accueillir l'élément déclencheur du déclic sont multiples à mon avis, ils sont de l'ordre de ce que Jung a appelé les synchronicités. Le surgissement de deux faits qui pris séparément n'ont aucun lien apparent entre eux, et qui par un rapprochement inattendu apportent un éclairage, une signification essentielle, importante à une histoire de vie, à un événement oublié, à un vécu intime…

Cela peut être aussi un rêve. Ce que j'appelle un rêve structurant. À l'intérieur d'un rêve, il se passe un événement, un enchaînement de situations, une rencontre, qui vont donner au rêve une cohérence incroyable, une force d'appel ou de remise en ordre qui nous apaise. Je vais donner un exemple personnel. Ce n'est pas de l'ordre de la maladie, mais c'était aussi handicapant pour moi qu'une maladie, c'était de l'ordre psychologique. Pendant des années j'ai fait un rêve récurrent, qui revenait trois ou quatre fois par an, pas plus, mais qui me perturbait considérablement. Au réveil, j'étais mal à l'aise et je me sentais mal. Dans ce rêve, j'étais agressé par des individus, ou un individu, menacé de mort. Et je fuyais. Je fuyais en sortant du rêve. J'avais tellement peur, j'étais tellement effrayé que dans mon rêve, je décidais – ça paraît paradoxal, comme si j'avais un pouvoir sur mon rêve, un pouvoir conscient – mais je sentais bien que je décidais de sortir du rêve et je me réveillais. Ce qui me laissait en transpiration et dans un état de malaise, qui ne gâchait pas ma vie, mais qui me mettait mal à l'aise : je ne me supportais pas comme fuyant. Et ça, ça a duré plus de vingt ans, vingt-cinq ans. Il y a trois ou quatre ans, cinq ans au maximum, j'ai fait un rêve *où j'étais agressé* et dans ce rêve, au lieu de fuir, j'ai décidé d'affronter le danger, de ne pas fuir et de me battre. J'ai bien senti que la tentation de la fuite avait commencé à apparaître. J'ai vu arriver quatre ou cinq personnes avec des mitrailleuses, des couteaux, des haches et qui manifestement en voulaient à ma vie. Et comme le processus de fuite a commencé à s'enclencher (comme dans les rêves que j'avais faits jusque-là) consciemment, je me suis entendu dire « Non, je ne fuis pas », et je me suis lancé vers eux – je me rappelle, j'ai poussé un grand cri, je mettais toute mon énergie – et, dans mon rêve, ils se sont dispersés, ils se sont évaporés. Et je n'ai plus jamais refait ce rêve.

Je sais bien que ce rêve a des conséquences sur ma vie consciente et sur ma vie d'homme. Peut-être en termes de capacité d'affronter les difficultés, en termes de mieux me positionner, en termes d'affirmation de moi. C'est très diffus, mais je sens bien qu'il y a des conséquences sur ma nouvelle façon d'être au monde après ce rêve. Comme si ce rêve avait permis de me « mettre au monde ». Cet exemple n'est pas de l'ordre de la maladie mais c'est aussi important pour moi, parce que c'était aussi handicapant qu'une maladie.

M. L. : Oui.

Jacques : Donc, *le déclic*, *l'élément déclencheur* peut être des lectures, ça peut être dans des rencontres, où il y a comme ça un *insight*, quelque chose de l'ordre de la révélation. Je peux imaginer que saint Paul, sur le chemin de Damas, lui qui était un capitaine romain, qui avait pour mission de réprimer cette nouvelle secte, les chrétiens, a eu une révélation. A été appelé. Ce qui a changé complètement son chemin de vie, son destin de vie au point qu'il est devenu l'un des douze apôtres. Je ne suis pas croyant chrétien, mais je crois à ce genre d'appel, de révélation qui peut surgir dans la vie d'un être humain et qui viendrait, c'est du moins ma croyance, de cette part d'universel et d'intemporel qu'il y a dans chaque être humain.

J'ai entendu quelqu'un de très rationnel qui m'a dit : « J'étais aux États-Unis, je travaillais dans un laboratoire américain. J'ai entendu parler de Muktananda, un gourou hindou qui faisait une conférence. Moi, j'étais arrivée un peu en retard, j'étais au fond de la salle. Et puis à la fin de la conférence, en partant, il est passé à quelques mètres de moi, il s'est arrêté, il m'a regardée… Et je n'ai plus jamais été la même. » Elle m'a dit: « Il y avait avant et après. Ce regard m'a appelé. Ce regard a fait que quelques mois après, je quittais tout, j'étais en Inde dans son ashram et j'ai suivi son enseignement et aujourd'hui, je suis une disciple qui transmet l'enseignement de Muktananda. »

J'ai entendu également un Suisse me raconter qu'il était en mission culturelle, commerciale et économique avec l'Inde. Dans son hôtel cinq étoiles, il voit arriver un « saddhou », un mendiant a-t-il cru dans un premier temps. Cet homme lui a dit: « Baba, Saïd Baba t'attend à tel endroit. » Il me dit: « Je n'avais jamais entendu parler de Saïd Baba. » Je croyais que ce visiteur se trompait, qu'il devait y avoir erreur sur la personne. « C'est bien toi qu'il attend », m'a confirmé le messager.

Il s'est passé quelques jours, il a continué à vaquer à sa mission. Puis c'est devenu tellement interpellant qu'il a demandé et appris que Saïd Baba vivait sur les contreforts de l'Himalaya, dans un petit village. Il a décidé brusquement de faire le voyage en avion, puis en train, en bus, etc. *Quand il est enfin* arrivé devant lui, Baba lui a dit: « Je t'attendais. » Et sa vie a changé. Il a vendu toutes ses affaires et il est parti. Il est devenu un disciple et il enseigne la méditation et accomplit le travail de Saïd Baba.

C'est de l'ordre de l'appel, de l'ordre de la révélation, de l'ordre de ce que j'appellerais la communication infraverbale, un peu sur le modèle des rayons infraviolets ou des infrarouges. Il y a cent ou cent cinquante ans, on ne connaissait pas leur existence. Et pourtant, ils existaient, ils jouaient un rôle. Aujourd'hui, on les utilise.

M. L.: Et pour quelqu'un qui souffre d'une maladie et qui se soigne depuis des années, quel est selon vous le facteur soit en lui ou dans son environnement et qui permettrait ce déclic?

Jacques : Pour moi, dans l'état actuel de nos connaissances, cela reste du domaine de l'aléatoire, du non maîtrisable, dans le sens où il y a des morceaux de puzzle certainement, c'est-à-dire des informations qui sont venues à la connaissance de cette personne. Mais de façon morcelée, de façon éparpillée, de façon, justement, aléatoire. Peut-être quelques années avant, peut-être tout au début d'une maladie, il y a des signes qui ne sont pas toujours entendus, mais qui sont déposés, en attente. Ils sont soulevés peut-être en discutant avec quelqu'un de sensible, d'ouvert, avec un médecin par exemple, une écoute nouvelle se fait.

Et puis, un autre morceau du puzzle apparaît à un moment donné. D'un seul coup, ces deux morceaux de puzzle se rapprochent, s'emboîtent et ça prend sens. Ce qui veut dire que ce qui n'était apparemment que la couleur bleue et ce qui n'était qu'un morceau de tissu, les deux morceaux du puzzle, couleur bleue et morceau de tissu, se rapprochent et ça devient, là je donne un exemple personnel, ça devient la parure de mon petit lit d'enfant que j'ai eu de la naissance à quatre ans et auquel je m'accrochais. Je suçais mon pouce en tripotant cette parure bleue qui me donnait un sentiment de sécurité incroyable. Comment se fait ce rapprochement ? Je n'ai pas de réponse, je ne crois pas que dans l'état actuel de nos connaissances cela obéisse à une méthodologie, à un rationnel suffisamment élaboré pour que l'on puisse dire à quelqu'un qui est malade, qui est habité par une maladie : « Si tu fais ceci ou cela, peut-être que tu pourras retrouver le sens, accéder au sens de ta maladie. »

Je crois que c'est un long travail d'archéologie intime, de reliances, d'accouchement, que c'est un travail de mise au monde qui contient, pour l'instant, beaucoup d'aléatoires. Mais si on sensibilise déjà les gens aux grandes blessures de l'enfance : l'humiliation, la trahison, le sentiment d'impuissance, l'abandon, l'injustice... Alors ce sont des points d'appui, des points d'ancrage qui peuvent permettre à une personne de commencer un travail d'archéologie familiale, un travail sur la communication transgénérationnelle, ce qu'on appelle aujourd'hui un travail de psychogénéalogie, qui nous permet de voir à quoi, à qui nous sommes fidèle, ou quelle blessure chez l'un ou l'autre de nos ascendants nous tentons de réparer, de restaurer.

Je vais illustrer une blessure d'abandon. Un petit bébé a six mois, sa mère tombe malade, elle est hospitalisée et disparaît ainsi brutalement de la vie de ce bébé, pendant dix jours. On aura beau lui expliquer que maman est à l'hôpital, etc. Ce bébé peut vivre cet événement, si sa mère est un objet d'amour important et un objet de survie important, comme un abandon. Et non seulement comme un abandon, mais comme une des trahisons les plus épouvantables de sa vie. À tel point qu'il peut inscrire dans son esprit qu'il faut se méfier des femmes qui vous disent « je t'aime » puisque ce sont celles-là qui un jour vont vous abandonner, vont disparaître de votre vie sans prévenir. Mais le même événement surgi dans l'histoire d'un autre bébé au même âge pourra ne pas avoir pas le même impact, parce qu'il ne tombera pas sur un terrain sensible et ne s'inscrira pas comme une violence qui va créer une blessure.

Il faut donc retrouver les blessures de notre histoire. Voilà les points d'ancrage. Et cela, c'est possible, c'est possible de faire ce travail de nettoyage de la tuyauterie relationnelle intime en relation directe avec les personnes significatives de notre vie.

M. L. :   Merci Jacques.

JIM LEWIS

Jim Lewis est ingénieur de profession et rolfeur certifié de l'Institut de rolfing, au Colorado. Il a reçu sa formation du Dr Ida Rolf. Il pratique le rolfing depuis vingt-sept ans. Il est praticien de la méthode énergétique et corporelle Zero Balancing, et diplômé de l'École de massothérapie et de physiothérapie de Los

Angeles. Il est un guérisseur reconnu ; il a étudié pendant douze ans les énergies subtiles et médiumniques. Il a une pratique privée en rolfing et en guérison depuis vingt-cinq ans à Montréal.

M. L. :   Pour vous Jim, y a-t-il une différence entre se soigner et se guérir ?

Jim :   Le verbe « se soigner » évoque pour moi le soulagement – provisoire ou permanent – de symptômes spécifiques. Mais le verbe « se guérir » a une connotation beaucoup plus spirituelle à mes yeux. La maladie peut entraîner la mort physique d'une personne, et cette mort représenter une guérison, bien que la maladie elle-même ait suivi son cours funeste. Cela me rappelle une anecdote à propos d'une cliente qui faisait depuis toujours un mauvais rêve récurrent dans lequel elle tentait d'échapper en forêt à un invisible poursuivant. Quand cette personne finissait par la rattraper, elle se réveillait. Cette femme est âgée d'environ quarante ans. Elle fait ce rêve depuis son enfance. Au cours d'une séance de rolfing, elle fut prise de panique pendant que je massais sa hanche. Elle se mit à sangloter. Le simple fait de manipuler cette région spécifique de son corps avait suffi à déclencher en elle une émotion très vive. Une fois cette émotion libérée, elle me raconta l'histoire à l'origine de son rêve et me dit que, pour la première fois, elle en avait vu la conclusion. Enfant, elle avait été pourchassée par un homme, un ami de son père. Elle avait pu le fuir, mais m'ayant jamais pu confier son secret à son père, elle avait refoulé l'incident. D'où la très forte émotion, le sentiment de terreur dont elle venait de faire l'expérience et le grand soulagement qu'elle avait ressenti. Quand elle se fut calmée et que sa respiration fut redevenue normale, j'ai recommencé à masser sa hanche, au même endroit, mais tout était libre maintenant. Il n'y avait plus d'émotion. Ce n'était plus une expérience psychique, mais physique. On peut donc dire que cette femme fut guérie, car son rêve récurrent trouva sa résolution. Elle fut capable d'en déchiffrer et d'en assimiler la signification et de passer à autre chose.

Revenons au verbe « se soigner ». Si nous souffrons d'un mal de tête et que nous prenons un cachet d'aspirine, nous nous sentons mieux, car nous soignons provisoirement nos symptômes. Mais ce mal de tête est peut-être dû à un problème circonstanciel. Si nous ne résolvons pas ce problème, nous ne guérirons pas notre mal de tête.

Le verbe « se guérir » va plus loin que le simple fait de se soigner ; nous pouvons résoudre un problème, mais si la personne qui souffre n'examine pas en détail la cause sous-jacente de son problème, soit son attitude devant la vie et ses comportements, il ne s'agit pas d'une véritable guérison.

Ainsi, ces deux verbes sont pour moi très différents tant dans leurs objectifs, que dans leur profondeur et leur portée. C'est ce que je voulais dire. Les soins qu'on nous procure peuvent avoir des effets temporaires ou permanents, mais la guérison est, par nature, permanente. La guérison suppose aussi qu'une personne s'accommode de certains problèmes insolubles. Autrement dit, elle est incapable de redresser la situation, mais puisqu'elle s'en accommode intérieurement, elle est guérie. C'est là un des aspects qui différencie le fait de se soigner du fait de se guérir. Il y a quelques années, je faisais partie d'un groupe qui s'adonnait à une forme de guérison médiumnique. Les guérisseurs, dont je faisais partie, entouraient le sujet (la personne à guérir) selon une hiérarchie préétablie. La séance commençait en général lorsque nous allumions une bougie. À ce moment, nous ressentions un état de conscience altéré ; on eût dit qu'une énergie, une force guérisseuse entrait en nous, dont notre corps physique (gestes, voix, présence) devenait l'instrument. Dans ce cas précis, j'ai dû me rendre dans une autre ville en avion avec deux autres personnes. Nous avons participé à trois séances très intenses en trois jours. Notre sujet était une femme atteinte d'une tumeur cérébrale. Au bout de trois jours, nous devions faire nos valises et partir, sans adresser la parole à la personne que nous voulions guérir. Quelque temps après, cette femme entra en communication avec le directeur de séance qui nous avait dépêchés auprès d'elle. Elle dit qu'à la suite des trois séances de guérison, elle avait ressenti un allégement dans sa tête. Les médecins qu'elle avait aussitôt consultés ont constaté que sa tumeur était complètement disparue. Il y a donc eu guérison. Cette femme était guérie. Mais elle est morte huit ans plus tard : une autre maladie l'a emportée. Elle était encore jeune. Quel qu'ait été le problème qui l'avait conduite au seuil de la mort, elle n'avait pas su le résoudre et elle n'en a pas été guérie. Elle a été guérie de sa tumeur, mais sa guérison n'était pas complète puisqu'une autre pathologie l'a emportée.

M. L. : Dans votre pratique, dans votre vie, avez-vous été témoin de ce déclic ? Par exemple, vous nous avez parlé de cette femme, de ce qui est arrivé à cette femme qui cachait un souvenir dans sa hanche, et du fait que ce souvenir s'est libéré de sa hanche. Avez-vous jamais été témoin du « déclic », ce déclic qui a lieu en nous ? Nous ignorons quand il se produit, mais il se produit, et la personne qui en fait l'expérience cesse de se soigner et commence à se guérir en profondeur. Avez-vous déjà fait l'expérience de ce déclic en vous-même ou en avez-vous été témoin chez quelqu'un d'autre ?

Jim : Certainement. L'anecdote de la hanche en est une parfaite illustration. J'en ai fait moi-même l'expérience. Je pense ici au processus de focalisation.

M. L. : Décrivez-nous ce phénomène.

Jim : La focalisation consiste à libérer un espace mental de façon à pouvoir y examiner un problème précis. Autrement dit, on fait le ménage, on dégage le cerveau de ce qui l'encombre, on le fait taire mais sans l'endormir. Ensuite, on se concentre sur un problème, on l'examine et on se penche sur soi afin de prendre conscience des réactions physiques qui accompagnent cette réflexion. Ces sensations sont parfois très subtiles : une légère agitation, un mouvement, une lourdeur ; ou encore un sentiment de légèreté, d'opacité, de transparence. On peut faire l'expérience de toutes sortes de sensations kinesthésiques. Tandis qu'on réfléchit à son problème, qu'on se concentre à la fois sur lui et sur les sensations qu'il provoque, un symbole se manifeste à la conscience, un symbole à la fois mental et physique. Au même instant, un virage se produit, le corps se détend, l'esprit se libère et accueille de nouvelles révélations.

Il m'est arrivé, en « focalisant » ainsi sur certains problèmes, de parvenir à un état de clarté qui m'a permis de prendre des décisions jusque-là impossibles. J'ai éprouvé un sentiment de libération, comme si on me délestait d'un fardeau. Je me sentais léger, libre, ouvert. Voilà ce que m'inspire votre question. Au bout du compte, la focalisation m'a affranchi d'un schéma contraignant qui m'enfermait dans l'état conscient. Elle m'a aidé à prendre une décision qui débouchait sur une solution. Si bien que, au lieu de faire face à un problème insoluble, j'ai pu résoudre mon problème et passer à autre chose. Mon énergie était libre de poursuivre d'autres objectifs.

M. L. : Qu'est-ce qui permet ce « virage », d'après vous ?

Jim : L'auteur, Carolyn Myss, relate sur audiocassette l'histoire d'une femme atteinte d'un cancer en phase terminale qui était venue à un atelier de guérison. Elle était si malade et si frêle qu'il semblait peu probable qu'elle puisse survive jusqu'à la fin de l'atelier. Vers la fin de l'atelier, les participants devaient entrer profondément en eux-mêmes et pardonner. C'est ce qu'ils ont fait. Puis ils sont sortis de leur méditation. Sauf cette femme. Son état intérieur se prolongeait ; elle ne bougeait pas. Les autres participants ignoraient ce qui se passait. Ils sont restés autour d'elle longtemps en lui transmettant leur énergie, et ils ont attendu. Quand elle a enfin ouvert les yeux, elle s'est levée — elle était arrivée en fauteuil roulant — elle s'est levée et elle est sortie de la pièce. Ils ne l'ont pas suivie. Mais le directeur d'atelier l'ayant contactée par la suite a appris que, le soir même de son mariage, le mari de cette femme l'avait trompée avec une demoiselle d'honneur, qu'il avait eu des aventures tout au long de leur vie commune, qu'elle s'était donné un cancer et que ce cancer était en train de la tuer. Pendant l'exercice, elle s'était dit: «J'aime cet homme. Oui, il fait tout cela, mais j'aime l'homme qu'il est et je lui pardonne.» Son pardon l'a guérie. Son cancer a disparu.

M. L.: C'est une très belle histoire.

Jim: C'est une histoire extraordinaire. Très touchante. Le pouvoir du pardon est immense. Le pardon authentique est l'un des états qui provoquent la guérison.

Un autre état qui provoque la guérison… eh bien, disons que le pardon soit dû à un acte de volonté, le résultat d'une décision. Cette volonté d'agir peut entraîner la guérison. Nous nous battons, nous persistons, nous affrontons encore nos ennemis mentaux. Ces combats perpétuels créent des tensions, des bouleversements, des maladies. Ils peuvent nous tuer. Si nous prenons la ferme décision de surmonter nos conflits, nous pouvons guérir. Il suffit de le vouloir, et vouloir ne prend qu'une seconde. Mais pour en arriver à cet acte de volonté… bonne question. Comment fait-on?

Il nous faut parfois traverser la nuit obscure de l'âme, une agonie, une torture, et parvenir à un lieu où plus rien n'a d'importance, où tout est à sa place, où nous envisageons notre vie avec le recul nécessaire, où nous acquérons un autre sens des valeurs. Nous prenons alors nos décisions en conséquence. Il faut parfois arriver en ce lieu où mort et guérison sont synonymes, lâcher prise et s'en aller.

M. L.: Parlez-vous de mort psychique ou physique?

Jim: Physique. Il arrive qu'une personne meure depuis des années, qu'elle contraigne ses proches à prendre soin d'elle, qu'elle n'en finisse plus de mourir et qu'elle empêche ses êtres chers de vivre leur vie. J'ai été témoin de cela. C'est du moins ce qu'il m'a semblé.

M. L.: C'est très touchant Jim, merci.

GUY CORNEAU

Psychanalyste diplômé de l'Institut Carl-Gustav-Jung de Zurich, Guy Corneau est l'auteur de trois livres parus aux Éditions de l'Homme. Son dernier livre, *Victime des autres, bourreau de soi-même*, vient de paraître chez le même éditeur.

Il est le fondateur de Réseau Hommes Québec et de Réseau Femmes Québec, dont la formule s'est répandue dans plusieurs pays francophones.

Guy Corneau a fondé les Productions Cœur. com qui réunissent des artistes et des thérapeutes dans la création d'ateliers et de séminaires qui visent la transformation des nœuds émotifs par la juxtaposition de techniques thérapeutiques qui touchent à la fois le corps, le cœur et l'esprit, tout comme la capacité de communication et d'expression de la personne.

M. L. : Selon votre expérience et votre perception, est-ce qu'il existe une différence entre se soigner et se guérir ?

Guy : Oui. Je dirais que se soigner, c'est s'apporter des soins. Je pense que c'est ce que cela veut dire. Si j'ai une conférence à donner, je vais aller prendre une douche, me changer, je serai en train de me soigner. Si je vais dans un bon restaurant ce soir, je serai en train de me soigner. Les soins, c'est aussi ce que le thérapeute apporte, les techniques thérapeutiques, le médicament ou encore une semaine en balnéothérapie. En me soignant, je me mets dans un contexte favorable à la stimulation de mes propres mécanismes d'autoguérison, à la stimulation de mon système immunitaire, de mon goût de vivre.

La guérison véritable complète et révèle l'essence des soins que l'on peut s'apporter. Elle consiste, selon moi, à entrer dans une unité profonde avec soi-même et avec les autres. La guérison, c'est l'incarnation de la pulsion d'union et le fait de vivre selon celle-ci. Ce sont les épousailles avec la vie. Ce serait d'avoir la sagesse de rester en lien avec l'élan de vie, avec ce qui donne le goût de vivre, avec ce qui est autoguérissant. En fait, je suis convaincu que l'on s'autoguérit sans cesse, on s'auto-régularise de façon inconsciente. Le tout consiste à le faire de plus en plus consciemment. Le jour où l'on accepte de comprendre en soi-même et pas seulement dans sa tête que ce que l'on respire, que ce que l'on mange et que la personne avec qui on fait l'amour, tout participe à la guérison, on est sur la bonne voie.

J'espère qu'un jour j'aurai la sagesse de faire les choix pour incarner totalement ce mouvement de guérison naturel et spontané de l'être. Je me rends compte pourtant que, sur ce chemin-là, on rencontre beaucoup de résistances intérieures, des résistances de notre personnalité, toutes sortes de choses qui s'opposent à ce qu'on guérisse en profondeur.

Je pense que la guérison est une aventure fondamentale. Il y a des personnes plus têtues, plus résistantes, qui prendront plus de temps ou qui auront besoin de crises violentes pour entrevoir une véritable guérison, mais cela demeure l'aventure d'une vie.

M. L.: Dans votre pratique de thérapeute ou dans votre expérience personnelle, avez-vous déjà connu ce que j'appelle le « déclic », ce qui fait qu'une personne quitte, parfois en un instant, l'espace de se soigner pour entrer, malgré elle, malgré sa personnalité, dans un mouvement très profond de guérison?

Guy: Je dirais que dans mon parcours – parce que j'ai eu la chance d'être très malade dans ma vie – il y a eu plusieurs déclics pour m'amener du côté de la guérison. Par exemple, je me rappelle qu'un jour où je n'étais pas bien, j'étais allé voir quelqu'un qui m'avait fait une sorte de massage assez vigoureux. Dans la nuit qui suivit, je me suis réveillé et je tremblais dans mon lit. J'entendais en moi : « Guy, tu n'as plus besoin de ta maladie pour vivre. »

Cette personne avait réussi à toucher quelque chose en moi qui avait libéré cette parole-là. C'était comme une invitation: « Change de croyance, enregistre une autre croyance. Guy, tu n'as plus besoin de ta maladie pour vivre. » Cette expérience a constitué pour moi un déclic important.

Passer près de la mort a constitué un autre grand déclic, une expérience qui a changé ma vie. Et cela dure encore. Pendant que j'étais aux portes de la mort, j'ai connu des visions, des moments et des expériences puissantes où l'on passe carrément du côté de la guérison et où on se rend compte surtout que la guérison existe.

J'étais très malade, j'avais des problèmes avec mon sang (mes plaquettes sanguines étaient à 8000) et mon intestin était entré dans une phase très aiguë d'inflammation. Je m'en suis sorti avec l'aide des médicaments mais aussi avec l'aide de ces visions spirituelles.

Je m'en rappelle une. À ce moment-là j'étais hospitalisé et, dans un état entre le rêve et la réalité, je me voyais couché dans mon lit. Il y avait une grosse barre de fer enfoncée dans mon intestin. La barre de fer se retirait lentement et de ce petit trou est sorti un jeune Italien tout frisé enveloppé dans des voiles à la Botticelli, qui montait au plafond de la chambre comme une bulle de champagne, en riant. Je suis monté au plafond avec lui et j'ai entendu en moi-même : « Guy, tu réprimes ta nature angélique. » Je n'aurais pas pu inventer une formule comme ça, elle jaillissait tout droit de mon ventre. Pour moi, c'était vraiment un déclic qui me disait : ce jeune Italien incarne ta joie de vivre, il incarne ta douceur. Au fond, on aurait pu dire : « C'est un ange. » Mais dans ma vision, ce n'était pas un ange, c'était vraiment un adolescent de dix-huit ans qui sortait tout droit de mon ventre en riant, tout en ébullition. J'ai compris à ce moment-là que ma maladie avait beaucoup à faire avec le fait que je réprimais ma joie de vivre.

Cela échappe à l'idée des soins. Là nous entrons dans une autre réalité, celle des révélations intérieures qui guérissent. Mon taux de plaquettes s'est régularisé très rapidement et mes deux médecins ont été très étonnés de la vitalité que je manifestais à peine levé du lit où j'avais frôlé la mort. Moi, je savais que c'était cette présence inexplicable en moi qui m'avait vraiment soutenu et ramené à la vie.

Je réalisais du même coup avec étonnement que c'était au moment où j'étais le plus faible, le plus démuni, le moins performant que la joie, l'amour et la paix avaient pu se manifester en moi. Je réalisais en même temps que dans ma vie courante, je dépensais la plupart de mes énergies à résister au bonheur et à l'extase.

Pour moi, maintenant, l'important c'est d'entretenir ce déclic-là, de le choisir chaque jour, chaque seconde, chaque minute. Je suis passé d'un conflit inconscient qui pourrait être la source de ma maladie à un conflit conscient que je trouve inconfortable, mais qui est un chemin de vérité, de guérison réelle. Jusqu'où j'irai sur ce chemin, je ne le sais pas mais, au moins, j'ai eu la chance d'avoir des aperçus de ce que ça peut être quand on est délivré et libéré de soi : un état d'union profonde. Alors, je me sens poussé par cet état-là, il me tire. Je me dis que c'est à moi d'y aller par mes propres moyens, en santé, sans l'aide de la maladie.

M. L. : Selon vous, quels sont les facteurs environnants, intérieurs ou extérieurs qui permettent ce déclic ?

Guy : Pour moi, la souffrance a été le déclic et continue de l'être la plupart du temps. Je ne suis pas fier de dire ça, mais c'est vrai que la maladie a été une grande maîtresse, un grand guide vers un état d'émergence. Je suis vraiment à la place où je me dis que tout ce qui se passe en moi, même les pires dérapages, ce sont encore des mouvements créateurs qui surgissent du fond de mon être pour m'aider à entrer dans une guérison véritable. Je n'arrive plus à voir les événements les plus sombres ou même les autodestructions comme étant uniquement des voies sans issue. Je me dis : « C'est encore de la création, c'est encore un soubresaut de mon être intérieur, du Soi profond pour m'inviter à quelque chose qui est moins souffrant, plus uni. » Je vis avec ça, je suis bien avec ça.

Aujourd'hui, je dirais que tous les contextes sont des contextes de guérison. C'est-à-dire que tu es sans cesse devant un autoportrait parfaitement fidèle d'où tu en es. Donc si tu prends la somme de tes relations, de ce qui est réglé ou pas réglé, de ce que tu vis comme tensions affectives ou mentales, tu es toujours en train d'avoir un autoportrait parfaitement juste de ton éloignement par rapport à l'état d'union, par rapport à ton essence, par rapport à ton état naturel profond. Je suis convaincu de ça. C'est une conviction qui fonctionne pour moi. Plus qu'une conviction, c'est une expérience vécue.

M. L. : Merci beaucoup.

Quand la douleur guérit
Se guérir

Plus le chevalier s'occupe de son royaume intérieur, en explorant ses terres, en dialoguant avec les habitants qui les cultivent, en démystifiant le dragon qui y est caché, plus il sera en mesure de connaître la richesse dont il est le légataire et de l'utiliser pour lui-même et pour les autres.

Sans la première partie du livre, il est possible pour tous de se retrouver et de se reconnaître dans la description que je transmets de la construction de la personnalité, du jeu de ses forces d'enfermement et de la façon dont la douleur première peut détruire. La deuxième partie est différente en ce sens que peu d'entre nous ont franchi les portes de la guérison, à la rencontre de leur monde intérieur. Certains, ne s'y retrouvant pas, seront peut-être tentés de se culpabiliser de ne pas réussir leur guérison ; d'autres auront tendance à vouloir détruire les propos de ce livre par la force du mental, tentant de les réduire parce qu'ils ne peuvent pas y participer.

Cette phase du livre est délicate. Comme vous l'avez lu dans les témoignages et entrevues avec les thérapeutes, il n'est pas aisé de décrire ce « DÉCLIC » de la guérison qui fait que quelqu'un quitte l'espace de se soigner, pour entrer dans l'expérience de la guérison, c'est-à-dire de rencontrer la guérison. Chaque thérapeute a utilisé des «mots-vérités» pour eux-mêmes basés sur leur expérience personnelle et professionnelle. Comment décrire un mouvement profond de l'être qui est de l'ordre du tangible tout en étant intangible, du visible tout en venant du non-visible? Comment décrire ce qui est de l'ordre de l'expérience? Je peux tenter dans cette seconde partie du livre de vous nommer et de vous décrire l'environnement intérieur propice pour entrer en présence de sa force de guérison, mais vous serez toujours aux portes de la guérison et non pas dans l'expérience de la guérison tant que vous ne l'aurez pas vécue.

La guérison ne se réussit pas, elle se vit. La guérison ne se détruit pas, elle est.

Ce que je vous transmets dans cette seconde partie est basé sur ma propre expérience de guérison totale d'une maladie incurable et sur ce que j'ai observé au cours de mes vingt-cinq années de pratique. Ce que je vous décris n'est pas un concept, mais une expérience. Toutefois, il est possible que vous y voyiez une recette miracle et que vous preniez mes mots et le contenu de cette deuxième partie pour une technique, que vous tentiez de la pratiquer et que vous passiez à côté de l'expérience. Vous aurez alors « fait de la guérison » plutôt que « d'être la guérison ». Vous aurez alors tenté de vous soigner et non pas de vous guérir. Vous pourrez dire « ce livre est un autre livre de recettes » et, comme Lydia, dont l'histoire est racontée dans l'avant-propos, courir acheter un autre livre et courir toute votre vie après la queue du dragon sans jamais le rencontrer.

Ce que je vous propose dans cette deuxième partie n'est pas reconnu socialement ; je le répète : nous vivons dans une société qui invite à s'extérioriser plus qu'à s'intérioriser. Une société qui a peur de l'individualité et de l'intimité et qui encourage la superficialité. Une société qui juge le caractère sacré de la vie et qui invite plutôt à la désacralisation des êtres, de la vie et de sa nature profonde. Nous vivons dans une société où l'action de « se guérir » ne fait pas partie des normes et où les gens qui reconnaissent leur guérison sont souvent invités à se taire, car ils sont jugés comme des faiseurs de rêves, des faussaires d'espoir, des trompeurs ou tout simplement des charlatans, etc. Ainsi, se guérir n'entre pas dans le courant social, et franchir les portes de la guérison signifie être différent des autres parce qu'on se met à l'écoute de son propre courant, de son propre cœur, plutôt qu'à l'écoute des automatismes sociaux et culturels. Une dose de courage est nécessaire pour assumer avant toute chose son propre mouvement intérieur pour s'ajuster par la suite au grand Tout à l'intérieur de soi et à l'extérieur de soi.

Dans mon livre *Au cœur de notre corps*[1], je cite l'exemple d'un de mes patients qui est mort guéri. Ces deux mots semblent contradictoires, mais ils ne le sont pas. La guérison ne veut pas dire la « vie à tout prix ». La plus grande liberté de l'être est le pouvoir que chacun a sur sa vie et sa mort. Quelquefois, le corps physique de la personne est trop atteint par un déséquilibre, mais l'âme, sa conscience, son esprit et sa psyché peuvent encore agir sur la guérison de soi avec soi, même si l'enveloppe physique, de son côté, n'arrive pas à exprimer la guérison jusqu'à l'extérieur, c'est-à-dire du centre vers la périphérie. Il est important de ne pas porter de jugement sur le résultat de la guérison ; ce qui est le plus important, est l'état de guérison et non pas le résultat.

CHAPITRE 6

Aux portes de la guérison

La guérison est en soi

Dans ce chapitre, nous allons découvrir comment se rendre aux portes de la guérison. J'appelle cette étape, l'étape de reconnaissance, c'est-à-dire celle où on reconnaît ce qui est là. La question à se poser est : qu'est-ce qui est là ? Quelle énergie m'habite ? De quoi se nourrit mon esprit ? Mon corps ? Ma psyché ? Quelles sont les pensées, les émotions et les sensations physiques qui m'habitent ?

Si nous reprenons l'image du chevalier, ce serait partir en reconnaissance sur les terres de son royaume, aller à la recherche de ce qui crée la zizanie, écouter les paysans qui cultivent les terres, reconnaître le sol de ces terres, vérifier où il y a des manques, où il y a de la sécheresse ? Y a-t-il inondation ? Sol pauvre en minéraux ? Y a-t-il trace d'envahisseurs ? Où se terre le monstre dont tous les habitants du royaume parlent à voix basse tellement ils en ont peur ?

Partir en reconnaissance ainsi se vit avec un code d'éthique intérieur où le chevalier s'assure de rester en présence des qualités suivantes :
- l'humilité ;
- l'écoute ;
- le partage ;

- l'intimité avec soi-même ;
- l'ouverture face à l'inconnu ;
- la sécurité dans l'insécurité ;
- le courage ;
- l'engagement ;
- l'entretien et le respect de sa monture (son corps).

Ce voyage intérieur ne se vit pas en une semaine ou en un mois ; il peut être le chemin d'une vie ou d'une grande période de la vie. Quelquefois, quelques mois ou une année ou même trois ans ou plus encore sont nécessaires au chevalier pour se réapproprier son royaume intérieur et se présenter à nouveau aux portes de son château, transformé.

Les trois mondes en nous

J'ai reçu dans ma pratique des gens qui s'étaient autoguéris par la prière et d'autres formes de guérison qui n'incluaient pas de libération physique. Nous sommes un tout, corps et esprit sont profondément reliés. Le fait de guérir l'esprit a donc entraîné chez ces derniers une guérison physique, car l'esprit influence directement le corps. Ils sont venus me consulter pour améliorer la relation à leur corps et permettre ainsi de maintenir physiquement l'espace de guérison psychique transmis de l'esprit vers le corps.

Ma pratique étant basée sur la libération des cuirasses physiques, psychiques et énergétiques, elle implique d'agir la guérison du corps vers l'esprit et de l'esprit vers le corps, en même temps. J'ai été témoin de beaucoup de gens qui se sont autoguéris à travers les trois mondes, corps, affect et âme. Je crois qu'il est sage de ne pas négliger le corps, car les messages de l'inconscient qui nous sont transmis par les rêves, s'ils ne sont pas entendus par le rêveur, vont venir se répercuter dans le corps pour se faire entendre. Ce corps ne ment pas. Tout comme il est important pour le chevalier d'avoir une monture qui le serve plutôt que de le desservir, notre corps est notre ami dans ce processus d'exploration de notre monde intérieur qui nous amènera aux portes de la guérison. Il est notre temple.

Les guérisons les plus spectaculaires dont j'ai été témoin sont les guérisons qui ont impliqué d'habiter à la fois le physique, l'affect et l'âme. Je pourrais traduire cela de façon plus simple : ce sont les guérisons où la personne qui était devant moi répondait à l'appel profond de son âme en habitant son cœur et son corps.

Répondre à l'appel de mon âme signifie entrer en relation avec sa propre nature, avec sa réelle identité et avec le but de son incarnation. Il n'y a plus de bataille entre son plein potentiel de créativité et sa réalisation. J'agis qui je suis, je ne suis plus séparé de moi-même. J'accepte la responsabilité de mon chemin de vie. Je trouve le sens de ma maladie ou de mon mal-être.

Habiter mon affect signifie vivre dans mon cœur et non pas dans ma tête, c'est-à-dire me laisser guider par l'énergie de mon cœur. Accepter que mes choix soient basés sur l'amour de moi-même et des autres. J'accepte alors de nettoyer les zones de ressentiment, de haine, de colère contre moi-même ou les autres. Je prends la pleine responsabilité de mon cœur dans ma vie. Je prends la pleine responsabilité de mon enfant intérieur, c'est-à-dire de l'enfant qui repose en moi et de sa guérison.

Habiter mon corps signifie que je me suis libéré dans mon corps des mémoires et des tensions qui maintenaient la force de vie emprisonnée dans ma chair. Je permets ainsi au fluide de guérison de couler dans mes muscles, mes artères, mes veines. Je fais un avec mon enveloppe physique. J'accueille la sagesse de mon corps. Je sais comment l'utiliser pour me donner du bien-être et pour mieux habiter mon cœur et mon âme. Je prends pleine responsabilité de ma force vitale.

LES TROIS MONDES

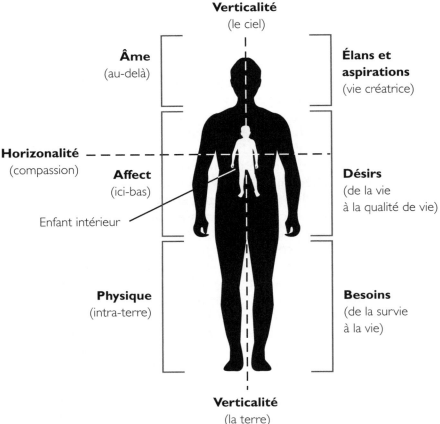

J'ai beaucoup voyagé au cours de ma vie, je suis allée à la rencontre des anciennes civilisations mexicaines, péruviennes, égyptiennes, tibétaines et de l'Inde aussi. J'ai pris soin d'étudier l'architecture des temples ou des pyramides que j'ai visités. Peu importe la civilisation et le lieu, j'ai retrouvé partout des points communs entre le corps humain et la façon dont les temples et pyramides étaient aménagés. Cet enseignement touche l'équilibre des trois mondes en nous et autour de nous. Ces trois mondes dans ces anciennes civilisations sont ainsi nommés :

l'intraterre, l'ici-bas et l'au-delà. Nous pourrions décrire le terme intraterre par la relation avec le monde physique, l'ici-bas par la relation avec le monde de l'affect et l'au-delà par la relation avec le monde de l'âme.

Pour ces anciennes civilisations, l'équilibre des trois mondes était d'ordre vital pour assurer une bonne qualité de vie et un bon passage vers l'au-delà et pour vivre en harmonie avec la nature et les autres êtres humains.

Dans ces civilisations, chaque temple était bâti en relation avec ces trois mondes et les individus étaient invités à respecter ces trois mondes ou plans de conscience en eux et autour d'eux. Si, pour différentes raisons, un déséquilibre s'installait à ces niveaux, les enseignements prédisaient la maladie, une difficulté face à la mort et une menace pour l'authenticité de l'être.

À l'image de ces temples et de la sagesse des enseignements anciens, notre corps porte aussi les trois mondes : l'intraterre, l'ici-bas et l'au-delà ou, autrement dit, le physique, l'affect et l'âme. Ces trois mondes sont interreliés ; ils ne sont pas séparés, ils baignent l'un dans l'autre tout en maintenant leur spécificité. Voici une description de ces trois mondes.

L'intraterre constitue la relation avec **la physicalité,** avec la terre. Elle est vécue dans le temple de notre **corps physique** à partir du ventre jusqu'en dessous des pieds. C'est la capacité pour nous tous d'être enraciné, stable à la base de notre édifice. Imaginez un édifice sans base solide… ou un édifice bâti sur du sable mou. Cette relation avec la terre est assurée dans notre corps physique par la circulation du sang, de la lymphe et de l'énergie vitale dans les veines, les surrénales dans les articulations des pieds, des chevilles, des genoux, des hanches, dans les os du bassin, le sacrum et la partie lombaire de la colonne vertébrale. Elle est aussi assurée par un équilibre entre la verticalité de notre corps, c'est-à-dire sa capacité à se tenir debout, en relation avec l'attraction terrestre[1], et l'horizontalité de notre corps, c'est-à-dire sa capacité à se maintenir en équilibre sur un plan horizontal, sans pencher d'un côté ni de l'autre. Donc notre relation à la terre est assurée par un équilibre de notre corps qui implique la verticalité et l'horizontalité. L'image même de la croix. Prenez le temps de regarder un édifice ; qu'y voyez-vous si ce n'est une recherche d'équilibre entre la verticalité et l'horizontalité ? Sinon, l'édifice s'écroule.

Cette même relation à la terre est aussi assurée par un équilibre de notre **corps psychique,** c'est-à-dire la capacité pour nous de répondre à nos besoins. Capacité de me nourrir si j'ai faim, de boire si j'ai soif, d'éliminer les déchets du corps, de trouver un toit si je n'en ai pas, de me reposer si mon corps est fatigué, de protéger mon territoire si je me sens envahi. Ainsi, l'équilibre de la base de mon édifice est aussi assuré par la réponse à mes besoins fondamentaux. Si je suis incapable de répondre à mes besoins fondamentaux, je mets ma vie en danger. Je suis alors en état de survie et cette survie peut à la longue blesser mon corps et ses systèmes, blesser ma psyché par des mécanismes de défense et mon être tout entier par une fuite inconsciente de ma vie sur terre.

Dans ma pratique, toutes les personnes que j'ai rencontrées et qui souffraient d'une maladie importante n'arrivaient plus à répondre à au moins trois des six besoins fondamentaux. Non pas parce que ces gens étaient pauvres mais parce qu'ils souffraient tellement psychologiquement et physiquement qu'ils ne savaient plus quand ils avaient faim ni soif. Certains d'entre eux n'avaient plus de territoire viable dans leur propre domicile et d'autres habitaient toujours chez des amis parce qu'ils n'avaient plus de maison à eux. Dans ma propre expérience de la maladie, lorsque, à vingt-et-un ans, on m'a découvert cette maladie incurable qu'est l'arthrite rhumatoïde, je ne savais plus répondre au besoin de manger, ni de boire, ni d'éliminer naturellement. Je vivais sans territoire, totalement déracinée de mon corps physique. Je souffrais de l'arthrite des genoux et des hanches. Était-ce un hasard ou une simple équation entre ma relation avec la terre et ma maladie ?

Lorsque les besoins fondamentaux sont satisfaits, l'individu quitte l'état de survie et entre dans la vie.

Le second monde est le monde de l'affect, de l'ici-bas. Il est logé dans le **corps physique** à partir du ventre, entre le nombril et la gorge, incluant celle-ci. C'est le monde de l'affectivité. Dans le corps physique, il correspond à ceci : les articulations des vertèbres de la colonne dorso-lombaire, la colonne vertébrale dans la partie dorsale du tronc, les articulations des côtes, la cage thoracique, le diaphragme, les organes internes tels le foie, le pancréas, la rate, la vésicule biliaire, l'estomac, le cœur, les poumons, les bronches. Il correspond aussi au tube digestif, au pharynx, au larynx, aux cordes vocales. Ce monde de l'affect touche aussi les seins, les articulations des épaules, des coudes, des poignets, des mains, des doigts ainsi que la glande thyroïde et le thymus.

Dans ce plan de l'affect, côté physique, l'équilibre entre la verticalité et l'horizontalité est tout aussi important que pour le plan de l'intraterre. Les déséquilibres se liront par des problèmes de scoliose, de lordose et de cyphose[2] pour la verticalité et par des problèmes de torsion du tronc vertébrale ou d'inégalité des bras (un bras plus long que l'autre) ou des épaules (une épaule plus basse que l'autre) dans l'horizontalité.

Le plan de l'affect correspond au cœur de la maison ou du temple. C'est le lieu où réside le sanctuaire. Notre capacité physique de prendre quelqu'un dans nos bras (racines du cœur), de le toucher, de nous ouvrir (épaules ouvertes) ou de nous fermer (épaules enroulées sur elle-même) est très révélatrice de notre affectivité et des blessures que nous avons subies.

Dans le **corps psychique**, nous entrons dans le monde de l'affectif : le cœur, la capacité de s'ouvrir aux autres et à soi-même. Nous entrons en relation avec le monde des **désirs**. Nous touchons la qualité de vie. L'individu en relation avec ce plan sait répondre aux désirs de son cœur. Il sait nourrir son affect et ne dépend plus des autres pour être bien dans son cœur, car il sait se donner de l'amour.

Dans ma pratique, j'ai constaté que les personnes atteintes d'une maladie vivaient toutes un grand déséquilibre du cœur, telles les souffrances aiguës de l'enfant intérieur, de l'autodestruction et des triangles de projection (*voir p. 100*). Selon mon expérience de la maladie, lorsque j'ai reçu le diagnostic fatal, mon cœur était épuisé. J'allais de déboires en déboires dans ma vie amoureuse. J'étais devenue froide et absente de mon cœur. Répondre à nos désirs de partage, d'union, d'ouverture, de compassion, oser exprimer nos émotions, nos sentiments, notre amour amène un équilibre au cœur de notre corps et permet la libre circulation des forces de la terre vers le haut du corps et du haut vers le bas.

Le **troisième monde, c'est le monde de l'âme**, la relation avec le ciel, le cosmos, le soi et, surtout avec notre vision intérieure, notre divinité, notre force de vie, d'amour et d'authenticité. Ce troisième monde dans le **corps physique** comprend les régions de la portion cervicale de la colonne vertébrale, la tête, les orifices (nez, yeux, oreilles, bouche), les articulations des mâchoires, les os du crâne, les cheveux, les glandes du cerveau, les hémisphères cérébraux et le cerveau. Il porte aussi son équilibre dans l'horizontalité (la tête ne penche pas plus d'un côté que de l'autre, équilibre gauche, droite, même chose pour la mâchoire, les yeux, etc.) et dans la verticalité (équilibre avant, arrière, la tête est bien enracinée sur le tronc cervical).

Le monde de l'âme et de la relation avec le ciel correspond dans un temple au sommet : le toit ou le haut de l'édifice.

Dans le **corps psychique,** le troisième monde correspond à notre capacité de communion avec son essence, notre force de vie, notre créativité, et par le fait même, à notre capacité de répondre à nos élans et à nos aspirations sans que cela déséquilibre le cœur du temple et sa base. C'est mener à terme sa vision, la vision de sa vie, en étant bien enraciné sur terre et dans l'amour.

Chez mes patients, j'ai observé que quelques-uns ressentaient une grande souffrance dès que l'on parlait de leurs élans et de leurs aspirations. Toute leur vie, ils avaient été torturés par des élans très grands de créativité qu'ils n'avaient jamais pu réaliser soit parce qu'ils étaient bloqués dans leur cœur par du ressentiment inconscient ou de la colère tournée contre eux-mêmes, soit parce qu'ils souffraient d'un grand manque de confiance en eux (perte de pouvoir du hara, région de l'ombilic) ou parce qu'ils avaient donné leur vie à quelqu'un d'autre. Chez d'autres patients, l'élan de créativité était nié comme si, dès leur naissance, ils avaient été conditionnés à suivre l'élan de leur parent et non pas le leur ; jamais il ne leur serait venu à l'idée de vivre une vie créatrice. Dans ma propre expérience, un an avant que je reçoive le diagnostic de cette maladie incurable, j'avais cessé de répondre à mes élans. Je m'étais soumise à mon sort, au conditionnement parental qui me poussait à poursuivre mes études universitaires. J'avais ainsi nié ma créativité et j'en souffrais profondément en silence.

Répondre à ses élans et à ses aspirations est vital pour l'équilibre physique et psychologique. Il est important d'oser vivre sa vision, celle que nous avions de nous lorsque nous étions petits et de laquelle nous avons dévié. Oser vivre cette vision intérieure jusqu'à l'extérieur de nous, dans le monde, nécessite un équilibre entre l'enracinement (les deux pieds sur terre), l'énergie du cœur (être dans l'amour) et l'équilibre psychique (porter la vision sans perdre l'esprit).

La préparation de sa monture pour le voyage

Notre corps est notre véhicule d'évolution sur cette planète. C'est simple, sans corps, plus de vie sur terre. Si nous partons de ce principe fort simple, se rendre aux portes de la guérison signifie y amener son corps. Non pas en le traitant comme un traître, comme un imposteur ou comme un diable, mais en le prenant comme ami, par la main, ou en choisissant de le prendre comme monture pour l'exploration. Peu importe le choix que l'on fait, si le corps se présente aux portes de la guérison, le processus de libération se vivra de façon plus profonde, ce qui permettra une transformation totale jusque dans la physicalité, dans la chair.

Là entrent en compte les exercices psychocorporels[3] qui permettent un dialogue entre les deux hémisphères du cerveau pour unifier le corps avec tout ce qui l'habite. Habiter son corps se fait à l'image de ce chevalier qui entre en relation avec sa monture, qui prend le temps de connaître son cheval, de respecter ses besoins, de lui faire plaisir, de l'entraîner avec discipline et de communiquer avec lui quotidiennement.

Habiter son corps signifierait par exemple, pour quelqu'un qui est atteint d'un cancer, établir la relation avec ce corps de chair et d'os qui porte la maladie. Cela se fait en écoutant les tensions musculaires et en les dégageant, en permettant à la respiration de prendre place dans ce corps, en entrant à l'écoute des émotions bloquées dans le muscle ou les cellules du tissu conjonctif qui enveloppe l'organe malade. Aussi, en écoutant les projections de la personnalité sur le lieu même où s'est installé le déséquilibre. Par exemple, si le cancer est dans un sein, en dialoguant avec ce sein, en le laissant exprimer sa souffrance, en reconnaissant le message inconscient qui est là, logé dans la chair. En libérant tous les aspects de haine projetés par la personnalité sur la région du corps qui souffre. Il existe maintes façons de rendre son corps vivant, non pas en le contrôlant mais en l'aimant. Le corps qui ne ment pas peut être le siège de la maladie, mais il peut aussi devenir le siège du plus grand bien-être. Préparer et entretenir sa monture, c'est suivre la piste du bien-être en soi.

La visite de son domaine intérieur

Comment le chevalier s'y prend-il pour visiter son royaume ? En tout premier, il écoute ses émissaires (signaux envoyés par le corps) qui l'informent de malaise ou de mal-être dans son royaume. Il décide de sortir du lieu où il s'était terré (maison du divorce intérieur) (*voir p. 180*) pour oser aller à la rencontre de ses terres les plus éloignées. Pour ce faire, il va passer par les régions déjà connues de lui-même (reconnaissance des modèles répétitifs conscients ou triangle de projection extérieur (*voir p. 102*) parce qu'il les visite régulièrement, pour petit à petit se rendre dans des lieux de son domaine qu'il n'a jamais explorés et dont il ignorait même l'existence (modèles répétitifs inconscients, triangle de projection intérieur (*voir p. 109*).

Il entre petit à petit dans une aventure pour réaliser que le voyage sera peut-être beaucoup plus long et plus périlleux qu'il ne le croyait. Imaginez qu'il soit sorti avec toutes ses armures (ou ses cuirasses, *voir p. 43*) pour aller à la rencontre d'ennemis possibles (projection sur les autres, *voir p. 100*) ou du dragon (douleur fondamentale, *voir p. 40*) qui fait si peur aux habitants lointains de son royaume. Il se peut que, petit à petit, il choisisse de se libérer de ses armures encombrantes et lourdes[4] pour s'alléger et pour qu'il lui devienne plus aisé de se déplacer, de dormir à la belle étoile ou pour entrer avec plus de facilité en relation avec les habitants de son domaine qu'il n'a jamais rencontrés.

Il se peut que le chevalier réalise au fur et à mesure de son voyage qu'il est profondément seul avec lui-même et que, malgré tous les conseils qu'il entend à gauche et à droite, il sera le seul à prendre la décision et surtout le seul en mesure d'évaluer la situation de son royaume. Il se peut même qu'il perde sa monture (le corps physique) car, fatiguée et mal entretenue depuis des années, elle n'arrive plus à le suivre dans cette quête profonde à la rencontre de son royaume intérieur, et qu'il termine ce voyage à pied dans une profonde intimité avec lui-même.

Il se peut qu'il découvre que son chemin n'est plus de retourner à sa demeure mais d'aller à la rencontre d'une autre demeure, éternelle (le passage à la mort). Peu importe le scénario, le chevalier qui part ainsi à la découverte de son royaume vivra tout au long de son exploration une grande transformation de lui-même. Le résultat n'est pas important; c'est le chemin qu'il parcourt qui est le plus porteur d'évolution pour notre chevalier.

La réponse à l'appel

La maladie, qu'elle soit d'ordre physique ou psychique, n'est jamais l'effet d'un hasard ni d'une malédiction. Si cette maladie est là, c'est qu'il y a en soi des facteurs qui ont rendu propice le déséquilibre. Cette maladie n'est pas notre ennemi; au contraire, elle est la piste même du processus d'autoguérison. Il est toujours triste de voir des gens s'armer contre leur maladie, car ils s'arment contre une partie d'eux-mêmes qui est en souffrance. Le désir de s'armer est un simple réflexe de protection et dénote un manque de discernement dans l'interprétation des signaux que le corps et la psyché envoient pour signaler un grand divorce intérieur de sa nature profonde.

Le réflexe de se protéger peut provenir de différentes sources telles la peur de se voir malade, diminué, l'influence du regard extérieur sur soi ou encore la répétition d'automatismes de protection de soi ancrés depuis l'enfance. Le même réflexe de se défendre contre la maladie, comme si elle était l'ennemi, vient aussi de ce qui a créé en nous la séparation première : la peur et le refus de notre douleur d'amour (*voir p. 40*).

Il est toujours souhaitable que ce premier réflexe de protection ne devienne de plus en plus fort, mais tout au contraire qu'il évolue en diminuant. L'importance d'une approche psychocorporelle entre ici en jeu, car elle va aider la psyché à baisser ses armures de protection qui se reflètent jusque dans le corps physique. Ce qui permet au système immunitaire de retrouver sa fonction et un meilleur équilibre.

Le dialogue se fera du corps vers l'esprit, soit du monde physique vers le monde psychique. Ce qui permettra au corps de se libérer en tout premier de ses enfermements pour devenir un réceptacle profond, telle une base solide, pour la libération psychique qui va suivre. L'approche psychocorporelle facilite la libération des tensions physiques (tensions musculaires) et psychiques (émotions) pour entraîner le corps à vibrer non pas à la douleur mais au plaisir. La libération psychocorporelle sème les pistes du bien-être, libère les endorphines[5] et aide le corps à se détendre, ce qui aura pour effet de libérer l'espoir, le goût de la vie, la libido et l'énergie vitale. Cette libération psychique, facilitée par le corps physique, créera un cercle contagieux de bien-être et de construction, à l'opposé du cercle vicieux de destruction.

Cercle contagieux de construction
Détente = plaisir = espoir => détente => plaisir =>
espoir => détente => plaisir => espoir

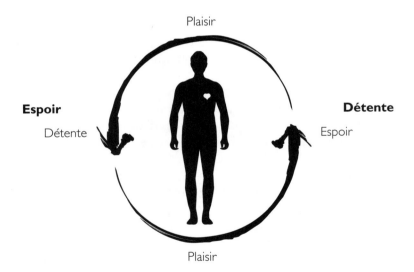

CERCLE DE CONSTRUCTION

La libération psychocorporelle va aussi permettre l'usage de l'hémisphère droit, qui permet la libération du temps linéaire (donnant l'impression que le temps passe différemment), ce qui donne accès aux espaces de guérison, aux solutions, au déconditionnement de la fixité, à la libération des toxines enregistrées dans le système nerveux et à la régularisation du système parasympathique et sympathique. Ainsi, l'individu accède à une vision élargie de sa réalité symptomatique et trouve spontanément une vision, un sens, une compréhension profonde de ce qui est à la source de son mal être.

La prise en charge des symptômes et des malaises par l'individu qui les porte constitue une étape importante vers la guérison. Ceci ne veut pas dire que la personne n'a pas le droit de consulter ou de se faire aider, tout au contraire, mais c'est l'attitude avec laquelle elle consulte ou reçoit l'aide qui importe le plus.

Reprenons le scénario de notre chevalier. Imaginez que ce chevalier est informé depuis des mois que de graves troubles sévissent en son royaume. Cela lui est transmis par ses émissaires, qui sont eux-mêmes en contact avec les zones troubles de ces terres et qui connaissent les difficultés éprouvées par leurs habitants. Mais notre chevalier ne veut pas vraiment entendre les émissaires. Il fait la sourde oreille, car il a peur de perdre son château là où il se terre. Il pressent que les choses vont de plus en plus mal (aggravement des symptômes), car de plus en plus d'émissaires frappent à la porte de son château. Mais comme ils sont de plus en plus nombreux à rapporter des troubles, il décide de fortifier son château (se protège en se renfermant) et d'écouter uniquement ceux qui vont crier le plus fort (urgence physique ou psychique). Jusqu'au jour où il va se décider à consulter des hommes importants (consultation avec un thérapeute ou un médecin) pour régler les problèmes de son royaume. Il tente de décrire ce que ses émissaires lui ont rapporté, mais comme il ne connaît pas réellement la situation, il ne fait que troubler la discussion. Alors, les hommes importants consultés décident d'aller voir eux-mêmes ce qu'il en est. Ils partent donc investiguer (tests, recherches) et vont à la rencontre des émissaires (diagnostic, évaluation des symptômes).

Pendant ce temps, notre chevalier se repose. Il se sent soulagé, car il a délégué à d'autres ce qui trouble son domaine intérieur. Il n'a plus à s'en occuper. Il continue sa vie comme si rien n'était arrivé et il refuse même de recevoir tout émissaire (symptôme) qui se présente à lui. Il les renvoie aux hommes spécialisés (thérapeutes ou médecins consultés) dans le domaine des troubles du royaume. Une année passe, puis deux années ; notre chevalier connaît un sommeil perturbé, car cela fait plusieurs nuits qu'il entend geindre le dragon et qu'il voit au loin ses flammes qui brûlent ses terres. Il ne peut pas croire ce qu'il voit, lui qui pensait que les hommes spécialisés s'étaient occupés de la situation. Oh ! horreur ! il découvre que la situation ne s'est pas améliorée, mais qu'elle s'est peut-être même détériorée ! Vite, il contacte les hommes spécialisés pour se faire dire qu'ils croyaient avoir contrôlé la situation en utilisant les règles et les stratégies d'usage, mais qu'il semble que cela n'a pas fonctionné. Notre chevalier retourne piteux en son château pour se préparer à aller lui-même explorer ses terres et rencontrer le dragon qui fait si peur aux villageois. Il répond à l'appel.

Oser reconnaître qu'il y a malaise demande une dose de courage, mais combien est importante cette reconnaissance ! Oser reconnaître que nous sommes celui ou celle qui porte les malaises demande une dose d'humilité. Oser reconnaître que notre royaume intérieur n'est pas nécessairement comme celui du voisin, qu'il n'a pas la même histoire, que les cultures y sont différentes, que l'héritage reçu n'est pas le même et que le mandat de réalisation peut aussi être différent demande une dose de discernement et d'ouverture.

Reconnaître qu'il y a trouble est une étape nécessaire pour se présenter aux portes de la guérison. J'appelle cette étape : répondre à l'appel.

La libération du mort vivant

Quel est cet appel ? C'est l'appel de la vie. La vie en nous appelle la vie. Tous les symptômes, les malaises, les maladies sont des cris de vie. La vie appelle la vie. Qu'y a-t-il entre la vie qui appelle et la vie ? La SURVIE.

L'état de survie se compare à être assis entre deux chaises ; dans cette position, l'individu ressemble à un mort vivant. Il n'est ni mort ni vivant. Cette position est très inconfortable et exige des systèmes physiques et psychiques beaucoup d'énergie.

Imaginez que vous êtes assis entre deux chaises et ce, pendant trente ans. Avez-vous une idée de la somme d'énergie que vous devez fournir pour vous maintenir dans cette position ?

Le survivant dépense une énergie folle pour ne pas mourir, car il a peur de la mort. La mort l'attire ; cette attraction provient du fait que sa douleur fondamentale (*voir p. 40*) est si douloureuse que mourir est la solution idéale. La mort l'attire, car c'est la seule porte de sortie possible pour ne plus souffrir. La mort l'attire, car c'est l'aboutissement de l'anéantissement intérieur que l'individu perpétue depuis longtemps sans oser s'y adonner totalement. La mort l'attire, car elle signifie ne plus vivre cet état de survie. Alors, pourquoi le survivant ne meurt-il pas ? La réponse est fort simple : le survivant ne peut pas mourir, il veut mourir avec sa volonté, il crée ses fantasmes, il nourrit sa peur, il vit de ses croyances de mort, il s'inspire de sa pulsion de mort, mais il ne peut pas. Il n'a pas le pouvoir de mourir, il n'a pas la permission, il retient la mort, il danse avec elle, il la provoque, il va jusqu'à la harceler mais jamais jusqu'à en mourir, car il ne peut pas.

Pourquoi ne peut-il pas mourir ?

- Parce qu'il croit qu'il doit vivre pour prouver quelque chose à quelqu'un ;
- parce qu'il a donné le pouvoir sur sa mort à quelqu'un d'autre et qu'il attend toujours la permission de mourir ;
- parce qu'il est tellement attaché à sa survie qu'il a oublié qu'il pouvait mourir ;
- parce qu'il manipule inconsciemment l'autre avec sa pulsion de mort ;
- parce qu'il a peur de lâcher sa souffrance pour passer à quelque chose d'autre.

Peu importe les raisons, **le survivant a perdu le pouvoir sur sa mort et c'est ce qui le maintient en état de survie. Il est un mort, mais vivant.**

Le survivant dépense aussi une énergie folle pour ne pas vivre, car il a peur de la vie. La vie l'attire ; cette attraction vient du fait qu'il est vivant et que tous ses systèmes vitaux autonomes sont vivants. Il veut vivre, mais il ne peut pas vivre. Pourquoi ne peut-il pas vivre ?

- Parce qu'il se sent coupable d'exister, croyant qu'il a pris la vie de quelqu'un, c'est-à-dire la place de quelqu'un (enfant qui naît après le décès d'un autre) ;

- parce qu'il est programmé pour être quelqu'un d'autre (être un garçon alors qu'il est une fille);
- parce qu'on l'oblige à vivre (programmé pour remplir un manque);
- parce qu'il a donné son pouvoir sur sa vie à quelqu'un d'autre que lui et qu'il attend toujours la permission de vivre;
- parce qu'avec son refus de vivre, il manipule inconsciemment l'autre et le rend coupable de sa peur de vivre;
- parce qu'il est fort attaché à sa souffrance et qu'il a peur de passer à un autre état.

Peu importe les raisons, le fait est que **le survivant a perdu le pouvoir sur sa vie et c'est ce qui le maintient en survie. Il est vivant mais il est mort.**

Le survivant a donc tout l'appareil psychique et physique pour mourir ou pour vivre, mais il n'ose pas. Il est pris entre la vie et la mort.

Il attend et, plus il attend, plus il s'épuise. Il contrôle, il est aux aguets, il a peur de mourir, il a peur de vivre, donc il tente de retenir le mouvement.

Il retient son souffle, car il pourrait le perdre et mourir...

Il retient son souffle, car il pourrait le perdre et vivre...

Alors, il contrôle, car il ne peut ni mourir ni vivre.

Il court après la queue du dragon sans jamais le rencontrer.

La rencontre avec sa blessure fondamentale

Se présenter aux portes de la guérison signifie s'aligner pour rencontrer le dragon, c'est-à-dire sa blessure fondamentale d'amour et la douleur qui en émane. Comme je l'explique au chapitre 2, l'enfant est quasi éduqué par son système familial à fuir sa blessure fondamentale parce qu'elle est occultée par la famille même et est trop menaçante pour être rencontrée. Ceci explique la séparation d'avec soi-même.

L'enfant apprend tout jeune à se protéger de ce qui fait mal en lui. Il est guidé tout au long de son enfance à s'éloigner de son monde intérieur qui connaît cette souffrance fondamentale et à se bâtir un monde de défenses et de fuite qui le soutiendra dans la construction d'un autre lui-même. Si je reviens sur ces points, c'est pour vous rappeler que la blessure fondamentale et la douleur qui s'ensuit sont terrées dans nos profondeurs. Comme le dragon caché dans sa caverne. Les murs de protection qui ont été érigés tout autour de la blessure fondamentale sont très épais et sont bâtis comme une prison depuis des années, à la fois inconsciemment et consciemment.

La maladie, le mal-être et les symptômes chroniques constituent une piste importante vers l'autoguérison, car ils permettent à l'individu d'établir une relation avec la partie de lui-même qui porte cette douleur, une partie vulnérable qui fut obligée de sortir de ses protections pour montrer son visage.

Tant que la douleur est enfouie et mise sous protection, sous verrous ou sous clé, elle détruit l'individu qui la porte.

Pour rendre ces propos en images, je vous soumets le scénario suivant du prisonnier (douleur première, *voir p. 40*) et son geôlier (le moi induré, *voir p. 34*).

La blessure fondamentale et sa douleur ressemblent à un prisonnier qui est terré dans la profondeur d'un cachot et qui refuse d'être emprisonné, car il n'a jamais choisi l'emprisonnement. Ainsi, il va creuser la terre, bâtir des tunnels souterrains de ses mains pour sortir à tout prix de sa prison même si cela lui prend vingt ans. Tous les jours, il se met à la tâche, et la nuit, fourbu, il dort et rêve. Il envoie des signaux télépathiques de détresse, appels à l'aide, puis, au matin, il se réveille et se met au travail. Il tente de déstructurer sa prison ; s'il le pouvait, il gratterait les murs de la prison, de l'enfermement, mais il préfère la terre qui est souple sous ses pieds. Donc il creuse ce qui est accessible, il se fait un tunnel, un chemin vers la lumière et la liberté d'expression.

Ainsi, la douleur qui est là détruit. Son but n'est pas la destruction. Son but est la communication. Cette douleur est vivante et prend tous les moyens nécessaires pour se faire entendre. Elle creuse des tunnels. Ces derniers sont fort existants. Ils sont creusés dans les cellules, dans la chair. Elle envoie ses messages de détresse la nuit, par les rêves et le jour, elle continue de faire son chemin vers la libération de sa prison.

Alors, quelle est la solution par rapport à cette douleur qui détruit et qui, même si elle est enterrée, est entendue par son propriétaire, qui la pressent ? J'ai observé dans ma pratique que la majorité de mes patients qui portaient un diagnostic d'une maladie grave savaient que quelque chose d'important se tramait en eux, mais ils ne pouvaient pas nommer ce que cela était.

Celui qui se trouve dans un état de vulnérabilité pressent qu'une immense douleur existe en lui, mais il ne sait plus où il l'a enterrée, dans quel cachot de sa prison intérieure et extérieure il l'a mise.

L'appel

La solution est de reconnaître l'appel et d'agir soi-même pour enlever les protections, les armures, les cuirasses depuis si longtemps mises en place inconsciemment. La solution est d'ouvrir les portes de sa prison pour aller à la rencontre de cette douleur. Cesser de courir après la queue du dragon et aller à sa rencontre.

Cette douleur (le prisonnier) qui communique télépathiquement et demande constamment d'être libérée saura petit à petit que son geôlier (le moi, la personnalité) veut l'aider à se libérer et surtout qu'il est prêt à le rencontrer.

Alors, petit à petit, le propriétaire de la prison commencera à défaire les murs extérieurs (cuirasses d'identité[6], muscles externes, couches superficielles du corps[7]) et touchera les défenses les plus superficielles inscrites dans sa vie. Une communication s'établira des murs superficiels de la prison aux autres murs mitoyens (moyens), qui seront ébranlés par les travaux de démolition des enceintes extérieures. Soudainement, il y aura plus de lumière et d'air, les rayons du soleil vont rejoindre les murs moyens de la prison et la terre tremblera sous les coups de masse qui seront donnés pour défaire les premiers murs extérieurs.

La déstructuration

Ce travail de déstructuration pourra être entendu jusque dans la profondeur du cachot où est terré le prisonnier. Le propriétaire de la prison se questionnera et attendra un peu, puis continuera ses travaux pour aller à la rencontre de son prisonnier. Il sera surpris et aux aguets, mais comme il est habitué de se mettre au travail tous les jours, il va poursuivre sa tâche de déstructuration.

À partir de ce moment, les murs moyens de la prison vibrent sous un vent nouveau qui les touche ; le propriétaire commence petit à petit à les défaire (cuirasses de base, couches moyennes, prise de conscience de modèles répétitifs inconscients, émotions de colères refoulées, haine, ressentiment[8]).

Le prisonnier se terre, il entend et ressent les vibrations de la déstructuration. Il n'ose pas y croire, il se questionne (« est-ce vrai ? »), mais comme il n'a pas vu la lumière depuis très longtemps, il a peur. Il n'a qu'une envie, c'est de se terrer encore plus. Il attend, il n'ose plus se consacrer à la destruction des protections, car il a peur de ce qu'il peut rencontrer.

Il est important à ce moment que le propriétaire envoie des signaux de communication amicale au prisonnier qui est terré dans un cachot dont il ne se souvient plus de l'emplacement. Pour ne pas détruire le prisonnier en procédant à la déstructuration de la prison elle-même, le propriétaire va entreprendre un dialogue avec celui-ci (la blessure fondamentale) pour tenter de découvrir où il est terré. Il lui envoie des signaux de dialogue, d'écoute, il attend qu'il lui donne signe de vie, entre autres pour le localiser.

Le dialogue

Il se peut qu'à cette phase de rencontre et de communication, le propriétaire de la prison engage un spécialiste dans la communication (thérapeute) avec le prisonnier, car comme le dialogue conscient est interrompu depuis des années, le propriétaire ne sait pas quel sera le langage de communication utilisé par son prisonnier. Sait-il écrire ? Connaît-il le morse ?

Le prisonnier n'est pas le seul à avoir peur. Il se peut que le propriétaire aussi soit craintif. Il se questionne aussi : « Qui est ce prisonnier ? Est-il devenu un monstre ? À quoi ressemble-t-il ? Que va-t-il exiger de ma personne ? Serai-je obligé de changer des choses dans la façon de gérer ma prison ? Devrais-je avoir encore une prison ou puis-je m'en passer ? »

Encore une fois, l'aide d'un spécialiste (thérapeute) dans l'art de communiquer avec les prisonniers sera peut-être nécessaire.

Il est important que le propriétaire soit rassuré et que le prisonnier aussi soit rassuré sur l'intention de ce dernier.

Il ne faut pas oublier que notre prisonnier est habitué à être emprisonné et qu'il n'a pas vu la lumière depuis longtemps.

Le dialogue quotidien se poursuit. Nous entrons dans la phase de dialogue quotidien entre le propriétaire geôlier et le prisonnier. Des plans de sécurité sont mis en place, le prisonnier ne s'acharne plus à détruire la prison, il attend que l'on vienne à sa rencontre. Il ne se terre plus, il attend sa libération. Il indique le chemin à prendre, mais lui-même ne connaît pas cette prison. Donc, le propriétaire geôlier fait des recherches sur la construction de la prison (liens transgénérationnels, cuirasse parentale), il retrouve les plans anciens, il consulte des spécialistes en la matière. Il continue de déstructurer les enceintes pour se rapprocher tout doucement du cœur de la prison. Il y va prudemment, car il touche des murs très sophistiqués de protection dont il ignore consciemment comment ils furent bâtis (couches profondes intrinsèques, cuirasse de désespoir, d'impuissance et fondamentale, fatigue, dépression, découragement, désir de mourir enfoui[9]).

Quelquefois, il est découragé, il a l'impression qu'il n'y arrivera pas. Il est à la fois excité, car il sent que la libération de son prisonnier est proche, mais il ne l'a toujours pas trouvé. Il est épuisé de fouiller et en même temps, il découvre des éléments important sur sa prison. Il déniche des choses anciennes enfouies, des protections qui ont été mises en place par d'autres visiteurs geôliers (cuirasse parentale), et il se surprend à reprendre possession de sa prison et même à rêver d'y bâtir une jolie demeure sans enfermement. Il lui vient des idées nouvelles de construction, mais en même temps il veut assurer la libération de son prisonnier avant toute chose, donc il poursuit sans relâche le dialogue quotidien et la déstructuration des dernières protections sophistiquées et anciennes qui protègent le cœur de sa prison – de sa demeure. Quelquefois, les murs menacent de s'effondrer, ils semblent fragiles. Le propriétaire a peur, le prisonnier aussi.

Alors, le prisonnier pense à mourir, il a peur, il n'a pas encore confiance en ce propriétaire. Il a besoin d'être apprivoisé. Il pense : « Qui est-il ? Est-il vraiment respectueux ? Va-t-il respecter mes conditions, mes besoins, mes désirs ainsi que mes élans et aspirations ? Va-t-il accepter de ne plus m'emprisonner ? Va-t-il me rendre ma liberté ? Serai-je à nouveau abandonné, ou trahi, ou rejeté ou non reconnu ? »

Le prisonnier se questionne et il se dit : « Plutôt mourir que d'être trahi à nouveau, plutôt mourir que d'être abandonné à nouveau, plutôt mourir que d'être manipulé à nouveau. » Le prisonnier se défend un peu, il doute de l'authenticité de son geôlier, il demande des preuves d'amour, d'écoute et de respect.

Le propriétaire geôlier reçoit ces demandes, il se questionne aussi, mais il reçoit l'aide nécessaire et il continue le dialogue, il se prépare à changer sa prison et à en faire une demeure, il apprivoise ce prisonnier qui vit à l'intérieur et il a besoin maintenant de le rencontrer et de le libérer.

La rencontre

Finalement, le propriétaire trouve son prisonnier et le rencontre. Ce dernier se présente à son geôlier tout doucement. Ils sont là face à face, tous les deux recouverts de sueur et de poussière. Les portes du cachot sont ouvertes, le geôlier entre dans l'enceinte à la rencontre de son prisonnier (douleur première) pour découvrir que sur le sol repose un enfant, l'**enfant intérieur**.

Le dialogue avec l'enfant intérieur

Qui est ce prisonnier enfermé au fond du cachot et que nous avons isolé jusqu'à occulter de notre esprit l'endroit où nous l'avons mis ? Qui est-il ? Qui est-elle ? C'est notre enfant intérieur.

Je me souviendrai toujours d'une de mes patientes qui souffrait de sclérose en plaques et qui, lors d'une exploration de sa blessure fondamentale, a découvert qu'elle avait placé son enfant intérieur à différents âges de sa blessure fondamentale dans des cachots avec des chaînes et des boulets au pied. Il y avait la petite fille de onze ans. Elle détenait la clé des autres cachots où étaient logées trois autres petites filles. Ma patiente avait en elle quatre petites filles intérieures. Celle de onze ans détenait la clé des cachots de celles qui avaient sept ans, quatre ans et deux ans. Celle de onze ans avait la responsabilité des trois autres. Elle était responsable de les « engueuler » pour qu'elles se taisent ; elle s'organisait pour qu'elles aient peur, pour leur éviter d'être blessées par les adultes. Les petites étaient terrifiées par la grande de onze ans, qui agissait comme un petit tyran, non sans culpabilité, car elle comprenait leur douleur mais elle ne voulait pas qu'elles souffrent encore plus. Les petites n'avaient jamais été lavées, elles étaient comme des enfants sauvages, folles, aux yeux hagards. Elles avaient pour ami un petit dragon très dévastateur qui venait leur rendre visite et qui leur promettait de les libérer, un jour, par son feu dévastateur. Flammes qu'il projetait sur les murs de la prison. La grande de onze ans habitait dans son cachot avec le dragon qu'elle lavait de ses larmes, quotidiennement.

Ma patiente était envahie dans son quotidien par des sensations de brûlure, symptômes quelquefois révélateurs de l'expression de cette maladie. Elle pleurait tout le temps. Il y avait constamment des larmes dans ses yeux.

LA PRISON DE MA PATIENTE

Le dialogue avec l'enfant intérieur ou les enfants intérieurs et nécessaire dans le processus de guérison. Il se produit plus facilement s'il y a un début de libération des tensions physiques dans le corps. Ce qui a pour effet de préparer le terrain à une ouverture psychique des processus d'enfermement émotionnels et mentaux et de les amener de l'inconscient au préconscient. La libération des enfermements physiques permet d'accéder petit à petit, dans un processus de douce pénétration, à l'intérieur des enveloppes du corps et de la psyché qui sont isolées dans les couches profondes de la personnalité et du corps en entier. Comme dans un oignon : une couche cache la suivante.

Tout est possible dans le dialogue avec cet enfant. Il peut se présenter le dos tourné à son interlocuteur, il peut ne pas se présenter au rendez-vous, il peut se présenter boudeur, il peut se présenter terrifié, il peut se présenter voulant tuer l'adulte. Il peut se présenter amorphe, sans vie, tel un mort vivant. Il peut se présenter mort. Tout dépend des mécanismes de protection et de survie qui furent engendrés dans le processus d'évolution de l'individu de sa vie intra-utérine à l'âge adulte.

LES COUCHES DE L'OIGNON

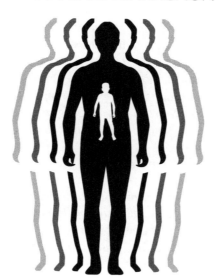

Dialoguer avec l'enfant intérieur est très difficile, voire impossible, pour certaines personnes si les protections n'ont pas été apprivoisées par la libération des armures, des carapaces qui maintiennent l'enfant en état de surprotection avec sa douleur. Vous ne pourriez extirper le cœur d'un oignon sans en enlever les couches une par une. Si le mouvement de pénétration ne se fait pas avec éthique et respect de l'enfant et de sa blessure, il est impossible de se présenter au seuil des portes du sanctuaire de la guérison.

Retrouvons maintenant l'histoire de Jérôme et de Maryse et contemplons comment ils se sont présentés aux portes de la guérison et de la blessure fondamentale, leur rencontre avec les espaces de survie et leur dialogue avec leur enfant intérieur.

HISTOIRE DE JÉRÔME

L'argile subissait sous mes doigts toutes les tortures que moi je recevais… Ma mère m'a alors glissé entre les mains un livre d'une femme qui avait connu le même processus de maladie… ou à peu près. J'étais saisi par la similitude de nos maladies, cette autodestruction lente et douloureuse.

Elle s'était soignée seule, volontaire, avec deux balles de tennis et un bâton ! Incroyable ! Sa méthode proposait de vivre des mouvements qui étaient à l'opposé de la gymnastique. J'étais fortement interpellé. Cette femme avait fini par refuser la chirurgie, médecine limitative. Comme moi !

J'ai pris alors cette décision, aussi forte que la vie, d'apprendre cette méthode, de faire ces exercices tous les jours jusqu'à ce que je guérisse. En même temps, ma sœur me proposait de vivre en Martinique, chez elle et sa famille, pour travailler à cette méthode dans la quiétude, loin de mes habitudes dévastatrices.

Grâce à cette femme qui s'était guérie, je reprenais espoir, je voulais y croire.

Comme elle, je traversais l'Atlantique pour me soigner.

Quittant une fois de plus mes amis, ma vie, je laissai aussi mon désir destructeur d'autopunition.

J'arrivai sur cette île, heureux mais perdu de douleurs, fatigué, recroquevillé, boiteux. J'avais la stature d'un vieillard. Ainsi commença ma lutte contre le mal, j'avais trente-quatre ans.

Tous les jours, durant une heure, je suivais les instructions du livre de cette thérapeute. Je pratiquais les mouvements. Je devais d'abord « m'ouvrir », accueillir ces mouvements d'ouverture qui paraissaient tellement simples... Aussi je me préparais, comme elle dit, à accepter la douleur dans les mouvements, à la faire résonner et à finir par aller au-delà de la douleur. C'est vrai ça, qu'est-ce qu'il y avait derrière cette douleur ?

Et là, dans le mouvement, toutes mes tensions, mes contractions musculaires, mes nerfs, tous tendus comme des cordes de violon, se mirent à improviser un chant funèbre. La douleur était à son paroxysme mais je luttais, je continuais le mouvement, sachant qu'il y avait un autre couplet après ces cris meurtris qui sortaient du fond de ma gorge.

Et des larmes sont venues accompagner cette mélodie du désespoir. Elles sont réapparues après vingt ans de sécheresse ophtalmique, j'avais quinze ans.

Tiens ! Je venais de prendre conscience que j'avais été un jeune garçon qui ne voulait plus pleurer.

Ainsi, jour après jour, durant mes séances d'exploration de mon corps et de ses cuirasses, ma vie défilait dans les mouvements, je faisais le ménage dans mes mémoires, essayant de trouver des clefs pour toutes mes énigmes, mes souffrances, mes désirs du mal, mes plaisirs du loup.

Lorsque, enfin, je découvrais une clef, une douleur venue du fond de ma hanche gauche se mettait à hurler, à s'exprimer férocement. Durant les trois semaines qui suivaient, je pouvais à peine marcher. Mettre mes chaussures devenait un enfer. Des journées d'attente, d'espérance, de lectures ciblées, d'observation et tout ça avec cette maudite arthrose ! La nuit, sur mon lit, ma vie s'était réduite à la position sur le dos. Le moindre mouvement réveillait ma douleur qui s'était propagée jusqu'aux orteils de ma jambe gauche, paralysant ma cheville au passage.

J'étais figé, rigide, ma partie gauche tendue à bloc.

Séché sur mon lit, mes râles accompagnaient les torrents de larmes qui me donnaient de l'eau. J'avais réenclenché le cycle de la vie, comme avec l'argile.

Histoire de Maryse

Les douleurs devenaient atroces. Elles ne me quittaient plus et atteignaient un paroxysme insoutenable la nuit. Je n'arrivais plus à bouger… Ma cage thoracique ne prenait plus d'expansion. J'étais maintenant enfermée dans un carcan de contractures musculaires.

À partir de ce jour, je me suis prise en main et je suis allée consulter le spécialiste. Après de multiples examens, le diagnostic a été confirmé. J'étais maintenant au pied du mur.

« Moi, Maryse, j'ai une maladie. » Mais j'avais l'impression que ce n'était pas moi qui étais malade, mais quelqu'un d'autre. J'ai toujours eu le sentiment que penser ainsi m'a permis de ne pas « sombrer » dans la maladie en lui donnant la totalité de mon pouvoir.

À l'hôpital où je travaille, je vois des personnes jeunes comme moi mais qui ne sont plus maîtresses d'elles-mêmes et dont les médecins, les traitements, les hospitalisations gèrent la vie. Moi, je ne voulais pas de cela. Je ne voulais pas être esclave de la maladie. J'étais habitée par cette pensée : « Oui, je suis malade mais cette maladie a sans doute sa raison d'être là, alors je veux savoir pourquoi. »

Bien sûr, c'est très difficile d'accepter d'être atteinte d'une maladie incurable et d'envisager l'avenir, mais cette pensée était comme un souffle d'espoir pour moi. À l'intérieur de moi, c'est comme si je savais, comme si j'avais toujours su…

Par contre, je ressentais de plus en plus se refermer sur moi une prison dans laquelle j'étouffais. Je me sentais happée par une spirale dans laquelle j'allais me noyer si je ne faisais rien. Le jour même où ce mal-être a commencé à gêner mon travail, j'ai pris rendez-vous pour entreprendre une psychothérapie corporelle. Deux mois s'étaient écoulés depuis l'annonce du diagnostic.

Quand j'ai commencé ma thérapie, j'étais dans une souffrance physique et psychique énorme. J'avais l'impression de n'être plus rien. Je n'existais plus. Mon corps était douloureux, raide, maigre, transparent et épuisé. J'avais la sensation d'être un cadavre vivant. J'ai commencé par des séances individuelles. J'avais besoin dans un premier temps de prendre conscience que je n'étais pas rien comme je le croyais. Je sais faire beau-

coup de choses. Je suis très adroite de mes mains. Me revaloriser et me reconnaître dans cette valorisation était indispensable pour calmer le profond rejet que j'avais de moi-même et lui survivre. Je me sentais victime. J'ai passé beaucoup d'heures à parler de mon éducation, de ma relation avec ma mère, du fait que mon père m'avait manqué, de mon adolescence. J'avais besoin de vider mon sac dans un milieu accueillant, où je serais écoutée sans être jugée. Le simple fait de parler, même si je n'osais pas encore entrer en profondeur, aérait la prison dans laquelle j'étais enfermée. J'avais ainsi plus d'espace et je prenais confiance en moi.

Je restais encore beaucoup dans le contrôle. Je ravalais mes larmes. Depuis mon enfance, j'avais appris à me protéger pour survivre. Je faisais difficilement confiance aux gens de peur qu'on me fasse mal. J'étais toujours sur la défensive. Alors faire confiance à l'autre et me permettre de lâcher prise a pris beaucoup de temps.

Très vite, j'ai intégré le travail de groupe en stage. Le groupe m'a aidé à laisser mes résistances de côté et à entrer plus facilement dans mes profondeurs par sa résonance sur moi. J'étais étonnée de voir combien mon corps s'exprimait et cherchait à se libérer de sa prison. Mais les résistances étaient encore là et je voyais mon corps se battre avec elles, notamment au cours des séances de rebirth[10]. J'étais incapable d'entendre ma propre douleur. Aucun son ne sortait de ma bouche, mais mon corps l'exprimait déjà. Petit à petit, j'ai pris conscience de l'endroit où je m'étais rendue, de l'abîme où je me trouvais. J'étais loin de la vie heureuse que je croyais avoir eue. Les résistances lâchaient progressivement et la réalité apparaissait. Mon corps laissait venir les mémoires que ma tête avait refoulées.

C'est ainsi que j'ai revécu le souvenir de cette brûlure dès le premier stage au cours d'un rebirth : la douleur dans ma chair, la sensation de mutilation de mon corps, le regard fou et meurtrier de ma mère, la terreur en moi et le trou déjà ressenti plusieurs fois qui me traverse d'avant en arrière dans la région sacrée. Puis, quelques jours plus tard, la croyance associée à cet événement surgit : « Maman veut me tuer et papa est d'accord. » Contacter cette croyance a fait surgir en moi panique et terreur.

Je ne savais pas comment faire pour mettre fin à ce processus d'éclatement. J'avais peur. J'avais besoin de trouver une solution tout de suite pour survivre. C'était un dimanche et je ne pouvais pas joindre la psychothérapeute. Alors j'ai écrit tout ce que je vivais et ressentais.

J'ai aussi dessiné mon bras mutilé. J'avais pris l'habitude d'écrire quand je vivais un moment difficile avec ma mère lorsque j'étais plus jeune. Ce moyen me permettait de sortir de moi l'invivable, de laisser aller les émotions, la colère, et de continuer à vivre malgré tout. Là, c'était pareil. L'écriture me permettait d'alléger mon ressenti en débarrassant ma psyché de ses pensées négatives, et au fur et à mesure que les mots se formaient, de transformer ces pensées en d'autres plus positives. La même chose se passait avec le dessin. À côté du dessin destructeur, j'ajoutais toujours un autre dessin réparateur et je me sentais alors beaucoup mieux dans mon esprit et dans mon corps. C'est ainsi que j'ai pu accueillir la vision d'horreur que j'avais de mon bras brûlé et l'aimer. Je pouvais même ressentir de la joie et de l'amour pour moi et pour mon corps. Je savourais alors ces instants très réparateurs. Plus tard, j'ai découvert que mon corps était capable de ces mêmes sentiments. Bien souvent, quand j'écrivais, je mettais de la musique douce.

Un jour, j'ai eu la surprise de voir mon corps se mettre à bouger sur la musique. Ce mouvement dans mon corps m'apportait un immense bonheur. De la joie dans mon corps, je n'y croyais pas. Comment était-ce possible ? Mon corps si raide et si douloureux capable d'autre chose que de la souffrance. L'accueil de cette découverte ne s'est pas fait sans peine. Je n'étais pas habituée à ce rôle du corps et vivre de la joie était douloureux. Une partie de moi résistait alors que mon corps adoptait de plus en plus ce mouvement que je ne pouvais pas empêcher.

Très souvent, je dansais en pleurant. Mon corps ankylosé par la maladie était capable de mouvements harmonieux. Les mouvements se faisaient discrets et seulement dans une zone de mon corps au début, puis ils se sont amplifiés. Mon corps prenait son espace dans la pièce et surtout il devenait de plus en plus souple. Tant que j'accueillais la joie qui émanait de lui, la douleur s'évaporait. Par contre, dès que la résistance apparaissait, la douleur revenait et mon corps reprenait son rôle de prison. Mon éducation, la relation de ma mère avec mon corps puis la maladie étouffaient tout mouvement de vie de celui-ci. J'avais jadis appris à le détester, à le rejeter et à détruire toute manifestation de sa part. Je ne voulais plus le sentir. J'agissais comme si je ne voulais plus avoir de corps. Alors ressentir de la joie, de la liberté et de la légèreté à l'intérieur de lui m'était impossible sans déclencher une réaction douloureuse de rejet et de peur.

Je savais au fond de moi que ces signes de vie pouvaient être source de guérison. J'en ressentais très profondément la dimension sacrée. Mon corps m'invitait de plus en plus à un lâcher prise, m'obligeant à le reconnaître, à l'accueillir et à le laisser vivre. Je ne pouvais plus faire autrement. C'était comme si j'étais poussée par une force. Mon corps entrait dans un mouvement ondulatoire ne réclamant aucun effort musculaire, que je n'arrivais plus à maîtriser dans la plupart des exercices. La psychothérapeute m'encourageait à laissait agir ce mouvement en moi. C'était très douloureux...

Quelques mois après avoir entrepris ma thérapie, j'ai intégré un groupe de méditation. J'ai appris à me centrer, à écouter mon être intérieur et à dialoguer avec lui. Mon quotidien s'améliorait. La méditation me permettait de comprendre les difficultés que je vivais, de connaître mes besoins et d'y répondre. La méditation est devenue une hygiène de vie, un moyen de m'enseigner qui je suis et de m'accueillir dans ma réalité. Mais ces moments de calme intérieur me conduisaient aussi dans un univers que je n'étais pas prête à accepter. J'ai rencontré la lumière, ma lumière intérieure et j'en ai eu très peur. Je ne me connaissais que dans ma partie sombre et voilà que je me découvrais en belle déesse. J'avais complètement intégré le côté monstrueux et maléfique que ma famille me donnait. Je ne me sentais que ça. Finalement, même si je vivais mal, je me trouvais bien dans ce rôle. Au moins, j'y étais en sécurité et aimée d'une certaine façon. C'était la seule chose que je connaissais.

Jusqu'à ce jour, je n'avais jamais réalisé le confort que m'apportait le fait d'être mal. Cette partie lumineuse devenait mon ombre, celle que je ne voulais pas voir, que je niais en moi. L'accueil a été une fois de plus très douloureux et très long. Aujourd'hui encore, l'acceptation n'est pas totale. J'ai toujours peur de ma partie lumineuse. Elle me confronte à ma puissance. Et celle-ci me terrifie tout en m'enveloppant dans un grand mouvement de paix intérieure.

La méditation a rapidement déclenché un autre phénomène. Des secousses se produisaient dans la région lombo-sacrée de mon corps et remontaient parfois tout le long de ma colonne vertébrale. Je remarquais que ce mouvement dénouait mes muscles, calmait la douleur et me rendait plus confortable. Mais ce phénomène était plutôt étrange et tellement brutal que j'en ai eu peur. Je ne savais pas ce que c'était. Comme je n'avais jamais entendu parler d'un tel fait, j'ai cherché à le cacher, à le retenir quand il se manifestait. J'en avais honte. Mais comme pour les mouvements ondulatoires, cette chose se produisait sans que je puisse exercer un quelconque contrôle. Puis, ma main droite s'est agitée à son tour. Elle se déplaçait dans l'espace tout près de mon corps, le touchait parfois, muée par une force que je ne connaissais pas. Les mouvements semblaient précis. J'ignorais ce qui se passait là, mais je ressentais des déplacements d'énergie à l'intérieur de mon corps et souvent une douleur physique disparaissait. Mon corps, rigidifié par ses contractures musculaires et ses tendons fibrosés, limité dans ses capacités mobilisatrices volontaires, devenait de plus en plus animé par une activité musculaire et énergétique involontaire qui me faisait terriblement peur et me soulageait en même temps…

J'étais perdue dans un monde complètement inconnu. Je me sentais seule. La psychothérapeute ne pouvait plus m'accompagner. Je lisais beaucoup pour tenter de comprendre ce qui m'arrivait et surtout voir que je n'étais pas seule dans ce chemin. Petit à petit, à force de vivre ces expériences, je m'y suis habituée. Le dialogue avec mon être intérieur et la présence de mes Guides m'aident beaucoup à m'apprivoiser et à m'accueillir dans cet espace même si ça reste toujours difficile aujourd'hui.

J'étais de plus en plus à l'écoute de mon corps. Il me disait quoi faire.

Mon écoute intérieure m'a alors guidée dans des méditations d'enracinement. J'avais besoin de me sentir sécurisée et bien ancrée… J'ai aussi rencontré une personne qui m'a aidée à libérer des mémoires en thérapie d'intégration mémorielle[11]. J'ai reçu également des traitements en énergétique pour alléger et nettoyer mon corps.

QUESTIONNAIRE

Dialogue avec la blessure fondamentale

Connaissez-vous votre blessure fondamentale ?
Si oui, comment la nommeriez-vous ?

Abandon : dans l'abandon, il y a absence du parent, le vide, le manque ; il n'y avait pas de présence parentale soit de l'un ou de l'autre ou des deux.

Rejet : dans le rejet, il y a rejet du parent c'est-à-dire qu'il y a présence parentale mais cette présence vous rejette, vous juge, elle vous tourne le dos.

Non-reconnaissance : vous n'avez pas été reconnu, vous avez senti la présence parentale, mais cette présence ne reconnaissait pas votre existence propre.

Trahison : il y a présence parentale, mais elle trahit la confiance de l'enfant.

Maltraitance : la présence parentale maltraite consciemment ou inconsciemment l'enfant soit physiquement ou psychiquement ou les deux.

Humiliations : la présence parentale est là et elle met l'enfant dans des situations humiliantes où l'enfant doit compromettre non seulement sa nature profonde mais aussi la fausse identité précaire qu'il s'est bâtie.

Quelle est la douleur associée à cette blessure ? La ressentez-vous physiquement ? Si oui, quelles régions du corps sont touchées ? La tête, les épaules, la gorge, le thorax, le ventre, les hanches, les genoux ? Contemplez votre corps et les douleurs qui y sont logées.

Émotivement : y a-t-il des émotions récurrentes en vous ?

Mentalement : y a-t-il des croyances qui vous harcèlent intérieurement ?

Spirituellement : avez-vous de la difficulté à trouver un sens à votre vie et aux événements que vous avez vécus ?

Comment vivez-vous avec votre blessure ? En avez-vous peur ? Est-ce que vous vous en protégez ? Si oui, comment ? En vous coupant de vos émotions ? En mangeant ? En prenant des substances en quantité (drogues, alcool, cigarette) ? En vous privant de nourriture ou de plaisir ? En vous autopunissant (blessures physiques par accident) ? En la projetant sur les autres (c'est l'autre qui fait pitié, moi je vais bien) ? En fuyant dans le travail ? Dans la frénésie du « faire », la « course à tout ou à rien » ?

S'il vous est difficile de dépister votre blessure fondamentale et la douleur qui en émane, contemplez votre vie –, quelle est la blessure qui revient tout le temps, comme un mur qui s'érige devant vous ?

Même si vous faites des efforts pour vous en sortir, qu'est-ce qui est toujours douloureux en vous et que la vie vous présente sans cesse comme sur un plateau d'argent... et qui revient constamment ?

Quelle est cette blessure ? Si vous n'arrivez pas à dépister votre blessure fondamentale, prenez le temps d'échanger avec un ami sincère. Racontez-lui les moments les plus difficiles de votre vie, souvent, l'autre pourra vous aider à pointer cette blessure, ce qui la rendra encore plus consciente et aidera votre inconscient à collaborer à votre recherche.

Je vous le rappelle, s'il importe de devenir conscient de sa blessure, c'est pour vous permettre de retrouver en vous le pouvoir de la guérison. Il est difficile de sortir d'une prison lorsqu'on ignore qu'on y est. Comme le disait un maître zen : « La seule raison d'être de votre douleur est de secouer votre sommeil. »

Dialogue avec l'enfant intérieur

Connaissez-vous votre enfant intérieur ? L'avez-vous déjà contacté dans vos rêves (ex. : rêve d'enfants) ou dans des imageries spontanées ?

Si oui ? Comment était cet enfant : physiquement ? affectivement ? mentalement ?

Sinon, fermez les yeux et demandez à le contacter spontanément. Ne forcez pas cette image, laissez-le venir et observez-le. Quel âge a-t-il ? Comment est-il physiquement ? Quelle est sa posture ? Quelles sont ses émotions ? Est-il seul ? Est-il accompagné ? Par qui ? Est-ce qu'il souffre ? Si oui, quelle est sa souffrance ? Qu'il se présente à vous ou non, remerciez-le et dites-lui (si vous le choisissez sincèrement) que vous aimeriez dialoguer avec lui. Demandez-lui qu'il vienne vous contacter dans vos rêves. Dites-lui que vous aimeriez le connaître, le rencontrer pour échanger.

Le dialogue avec l'enfant intérieur se vit dans la douceur, si vous tentez de l'approcher brusquement ou avec des jugements, il aura de la difficulté à se présenter au rendez-vous. Je vous invite à être patient et tolérant avec cette partie intime de vous-même.

CHAPITRE 7

Le sanctuaire de la guérison

L'état de guérison est un état sacré latent. Lorsqu'il est
éveillé, il ne nous quitte plus. Il est cette présence
indescriptible, il est ce compagnon, cette compagne. Il est
là, sans condition, sans demande, juste en présence, il est.

D ans ce chapitre, nous entrons en présence de l'expérience de guérison. J'appelle cette étape : la réparation. Le sanctuaire de guérison ouvre ses portes par l'initiation : la mort. J'ai observé que toute forme de déclic impliquait mourir à quelque chose ou à quelqu'un ou à un état de fait. Cette mort ne se force pas, elle vient d'elle-même, naturellement amenée par le mouvement de la vie, elle est l'initiation, elle est le mouvement qui permet la transformation. Ainsi l'individu accède au sanctuaire de la guérison. Cette mort permet ce déclic et en même temps elle est ce déclic. Elle est le passage d'un état de survie à la vie. Elle est le passage de la douleur qui détruit à la douleur qui guérit. L'individu lâche prise, il est guidé par les aspects les plus profonds de lui-même vers la mort à ce qu'il fut ; ainsi, le sanctuaire ouvre ses portes, la présence de l'amour accueille l'être en entier. Un deuil prend place, accompagné d'une phase de convalescence et de réparation intérieure qui se communique jusqu'à l'extérieur de l'individu en totale fluidité. Le deuil de ce qui fut, le deuil de l'emprisonnement, le deuil de la fausse sécurité. Les voiles sont levés, les protections ne sont plus nécessaires, les systèmes du corps entrent dans une phase de pleine régénération, car il n'y a plus de bataille, plus de survie. Les miracles se manifestent, car tout l'être vibre en amour. Cet état sacré entraîne la manifestation pure de la guérison. L'être est en paix, en état de sérénité, de douce certitude. Il naît à lui-même. Le résultat n'est plus important, car l'être s'appuie sur la certitude du moment présent de la guérison. Cette dernière se vit d'heure en heure, des phases de sommeil aux phases de veille, de moments en moments. Il n'y a plus d'attente. Tout est là. Tout se manifeste là.

L'initiation : de la survie à la mort

Mourir est la première étape à traverser pour vivre. Mourir permet de passer les portes de la guérison, de quitter l'antichambre et d'entrer. J'ai observé que toute guérison implique une mort. Le survivant ne peut pas se guérir, car il a peur de mourir. Ce qu'il ignore, c'est que mourir et vivre, c'est la même chose. Il n'est pas assis entre deux chaises, il est à côté d'une seule et même chaise. Il est dans l'illusion qu'il y en a deux. Il la voit en double. Il a l'impression de se battre contre deux forces qui n'en sont qu'une. Il s'épuise quand il pourrait se reposer. N'oublions pas que le survivant porte en lui le divorce intérieur de sa propre nature. Il est séparé et il est séparation, par le fait même il voit deux chaises, deux forces plutôt qu'une chaise et qu'une seule force. Il ressemble au noyé qui se débat, qui panique et qui gaspille toutes ses forces de vie plutôt que de se détendre et d'évaluer la situation. Que ce temps soit rempli de panique ou de détente, l'eau et les conditions qui ont mené à cet état de noyade sont toujours les mêmes.

Nous sommes mort à notre vie intra-utérine pour naître physiquement et nous détacher du cordon ombilical. Nous sommes mort à notre enfance pour entrer dans notre période d'adolescence. Nous sommes mort à notre vie d'adolescent pour entrer dans notre vie d'adulte. Nous sommes mort à notre vie de travail pour entrer dans notre vie de retraité. Nous connaissons la mort et nous connaissons la vie. Quelles sont les conditions qui entouraient ces morts, ces passages de vie ? Défenses, attaques, désespoir, impuissance, colère, regrets, mélancolie… Ce sont ces mêmes conditions que nous projetterons sur mourir pour vivre.

Comment expliquer à cette personne qui souffre d'une maladie que pour guérir, elle passera par la mort. Difficile, n'est-ce pas ? Comment expliquer à quelqu'un qui souffre d'une maladie qu'avant même l'apparition du diagnostic, il était déjà un mort vivant et que c'est cette même condition de « mort vivant » qui a entraîné ce déséquilibre ? Difficile, n'est-ce pas ?

Alors, comment expliquer ? Impossible. Par contre, il est possible de guider vers l'expérience de… car expliquer serait blessant, ces mots ne veulent rien dire pour la personne qui est là face à elle-même, en souffrance, perdue devant elle-même, ne sachant plus comment rentrer chez elle (la maison physique) et en elle (la maison de son corps).

Pour ma part, je n'ai jamais connu de guérison sans mort. La mort est inévitable dans le processus de guérison et pourtant, c'est ce que l'individu malade ou en mal-être veut à tout prix éviter.

Voici le discours que l'on se tient devant cette perspective : « Mourir ! Ah non ! Je vais me battre (survie) », « Je vais me défendre contre cette maladie (survie) », « Je vais m'occuper de l'ennemi (survie) », « Je vais tout faire pour ne pas mourir (survie) », « Je vais vivre à tout prix (survie) », « Je vais réussir (survie) ».

Croyez-moi, je comprends très bien cette réaction pour l'avoir vécue moi-même et surtout pour l'avoir entendue maintes fois. Je l'appelle la « réaction du noyé ». Il est important que cette réaction se vive, car même pour celui qui semble très relax, l'annonce d'un diagnostic signifie une forme de mort à ce qui est. Déjà, la réaction de survie face à la mort ou à la vie est une expression authentique de survie. Celui qui tenterait de la nier se ment à lui-même.

Voici un dialogue que j'ai eu un jour avec un de mes patients. Le patient me questionne et je lui réponds :
— Alors, comment l'individu passe-t-il de la survie à la mort ?
— Il entre dans la mort.
— Alors, comment l'individu passe-t-il de la survie à la mort ?
— Il entre dans la mort.
— Alors, comment l'individu passe-t-il de la survie à la mort ?
— En mourant.
— Ah bon ! mais alors, comment l'individu passe-t-il de la survie à la mort ?

— En mourant.

— Oui ! Je vous entends bien… mais comment ?

— En mourant.

— Mais je ne veux pas mourir…

Cette réponse est authentique : il ne veut pas mourir, vous ne voulez pas mourir, je ne veux pas mourir, personne n'a envie de mourir réellement, car mourir c'est lâcher prise, c'est aller vers l'inconnu, c'est vivre différemment. Nous avons nos habitudes, nous avons nos attachements, nous avons nos petits « ceci » et « cela ». Mourir signifie qu'il n'y aura plus rien de ceci, c'est le plongeon, c'est le vide sans attente, c'est mourir !

Mourir, c'est l'essentiel, c'est vivre. Dès que le survivant entre dans la mort, il vit. C'est étrange, mais il vit. C'est cela le déclic… le passage est qu'il meurt et la surprise est qu'il vit…

Encore des mots… faites-en l'expérience !

Chaque fois que j'ai été témoin d'un « déclic » chez un de mes patients, pendant l'instant qui a précédé ce moment ou les jours qui l'ont précédé, j'ai cru qu'il allait mourir. Qu'est-ce qui me faisait dire que mon patient allait vers le vécu d'une mort psychique ? Plusieurs facteurs :

- J'étais témoin de sa descente, encore une fois, dans ses propres enfers et enfermements.
- J'avais atteint ma propre limite d'aide thérapeutique. Je ne pouvais pas agir à sa place. Je me retirais, je lui cédais la place pour qu'il se rencontre.
- Mon patient se trouvait à nouveau dans une grande rencontre de sa douleur fondamentale et je pressentais que les probabilités étaient fortes pour qu'il puisse enfin toucher le fond de cette douleur.
- Mon patient n'avait plus de porte de sortie ; c'était soit la mort physique (processus à plus ou moins long terme pour certains) ou la vie (pas la survie, mais la vie).
- Mon patient était seul face à son pouvoir de vivre ou de mourir.

Selon mes observations, le déclic, cette mort intérieure, vient lorsqu'on s'y attend le moins. (Le thérapeute peut le ressentir, mais le patient n'en sait rien). Cet état prend par surprise, il est le mouvement des profondeurs physiques qui est créé par le lâcher prise sur sa blessure fondamentale. Le tout se ressent jusque dans la profondeur du cœur du corps. Comme je le disais dans le chapitre précédent, la rencontre avec sa douleur fondamentale est nécessaire pour se présenter aux portes de la guérison. Plus l'individu se permet de sentir sa blessure et sa douleur, plus il cessera de souffrir. Ce qui est douloureux, c'est la protection qui a été installée tout autour de la douleur, c'est le vide qui l'entoure, car dans ce vide il n'y a pas d'amour, il n'y a que le néant qui sous-tend une terreur de souffrir et de mourir en souffrant (*voir p. 93*). La mort n'est pas douloureuse pour celui qui lâche prise, ce qui est douloureux c'est la peur de la mort, la résistance.

L'ouverture des portes de la guérison vient lorsque l'individu entre réellement dans la douleur de sa blessure fondamentale, qu'il se permet de ressentir pleinement cette souffrance tout en s'y abandonnant. C'est en s'y abandonnant qu'il pourra libérer les racines de cette douleur. Happé par le mouvement de ses profondeurs, car cette blessure est logée dans le cœur de son corps[1], il « descend » jusqu'aux racines profondes de son mal-être sans en comprendre les causes, sans l'analyser. Il entre dans l'expérience, il devient ce mal-être, il s'y perd, il s'y fond. Il y meurt. Cette mort à la douleur permet la libération sans jugement des racines de cette douleur.

Puis il revient. Là où avant il y avait séparation, il n'y en a plus. Là où il y avait résistance, il n'y en a plus. Là où il y avait douleur, il n'y en a plus. Là où il y avait bataille, il n'y en a plus. Là où il y avait encore des sursauts de désunion entre le moi et le soi, il n'y en a plus.

Qu'est-ce que l'individu rencontre dans cette blessure et dans sa douleur qui le transforme autant ? Il y rencontre l'amour. À sa grande surprise, il y rencontre l'amour, car cette blessure est une contraction de l'amour. Elle est un non-amour dont on se protège tant, dont on s'éloigne, dont on se retire et qui à la fois dirige totalement notre vie. Ainsi, lorsque l'individu ose mourir, il rencontre en premier lieu la contraction puis l'énergie qu'elle amène, c'est-à-dire tout son chemin parcouru. Le dialogue avec cette contraction, le retour vers son centre, le mouvement d'aller vers le cœur de son corps, vers son monde intérieur, vers l'énergie de ses profondeurs fait que cette contraction se dissout et que le non-amour retourne à l'amour.

L'individu ne choisit pas de vivre, il vit. Il ne choisit pas d'aimer, il aime. Ce qui avant demandait un effort se fait dorénavant sans effort. Tout coule de source, car la source est retrouvée. La rivière de vie s'est réunifiée. Il n'y a plus de séparation. L'individu entre dans sa phase de réparation.

Cette expérience de mort, de lâcher prise n'est pas qu'une expérience psychique. Elle est vécue aussi par le corps physique dans tout ce qu'il y a d'intrinsèque. L'individu ressent un mouvement profond dans sa colonne vertébrale ressemblant pour certains à une vague de fond ou à des tremblements quasi cellulaires ou à des ondulations. D'autres ressemblent à des décharges électriques tout le long de la chaîne des ganglions du système nerveux central. Ce mouvement circule dans les grands axes de la verticalité et de l'horizontalité en nous. Il part de la profondeur des articulations des vertèbres ou articulations du tronc vertébral vers les membres des jambes et des bras, jusqu'à la tête. Juste avant le lâcher prise, lorsque l'individu est encore dans la résistance et la survie, une profonde tension peut être ressentie dans le « cœur du corps[2] ». Tension qui donne l'impression que tout se referme, que tout se resserre, tension ultime avant le lâcher prise.

Lorsqu'il est libéré, ce mouvement de mort devient un mouvement de vie. C'est la même énergie qui est là dans la mort ou la vie.

La réparation

La douleur qui détruisait s'est transformée en douleur créatrice. Le non-amour s'est ouvert à l'amour. L'individu, en s'y abandonnant, lui a ainsi permis de le guider vers la libération de son être. L'individu est libéré de lui-même. Il s'est donné naissance, il s'est réunifié. Dans cet espace de douceur et de force vulnérable, le système immunitaire peut enfin profiter de cette union intérieure et assurer son immunité dans un climat de paix et d'authenticité. Il en est de même pour tous les systèmes du corps physique et psychique. Le moi est en fusion avec le soi (*voir p. 31*). L'individu entre dans sa phase de réparation. Il n'a qu'une envie, qui est de prendre soin de lui-même et de bercer le sanctuaire de la guérison en lui et tout autour de lui. Cet état n'est pas égoïste, comme pourraient le croire certains qui ne l'ont pas vécu. Cet état de « prendre soin de » est intérieur. Il vient de l'intimité avec soi-même qui est née de l'union à sa force de guérison. Cet état de réparation est naturel, il n'est pas forcé par la volonté, il ne vient pas de l'extérieur ; il est le résultat de l'amour qui s'est libéré dans l'être. Cette réparation est l'expression de la fluidité de l'amour. Cette expérience d'union, de réparation crée une ouverture aux autres, à l'opposé de l'égocentrisme. L'individu saisit dans ses cellules que se réparer ne peut se réaliser sans sa collaboration intime ; personne d'autre ne peut le faire à sa place, cela vient de lui, circule à l'extérieur de lui et retourne à lui. C'est le mouvement de l'univers, du microcosme au macrocosme, et du macrocosme au microcosme[3].

La guérison de l'enfant intérieur

Cette phase de réparation voit apparaître l'enfant intérieur. Dans un mouvement naturel, cet enfant se trouve au cœur de notre sanctuaire de guérison. Car qui fut blessé, si ce n'est l'enfant en nous ? Les blessures que l'adulte a accumulées ne sont que les conséquences de la blessure première portée par l'enfant que nous avons été et qui est toujours là en nous, non soignée et non guérie. Entrer en présence de la douleur qui vient de la blessure, c'est entrer en présence de l'enfant intérieur, de cette partie de nous qui porte la lourdeur de la blessure.

La guérison de l'enfant intérieur est quasi un mot de passe magique dans le marché de la consommation des thérapies nouvelles qui existent en ce moment dans le monde. Attention ! Souvent, le fait d'approcher son enfant intérieur sans préparation, sans éthique provoque une augmentation des réflexes de protection inconscients et par le fait même une plus grande séparation intérieure.

Combien de fois ai-je rencontré dans ma pratique des adultes qui se disaient non guéris et qui m'assuraient avoir pratiqué pendant des mois ou des années des visualisations pour mener à la guérison de leur enfant intérieur ? Encore une fois, ce n'est pas la visualisation qui guérit mais l'individu lui-même, ce n'est pas telle ou telle thérapie mais la personne elle-même qui vit ou ne vit pas la libération de son potentiel de guérison.

L'enfant intérieur qui porte la blessure est tellement protégé par l'adulte qui a grandi et s'est séparé de la partie de lui qui est en souffrance, que cinq mille visualisations n'arriveraient pas nécessairement à libérer cet enfant de sa blessure, ni sept ans de psychothérapie, ni dix ans de psychanalyse, si le chemin entre l'adulte et l'enfant est toujours emprisonné.

Souvenez-vous de l'image du geôlier et de son prisonnier. L'enfant intérieur est le prisonnier qui fut mis au cachot et le geôlier propriétaire ne sait plus où il l'a abandonné et ni dans quelles conditions. J'ai rencontré au cours de mes années de pratique thérapeutique des scénarios d'horreur sur la façon dont certains de mes patients avaient traité leur enfant intérieur par désir de le protéger des autres, de l'amour ou de la vie. Ce que je vous transmets ici n'est pas un jugement, mais une constatation. Plusieurs de mes patients, dans le but de protéger leur enfant intérieur de la souffrance et de la maltraitance, l'avaient enfermé dans une garde-robe, l'avaient étouffé avec un oreiller, avaient tenté de le détruire pour qu'il n'ait pas à souffrir. Toujours dans le but de protéger cet enfant, ils l'avaient surprotégé jusqu'à ce que mort s'ensuive. Ainsi, vous pouvez comprendre que cet enfant ne peut pas ainsi être approché, puis laissé pour compte. Il est important que l'approche de l'enfant intérieur se vive à travers un processus de libération des autres couches protectrices et l'apprivoisement de cette profondeur et de la douleur portée par l'enfant.

Si nous reprenons l'exemple de la prison et du prisonnier, imaginez que le geôlier défonce tous les murs par une explosion et cherche comme un fou son prisonnier, sans prendre le temps d'établir un dialogue et sans prendre le temps de vivre une préparation et, s'il y a lieu, un rituel.

J'ai été témoin dans ma pratique d'énormes réactions de compensation psychique (retour en masse du processus d'auto-destruction) parce que l'adulte voulant aller trop vite dans sa libération de sa blessure, avait provoqué les parties inconscientes qui surprotégeaient l'enfant intérieur pour éviter qu'il soit blessé encore plus.

Dans certaines tribus, on pratique encore ce rituel qui est de sacrifier femmes et enfants pour ne pas qu'ils soient violés ou massacrés par les envahisseurs. Ces rites sacrificiels anciens, ces rites de survie sont pratiqués à l'intérieur de nous. Ce mouvement fait partie des lois de la nature sauvage. Notre instinct est toujours présent.

Dans le sanctuaire de la guérison repose l'enfant intérieur ; cette rencontre va de soi. Qu'elle soit initiée naturellement ou qu'elle soit induite, elle ne devient réelle dans l'expérience et par le fait même, libératrice, que si l'individu dans son être en entier est prêt pour cette rencontre. C'est à cette condition qu'elle est possible.

Il n'existe pas de guérison sans mort, il n'existe pas non plus de guérison sans que nous prenions soin de la partie de nous qui a porté la blessure : l'enfant intérieur.

Mais où est cet enfant ? Où se cache-t-il ? Dans votre thorax[4], dans vos bras, dans votre diaphragme, dans votre ventre, dans votre regard, dans l'expression de votre visage ?

Dans le corps physique, l'enfant intérieur est souvent ressenti spontanément dans le thorax et dans le ventre[5]. Quelquefois, il est ressenti dans la gorge, dans le cri non libéré ou dans le visage, mais surtout le haut du visage, l'expression des yeux, les joues, etc.

La libération des tensions dans les muscles du thorax (zone de l'affect), des tensions portées par les bras (expression de l'affect, racines du cœur), des tensions du diaphragme[6] là ou l'enfant bloque sa respiration, des tensions abdominales, là où l'enfant cache son désir de performance, sa peur de l'échec, aide grandement l'adulte à établir une relation avec son enfant intérieur. Car cet enfant habite notre chair, pas seulement notre tête. Il n'est pas qu'imagination, il est fort réel.

Comment aider cet enfant à se guérir ? C'est la première question qui surgit : comment l'aider ? Cette question est fort juste, car il y a et il y aura une participation active qui ne se vit pas dans le faire mais dans l'être c'est-à-dire dans le potentiel de guérison contenu par le soi et respiré par le moi. Donc, il y a une participation active dirigée vers l'enfant intérieur : l'adulte aide l'enfant.

Lorsque les portes du sanctuaire de guérison intérieur sont réellement ouvertes, ce mouvement de collaboration intérieur est naturel. Il vient spontanément, il est là. L'individu n'a pas besoin d'aider à… il est déjà là, il est spontané, naturel. Il est l'expression du potentiel naturel de guérison que nous portons tous en nous.

J'ai été témoin dans ma propre personne de ce mouvement naturel après avoir connu une mort psychique et j'ai aussi été témoin maintes fois dans ma pratique de l'expression naturelle de guérison de l'enfant intérieur.

Comment vérifier que c'est ce qui se passe ? Habituellement, l'individu qui vit se processus de mort et de réparation n'a pas besoin de vérifier que les portes du sanctuaire de la guérison sont ouvertes. Il le sait, il le vit, c'est tout. Les images surgissent spontanément dans les moments de détente, de contemplation ou dans le sommeil par les rêves, elles sont l'expression de la réparation intérieure.

Voici les images naturelles qui surgissent du préconscient ou de l'inconscient de mes patients et qui démontrent que le potentiel de guérison s'est dégagé, libérant ainsi l'enfant de sa blessure. Ces images se sont vérifiées sur plus de vingt ans de pratique.

Dans la première image naturelle qui se présente spontanément, le sujet se voit dans son sanctuaire intérieur portant un enfant dans ses bras (soit lui, lorsqu'il était enfant, aux âges où il y a eu blessures, soit un enfant qu'il ne connaît pas ou encore un enfant qu'il connaît et qu'il aime). Cet enfant est bien, il se repose dans les bras du patient (sujet). L'enfant respire la paix, la sérénité, la confiance et l'amour. Il est heureux, il dort paisiblement. Le patient qui le tient dans son imagination se sent aussi bien, son corps est détendu. Il est en paix avec cet enfant, l'amour circule naturellement. Les deux reposent dans une lumière de couleurs différentes (pour chacun). Cette lumière est douce, enveloppante et chaleureuse.

Quand, de ma position de témoin, je regarde le corps de mon patient me décrivant cette imagerie spontanée, je constate que son corps est bien. Sa respiration est lente. Son visage est détendu, serein. Le corps de mon patient exprime directement l'espace de sérénité intérieure et de guérison qui est exprimé par la description de l'image qui est venue spontanément.

Quelquefois, une émotion vient submerger le cœur de mon patient pendant quelques secondes. L'énergie du cœur se libère par des larmes de joie, des larmes qui sont décrites par le patient comme étant des larmes d'amour, et des mots s'ensuivent :

« Comment ai-je pu maltraiter mon enfant intérieur ? » Ou encore : « Jamais plus je ne pourrai le maltraiter, j'ai retrouvé la voie de l'amour et de la guérison, merci à moi, merci à mon enfant. »

Ces espaces de guérison vécus en thérapie sont très émouvants. Je me souviens, pour ma part, que chaque fois que mon patient rencontrait ses images naturelles, la libération d'amour qui s'en dégageait était contagieuse. Tout mon corps devenait ouvert comme celui de l'autre, tout mon être vibrait, des larmes de joie et d'amour coulaient sur mes joues. Le mouvement de guérison était authentique, il n'était pas mental. Le sanctuaire avait ouvert ses portes et l'amour y circulait à flot. C'était contagieux.

Voici une seconde image de guérison naturelle qui peut surgir dans cette réconciliation avec l'enfant intérieur.

Le patient se voit avec un couple de parents (soit ses propres parents transformés, guéris de leurs blessures, soit des parents imaginaires qui semblent avoir été choisis avec l'accord de l'inconscient du patient). Donc, le sujet se voit avec un couple de parents, dans son sanctuaire, et les parents tiennent dans leurs bras un enfant qui ressemble étrangement au patient lorsqu'il était enfant ou un enfant inconnu du patient. Ce couple est là et tient dans ses bras un enfant qui se guérit avec sa présence. Ces gens sont amoureux de cet enfant et l'enfant d'eux. Le corps de l'enfant est détendu ainsi que celui des parents. Le patient est dans l'image et est un témoin participant à cette rencontre du couple avec l'enfant. Puis, pour certains, l'image évolue et soudainement la personne se voit faire corps avec le couple et l'enfant comme si le couple, ainsi que l'enfant, entraient dans le corps du patient (toujours dans l'imagerie). À ce moment, je deviens témoin d'une transformation physique très palpable émanant du corps de mon patient qui est étendu. Le corps se détend, le visage devient souriant, la peau change de couleurs, la respiration se calme, une émotion de joie apparaît, la cage thoracique semble s'élargir et se déployer. L'amour est palpable dans la pièce. L'énergie de guérison s'est libérée.

Une troisième forme d'images naturelles qui peuvent surgir au cours de cette libération de l'enfant intérieur sont des images de jeu avec l'enfant. Elles se présentent sous différentes formes, mais elles sont l'expression de la vie, de sa spontanéité en mouvement. Ce sont des images en mouvement. Le sujet joue avec l'enfant, l'enfant est libre, il respire la joie et la spontanéité. Son petit corps est souple, il danse, il rit, il joue et le patient est là soit comme témoin actif et vibrant ou comme participant aux jeux de l'enfant.

Une quatrième forme d'image naturelle de guérison avec l'enfant intérieur est l'apparition dans le sanctuaire de guérison de l'enfant soleil ou enfant divin ou enfant sacré. Le sujet est en présence d'un enfant de couleur dorée ; quelquefois, l'apparition de l'enfant et de sa couleur dorée se fait plus ressentir qu'elle n'est vue. Il en découle une sensation de chaleur physique au plexus et au thymus, une détente profonde de la respiration. Le visage du patient exprime la béatitude. L'enfant soleil est une expression forte du soi, fort libératrice. Il est important de ne pas provoquer son apparition en tentant de la forcer. Si elle vient naturellement, c'est que l'individu dans toute son écologie intérieure[7] est prêt à la recevoir.

J'ai aussi été témoin dans ma pratique de gens qui ont connu un processus de guérison de leur enfant intérieur sans jamais rencontrer d'images comme celles que je viens de citer.

Il n'est pas nécessaire d'avoir en soi ses images pour se guérir ou pour se reconnaître guéri. Si elles viennent, elles ne sont que le résultat du processus de guérison. Elles sont une forme d'assise de l'amour dans le sanctuaire de la guérison.

La guérison de l'enfant intérieur amène au Soi. L'enfant en soi porte le potentiel d'amour, l'élan, la spontanéité, l'émerveillement. Il porte la joie du moment présent qui permet à l'adulte en nous de ne pas se perdre dans les dédales du faire ; il nous aide à nous maintenir en présence de notre source, de notre essence, de notre âme.

La guérison de l'enfant intérieur amène à l'aventure en soi. L'aventure en soi n'a rien à voir avec planifier, programmer et organiser sa guérison. La guérison de l'enfant amène l'adulte en nous en présence de l'émerveillement, de la confiance, de l'innocence, de l'ouverture et de la vulnérabilité. Toutes ces qualités sont nécessaires pour expérimenter le mouvement naturel de la guérison.

Guérir son enfant intérieur, c'est entrer en relation avec son âme. Qui est près de son âme ? L'adulte ou l'enfant en nous ? Je dirais l'enfant. Regardez les tout-petits, pourquoi leur présence éveille-t-elle tant d'émerveillement ? Qu'est-ce qui est si beau ? C'est la présence de l'âme : il y a là une présence. La présence à l'âme ne se limite pas au contact avec son enfant intérieur. Par contre, la guérison de l'enfant intérieur est une voie vers l'âme. Présence qui se perd petit à petit chez certains enfants, car, petit à petit, ils sont guidés à devenir quelqu'un d'autre ou ils sont blessés de façon telle que la coupure, la faille et la séparation s'installent. Se rapprocher de son enfant intérieur, c'est se rapprocher de son âme, son âme d'enfant, dans la sagesse de l'être.

La naissance à soi-même

Assumer la guérison de son enfant intérieur, c'est collaborer à sa propre guérison. Nous sommes loin du point de départ qui était « se soigner ». L'étape de se soigner est nécessaire pour aller vers le processus de « se guérir » mais, comme nous l'avons mentionné dans la première partie de ce livre, plusieurs individus se maintiennent sur le plan de « se soigner », remettant inconsciemment ou consciemment entre les mains de quelqu'un d'autre leur guérison.

L'entrée dans le sanctuaire de la guérison est initiée par la mort. L'individu est entré dans sa douleur fondamentale, il s'y est abandonné, il l'a épousée jusqu'à en libérer les racines profondes. Cette douleur de non-amour si puissante lorsqu'elle est libérée de son emprisonnement devient amour et création. Le mouvement de vie qu'elle enclenche introduit l'être au cœur d'une réparation intérieure. Soudainement, l'individu qui vivait sa vie comme un poids, en survie, ce même individu qui portait sa douleur comme une croix, un fardeau extérieur à lui, soit dans un esprit de sacrifice ou dans un esprit de vengeance, devient un être libre dans son choix de vivre. Il se passe alors un phénomène de « transmutation » surprenant que j'ai observé chez plusieurs de mes patients et en moi-même. Je dis « transmutation », car cela dépasse le plan de la transformation.

Il y a mutation : la douleur n'est plus transformée en autre chose mais elle mue vers un autre état. État qui était là et contracté dans sa latence. Elle qui était extérieure à l'individu, occultée (*voir p. 140*), inaccessible, intouchable, devient intérieure. L'individu ne « porte plus sa croix » à l'extérieur de lui-même ; il la porte en lui-même.

Cette « transe-mutation », la mutation amenée par un état d'élévation et de réceptivité (transe) est la conséquence directe du « déclic ».

Évidemment, le premier réflexe en lisant ces mots et en imaginant l'image de la croix intérieure est de penser que le fait de porter la croix en soi est beaucoup plus douloureux. Mais non ! Tout au contraire, porter la croix en soi, c'est-à-dire porter « par soi et en soi » cette douleur, la reconnaître sienne, la démystifier, l'épouser, permet de la libérer, de la transmuter par le mouvement de l'amour en soi, par le mouvement de la vie.

Cette douleur qui est logée au cœur de notre corps comme une croix, un poids, repose sur les axes de vie de l'horizontalité et de la verticalité. Ce sont ces mêmes axes qui nourrissent en nous les trois mondes. Imaginez ces axes comme étant des courants telluriques puissants de notre individuation. Ces mêmes axes qui portent en nous la force de vie (la verticalité) qui unit le haut et le bas, le ciel et la terre et vice versa. Ces mêmes axes qui portent en nous la compassion, l'amour (l'horizontalité) qui nous unit au yin et au yang, au côté gauche et au côté droit, sont logés dans la profondeur de notre corps, tout comme l'est notre douleur fondamentale.

Lorsque la douleur fondamentale est libérée, elle est alors transmutée par la force de vie et la force d'amour en soi. Elle est prise en charge par la puissance de l'énergie de guérison libérée qui repose dans le sanctuaire de guérison. L'individu passe d'un état de non-participation à un état de participation à sa guérison. Il est maintenant capable de se donner naissance, de naître à lui-même. Il devient participant à sa propre vie.

Lorsque mes élèves en formation vivent ce passage de mort et de naissance, je leur répète souvent ces mots : « Aidez-vous, collaborez à votre naissance, soyez votre propre sage-femme ou sage-homme, donnez-vous cet amour, lâchez prise par rapport à vos enfermements, permettez-vous de naître à vous-même. »

LA CROIX INTÉRIEURE :
L'ÉNERGIE DE TRANSE-MUTATION

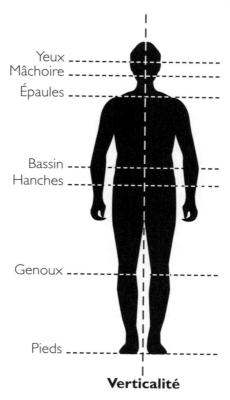

Verticalité

Nous retrouvons Jérôme et Maryse.

Histoire de Jérôme

J'avais réenclenché le cycle de la vie comme avec de l'argile…

Cette douleur est partie un matin, au bout d'un mois de crise, et elle n'est plus jamais réapparue. J'avais compris sa cause. Bien sûr, elle a tenté de revenir, mais sans succès. J'avais saisi que cette douleur était un appel de mon corps, une alarme, un langage à décoder. Qu'elle n'était pas là pour me détruire mais au contraire pour m'aider à comprendre mon processus d'autodestruction.

Et, chose fascinante et magique, lorsque j'étais au repos, allongé, des parties de mon corps se sont mises à vibrer : j'ai senti des picotements aux articulations des hanches, des vibrations incessantes des muscles de mes jambes, qui pouvaient durer des jours et des nuits. Mon corps se mettait à travailler tout seul, il détendait un tendon, dénouait un muscle, envoyait une poudre magique sur mes hanches. Il se reconstruisait, il était fracassé.

Mon regard sur ma vie commençait à changer. J'analysais, alors, toutes mes sculptures : des têtes d'hommes comme décapitées, des femmes attirantes mais avec des jambes tentaculaires, des bustes sans bras. Tous ces corps déchiquetés, ces morceaux d'homme et de femme, même s'ils étaient harmonieux, n'étaient pas entiers. Jamais une sculpture de plain-pied ! Sur toute sa stature !

Mon géant, ma sculpture monumentale, mon coupeur de cannes à sucre était alors mon symbole vers l'unicité de mon corps, en entier !

Après six mois de libération de mes cuirasses et trois énormes crises, ces cris du corps que je sus déchiffrer, mes douleurs s'en sont allées pour ne plus réapparaître. Bien sûr, je n'étais pas entièrement rétabli mais j'étais heureux, je n'avais plus mal, je me mettais à nager dans la mer des Caraïbes, purifiante, magnifique !

Après neuf mois de libération de mes cuirasses, un homme doux émanait de moi. Finis les rapports de force avec les gens, à la poubelle mes réactions en chaîne d'autodestruction.

Mon sourire était revenu ; dans mes sculptures aussi se trouvaient plus de douceur, plus d'amour. Je passais des semaines sans sentir l'ombre d'une douleur, cela faisait presque quinze ans que cela ne m'était pas arrivé.

Je comprenais, par le biais de ma sœur qui est art-thérapeute, que mon côté meurtri était mon côté féminin ! ?

Des comptes à régler avec ma mère ? Elle me demandait lesquels ? Je ne savais pas. Une blessure d'enfant ?

Je ne m'en souvenais pas. De là à déclencher une maladie grave...

Par les mouvements psycho-corporels, je découvris des zones de douleur encore endormies jusqu'alors.

Mes hanches, encore étonnées de leur nouvelle vie, suivaient les mouvements imposés, mais au fond de l'articulation de mon épaule gauche, une douleur lointaine, sourde, gémissait. Une blessure, comme cicatrisée, éteinte, mais qui, par le biais d'une balle de tennis bien située sous mon épaule, s'était réveillée.

Je descendais dans les profondeurs de mon passé, mémoires enfouies, mémoires de louveteau.

Un an déjà que j'étais en Martinique, que de changements.

Des hanches confiantes.

La sculpture de mon géant, vendue au Département pour une place publique.

Je partais vers une autre île des Antilles suivre un séminaire avec la thérapeute qui m'avait inspiré dans mon travail de guérison jusque-là.

L'apothéose d'une année de travail corporel, découvrir cette femme qui avait changé ma vie.

Cette rencontre fut primordiale, perçant l'abcès, le secret de ma maladie.

Je me laissais aller, sans trop comprendre, entre les mains des trois personnes qui menaient le séminaire : la psychothérapeute, encadrée par un masseur, praticien en yoga, et une thérapeute en guérison spirituelle et énergétique[8].

Toutes les séances étaient individuelles et chaque jour, je voyais une personne différente.

Avec cette psychothérapeute, nous avons travaillé en profondeur de nouveaux mouvements psycho-corporels en libération des cuirasses[9] pour mes hanches et mes épaules, coincées, crispées. Aussi, elle m'invita à noter mes rêves durant mon séjour, alors qu'allaient se réveiller des zones de l'inconscient longtemps endormies...

Je me laissais masser par les mains expertes du praticien de massage et de tulayoga[10] qui pétrissait mon corps, dénouait mes nœuds musculaires. J'avais l'impression d'être l'argile et lui, le sculpteur. Insensé!

Et je fis avec lui cette figure de yoga où je me trouvais suspendu au-dessus de lui, la tête en bas, durant près d'une heure. C'est cette même nuit que je fis ce cauchemar fou : le loup était réapparu.

Le rêve :

J'étais là avec un autre loup tout aussi affamé que moi. C'était plutôt facile à nous deux de nous jeter sur cette proie tellement féminine. Elle ne pouvait que nous regarder, avec ses grands yeux apeurés, pendant qu'on l'étranglait ensemble, nos quatre mains serrant son cou, comme des fous… Fin du rêve.

Le lendemain, les interventions de la thérapeute en énergétique furent troublantes, pour moi qui n'y connaissais rien en énergie.

Je la voyais remuer l'air de ses mains, perchées au-dessus de mon corps.

Mais que faisait-elle ? Elle « tricotait » l'air avec dextérité ; je ne comprenais pas et me laissais aller. L'énergie ne circulait pas bien au niveau du bassin, normal, mais aussi des épaules et du cou.

Elle se remettait à « tricoter » l'air au-dessus de moi. Mes énergies dans mes hanches étaient légèrement plus fluides, mais à la base de mon cou il y avait problème. Elle me demanda si j'avais mal à la gorge, si je fumais, si je souffrais de torticolis ?

Alors je lui ai raconté mon cauchemar de la veille, pendant qu'elle continuait son « tricot ».

On a parlé de mes rapports amoureux, pas fameux. La séance s'est terminée comme ça, ma tête dans mes échecs amoureux, mes liaisons échouées.

Lorsqu'on s'est revus pour la troisième fois, le séminaire se terminait.

Son « tricot » était quasiment terminé, tout se passait bien. Elle avait fini les manches, le buste, les pantalons d'énergie.

Mais un seul souci, le col. Elle n'arrivait pas à finir mon costume d'énergie, mon cou bloquait.

Elle s'est alors attardée longtemps sur mon cou, ses mains touchant ma peau pour mieux découvrir son secret.

Le verdict n'a pas tardé à sortir : « Jérôme, j'ai senti quelque chose d'horrible, de très violent comme si deux énergies néfastes t'étranglaient et t'arrachaient le cou ! » GLURP.

Tout est alors allé très vite dans ma tête. Ces deux hommes qui étranglent une femme, dans mon cauchemar, ces deux énergies malsaines qui déchirent et tuent... Ma grand-mère maternelle.

Le secret de ma mère, jamais on n'en parlait dans la famille, trop sombre, trop horrible pour elle. À quatorze ans, j'appris, lors d'une discussion entre adultes, les circonstances de sa mort tragique sans vraiment y croire, sans jamais poser de questions.

Les détails de cette histoire furieuse, je ne les ai apprises qu'après mon séminaire, à trente-cinq ans ! Détails du procès.

Ma mère était une toute petite enfant de quinze mois, lorsque sa maman, enceinte, s'est retrouvée face à deux loups affamés. Ils se sont jetés sur elle, la violant sauvagement, la déchirant. Elle se débattait, refusait sa fin tragique, elle griffait le visage d'un des hommes, le défigurant. (C'est grâce à cette plaie que la police les a retrouvés.) Alors, leur sauvagerie n'a fait qu'augmenter. Ils prirent des morceaux de métal pour la frapper. Il fallait qu'elle se taise, on devait l'entendre dans tout le quartier. Finalement, ils prirent ce fil de fer qui traînait là, et ils l'étranglèrent, ne lui laissant aucune chance.

Les loups hurlaient à la mort, ils venaient de tuer leur proie.

Comment aurais-je pu en vouloir à ma mère de m'avoir transmis son mal-être, toutes ses peurs, ses craintes, ses angoisses ? C'est dans son ventre que j'ai capté, enregistré son histoire, et que je l'ai faite mienne. Mes cellules ont appris par cœur son cauchemar, qu'elle n'arrivait pas à évacuer. Mon inconscient avait adopté cette femme meurtrie physiquement, ma grand-mère, mais il avait adopté aussi l'assassin ! J'étais tout ça à la fois quand je suis né, avec un bagage familial lourd de conséquences. Et ma mère de m'annoncer, dernièrement, qu'effectivement, pendant que j'étais dans son ventre, elle voulait que je la venge ! C'était ma mission inconsciente !

« C'est pas bien de vouloir me transmettre ta psychose... »

J'ai compris alors mon obstination folle à sculpter cette argile avec ce couteau...
Mes relations avec les femmes...

Ce cordon de cuir autour de mon COU que j'ai abandonné à la fin du séminaire. Il représentait ma propre strangulation, mes épaules qui se contractaient, les empêchant de se développer pendant mon enfance.

Elles finirent par se cristalliser et déclencher ma maladie aux articulations.

J'ai compris ce geste insensé, gamin, où j'avais pris ma carabine à plomb pour tirer sur mon meilleur ami. IL m'avait énervé et sans viser, l'arme à la hanche, je lui ai tiré dessus. Il tomba à genoux, en me regardant, la bouche ouverte.

Le plomb s'était écrasé juste sur son plexus solaire, l'empêchant de respirer quelques minutes. J'avais tué.

J'ai compris, encore plus jeune, à dix ans peut-être, lorsque j'enlevais la petite culotte de ma copine pour la pénétrer avec mon sexe de petit garçon. On se souriait, mais l'expression de mes yeux n'était pas celle d'un enfant mais d'un jeune loup. J'avais violé.

J'ai compris le jour de ma naissance, à peine sorti du ventre, j'étais mignon, je faisais pipi partout. N'était-ce pas ce bébé loup qui marquait déjà son territoire ?

La force de ce séminaire résidait dans cette trilogie des responsables, cet enchaînement des pratiques complémentaires.

Avant ce séminaire, je projetais de faire une nouvelle sculpture de deux petits garçons qui dansent, jouent et rient avec leur petite copine, les trois heureux, insouciants, innocents. La légèreté de l'être.

L'art est plus fort que le cauchemar
Petite voix au fond de moi
Toujours je te suivrai sur mon parcours

Histoire de Maryse

J'ai reçu des traitements énergétiques pour alléger et nettoyer mon corps...

Jusqu'à ce jour, je n'avais toujours pas contacté ma douleur corporelle. Puis un soir, j'ai eu une vision de mes cellules : « Mes cellules sont vivantes. Elles sont le reflet de mon âme et de son histoire. Mes cellules étouffent dans la prison que je leur ai imposée. Dès ma naissance, j'ai choisi de mourir dans mon corps. Aujourd'hui elles crient mon besoin de pleurer cette mort en moi qui se manifeste par la maladie. »

Ce message m'a profondément émue. J'avais accès à ma chair pour la première fois. J'ai compris que maintenant, le travail devait se poursuivre par le corps. Je savais aussi qu'il devait se faire par une méthode pour libérer les cuirasses. Mais je n'étais pas encore tout à fait prête à rencontrer intimement mon corps et ses blessures. J'avais encore besoin de me remplir de lumière, de l'énergie du sacré avant d'entreprendre autre chose. Je m'y sentais de mieux en mieux. J'avais l'impression d'être chez moi. Je me sentais reliée. Quand je dansais, j'avais l'impression de nager ou de voler en complète harmonie dans une énergie unique. Je devenais cette énergie dans laquelle je baignais. Je transpirais la joie – la joie d'être.

Six mois plus tard, mon corps a développé deux petites tumeurs dans mon sein droit. Je savais intuitivement qu'elles étaient bénignes même si le chirurgien n'en était pas si sûr. Je savais que c'était là un signe donné par mon corps de reprendre le travail. Je sentais la présence de mon grand-père et de ma grand-mère maternels dans chacune des tumeurs. J'ai compris que j'allais devoir explorer de ce côté de la famille. J'avais déjà construit mon génogramme[11]. J'avais rencontré aussi une femme qui travaillait en psychogénéalogie[12]. J'avais déjà

compris beaucoup d'éléments qui me reliaient à l'histoire inces-
tueuse de la famille, mais l'intégration dans le corps ne s'était
pas faite. J'ai alors commencé cette méthode de libération
des cuirasses. Il y a seize mois de cela. Parallèlement, je tra-
vaille avec les chants harmoniques sacrés et je reçois régu-
lièrement des massages ayurvédiques[13].

Mon corps s'était déjà nettement amélioré. L'empreinte de
la maladie y était moins grande. J'avais commencé à me
redresser. Ma cage thoracique était capable de mouvements
plus amples. J'avais beaucoup gagné en souplesse. Les douleurs
physiques disparaissaient parfois en totalité et étaient de toute
façon beaucoup moins intenses et rarement invalidantes. Par
contre, les contractures musculaires étaient toujours là, dures
comme de la pierre, entretenant une douleur résiduelle et une
raideur axiale longeant ma colonne vertébrale.

Paradoxalement, je n'avais pas peur d'un éventuel cancer mais
de « la mutilation du corps ». Mon corps s'est mis à me parler
dans sa chair. « J'ai mal au corps. » Je me mettais à son écoute
et à l'écoute de sa souffrance. Le dialogue s'installait.

Des scènes de ma naissance arrivaient : « Je rencontre le regard
de ma mère. La terreur m'envahit. Je ne veux pas vivre. Je vais
mourir sinon. Je reconnais le regard du bourreau. Je veux m'en
aller, mais quelqu'un m'oblige à rester pour guérir une
croyance destructrice que je traîne depuis plusieurs vies. Je
perçois aussi l'ambiance familiale, l'importance de mon grand-
père maternel. La famille est dysfonctionnelle. Je me sens en
danger. »

Mon corps devenait bavard. Chaque nouvelle douleur expri-
mait son besoin d'écoute. Il me livrait son contenu. Ma souf-
france s'étalait devant moi avec toute sa charge émotionnelle.
Des croyances apparaissaient. Je rencontrais mon enfant blessé.

L'acte chirurgical sur mon sein m'a fait prendre conscience de
mon corps de femme. Le pansement en a été le déclencheur.
Puis, un jour, une vive douleur que j'ai perçue comme un coup

de poignard m'a traversée le thorax d'arrière en avant pour ressortir par mon sein opéré. Un ressenti se libéra : « Je ressens ce coup comme de la colère interne contre mon corps. Mon corps n'en peut plus de cette haine qui le frappe de l'intérieur. Il enfle et explose tellement il lui est soumis et en est chargé. Je vois alors un petit garçon en sortir. Il s'agit de cet enfant mâle que j'aurais dû être et dont j'ai accepté de prendre l'identité pour répondre au besoin de ma mère et de son père. Je vis donc dans un corps de fille avec à l'intérieur une identité qui ne m'appartient pas, celle d'un garçon handicapé, détesté et rejeté de tous, car fruit de l'inceste de mes arrière-grands-parents maternels : cet enfant qu'ils ont eu et qui continue à vivre en moi avec mon accord inconscient. ».

Je devais remplacer cet oncle handicapé. Mon corps s'est mis à pleurer. Je me sentais enfermée dans l'histoire incestueuse de la famille, enfermée dans une fausse identité mais aussi dans de la culpabilité. J'étais coupable de ne pas avoir répondu à l'attente de ma mère. Je suis une fille alors qu'elle voulait un garçon handicapé. J'ai beaucoup parlé avec mon enfant blessé. Je l'ai accueilli dans sa blessure et je l'ai aimé.

Puis de la colère est arrivée. J'en voulais à mon grand-père et à ma mère de leur choix qui m'étouffait. Je sentais qu'il n'y avait pas de place pour moi dans cette famille, que je n'avais pas le droit d'exister en tant que moi, Maryse. J'entretenais la croyance : « Je ne peux pas m'incarner, descendre dans la matière, car je n'ai pas de place. » Je me sentais tirée en arrière par l'histoire familiale, deux générations plus haut. J'ai travaillé sur cette croyance et une libération s'est produite. J'ai senti beaucoup d'énergie dans mon axe vertébral et dans mon bassin. Celui-ci s'est aussi alourdi, a pris plus de place et est descendu dans les profondeurs de la terre.

J'ai contacté l'impuissance dans la solitude de mon enfant intérieur, seul face au rejet de la mère et à son comportement destructeur, à l'absence du père, à la peur de la mère et à l'insécurité de la famille dysfonctionnelle. Ce manque de protection, de reconnaissance et d'amour, ce vide non comblé par les parents me conduisaient inévitablement dans ce «Je ne veux pas vivre» ou «Personne ne m'aime» et me poussait à ne plus faire confiance à quiconque. Je voyais l'image de mon enfant intérieur, son corps tout recroquevillé pour se protéger de l'extérieur.

Je ressentais de plus en plus une dualité à l'intérieur de moi comme une véritable guerre très destructrice entre le désir de non-vie et celui d'être en vie. Mon sacrum me faisait de plus en plus souvent mal. Je sens que toute mon histoire réside ici et que c'est aussi le siège de ma maladie.

Je travaille sur mon corps. Je fais confiance au mouvement qui libère mes tensions musculaires. Mes muscles s'assouplissent, les contractures diminuent de volume. Mon corps s'ouvre à la Vie. Petit à petit, il se libère de l'empreinte des mémoires des différents événements traumatisants de ma vie. La charge émotionnelle contenue se met à circuler. Des prises de conscience se font et l'accueil des blessures devient possible. Je me sens beaucoup aidée dans ce travail. Des présences sont là autour de moi et me guident dans la mise en place de rituels de guérison, le plus souvent par la lumière.

Plus mon corps se libère, plus je ressens une énergie puissante, jusque-là inconnue, qui prend sa source dans mon sacrum et cherche à remonter mon axe vertébral. Elle est de feu, puissante, orgasmique et me fait très peur. Elle remonte dans mon corps comme un serpent, l'entraînant dans son mouvement ondulatoire. Je lutte contre cette force. Mes muscles se resserrent pour l'empêcher de passer, mais en vain. J'ai honte de mon corps et j'ai peur de mourir. Cette violente énergie me donne l'impression que je vais mourir si je m'y abandonne. J'essaie de rassurer la partie de moi qui a peur. Je tente de l'apprivoiser mais beaucoup de peurs y sont reliées : l'inceste.

Depuis quelques semaines, tout un ressenti de mémoire de viol remonte à ma conscience. Un jour, je me suis vue d'en haut à l'âge de deux ans vivre un inceste. J'ai ressenti la douleur dans ma chair, la peur de mourir, l'appel au secours à ma mère présente de loin, son regard de rejet me laissant à ma douleur et dans les mains du violeur, la certitude : « Je vais mourir. »

Puis, quelques jours plus tard, la terreur est sortie de mon corps dans d'horribles hurlements. Par la suite, beaucoup de colère est apparue contre mon grand-père. L'abus de confiance, la douleur dans ma chair et la terreur ressentie me poussaient à le détruire. J'éprouvais de la haine envers lui depuis toujours sans savoir pourquoi et aujourd'hui, je retrouvais cette haine. Je le détestais, il m'avait fait mal.

Puis, le tour de ma mère est venu. J'avais « mal à ma mère ». Cette mère qui a passé son temps à me détruire et à me montrer sa haine et sa destruction de la vie dans une manipulation de victime persécutrice. Je perçois très fortement le lien qui m'unit à elle, comme un lien de dépendance.

Un jour, j'ai ressenti mon enfant blessé prostré sur la paroi interne de mon sacrum. Il était tel un animal sauvage. Il refusait tout contact tellement la blessure était grande, il devenait fou si on l'approchait. Il était dans une lumière bleue, comme dans une bulle. La Mère divine était là et l'encourageait à apprivoiser le regard puis l'existence de l'autre. Cette vision a été un choc pour moi. Je voyais dans quel état de désespoir j'étais. Chaque soir, j'allais rendre visite à mon enfant intérieur. Petit à petit, il s'est habitué à être regardé, puis approché, mais il refusait toujours le contact.

Plus tard, alors que je pratiquais un exercice de visualisation avec ma mère, j'ai senti sa présence. Ce jour-là, ma mère m'a expliqué pourquoi elle m'avait rejetée le jour de l'inceste. Elle n'avait pas pu faire autrement que nier ce qui se passait pour moi pour se préserver de son histoire douloureuse.

J'entendais mon enfant blessé sangloter et dire : « Ma maman ». Puis, la mère intérieure en moi est venue prendre dans ses bras le petit enfant blessé qui venait vers elle. Le contact s'est fait à ce moment-là et une relation réparatrice par l'amour a pu commencer.

La douleur du sacrum est toujours là, de plus en plus importante. Un soir, je porte ma conscience dessus et je la vois monter dans ma colonne vertébrale et irradier dans mes épaules. Le trajet est le même que celui où réside ma maladie : le cœur du corps. J'ai toujours autant de mal à accueillir ce constat.

Quelques jours plus tard, je visualise ma douleur dans le sacrum : « Je vois une boule de lumière blanche : de l'énergie à l'état pur. Autour de cette boule, il y a comme un bouclier sombre : les cuirasses que j'ai mises en place. Par moments, je sens des éclairs de colère traverser le tout. Je sens alors un mouvement de constriction de tout mon corps. C'est la partie de moi qui refuse la vie, qui me l'interdit. Aujourd'hui, je me sens dans cet équilibre très fragile de ces deux aspects de moi-même : la vie et la non-vie.

Cette boule de lumière peut envoyer ses rayons lumineux dans ma colonne vertébrale. À l'endroit du cœur, je perçois une belle déesse de lumière blanche. Elle est faite de la même énergie pure que la boule du sacrum. Elle est tout amour. Elle m'enveloppe de son amour et vient accueillir l'enfant blessé qui est en moi dans mon cœur. Elle me dit de « me donner de l'amour ». Elle est là et reste dans mon cœur. Elle m'habite. Elle est une partie de moi. Elle me fait du bien. Elle est la Vie en moi. »

CHAPITRE 8

La vérité en soi

Il n'est jamais ni trop tôt ni trop tard pour se guérir.

Ce chapitre clôt ce livre. Nous entrons dans le positionnement intérieur où l'état de guérison vit son assise. Il n'y a plus d'étape. Il n'y a que l'expérience d'être cette guérison. Le voile s'est levé, le sanctuaire a ouvert ses portes et nous y sommes entrés. L'après-guérison n'existe pas. Il n'existe que le mouvement de la vie, de l'amour et de la créativité. Il n'existe que la vérité en soi.

L'illusion

La guérison est le chemin et non pas l'aboutissement. Tout comme la mort est une porte vers sa propre lumière, la guérison est une porte vers sa propre vérité. La guérison est un état et non pas une finalité.

J'ai connu l'illusion de la guérison et j'en ai été témoin dans ma pratique. Cette illusion est comme toutes les autres illusions, elle est bâtie de l'extérieur. Elle est à l'opposé du mouvement de l'intériorité.

J'ai connu l'illusion de la guérison, croyant que dans six mois je serais guérie alors que je suis toujours dans mon processus de guérison, en intimité avec moi-même. Oui ! Je suis guérie de cette arthrite que l'on jugeait incurable. Par contre, je ne suis pas assise sur le plateau d'or de la guérison à attendre que la guérison me guérisse.

Se rendre aux portes de la guérison ne signifie pas monter une pente raide vers le haut de la montagne, ni grimper une montagne très escarpée. Non ! Le processus de guérison est une quête intérieure profonde. Tant que vous vous maintenez à l'extérieur et que vous focalisez votre attention sur les résultats extérieurs de votre guérison, vous vous maintenez dans le jugement de valeur, comme : ceci est bien, ceci est mal, je n'aime pas cela, je préfère ceci, ce n'est pas assez, c'est trop long, cela ne va pas assez vite, c'est trop tard, c'est trop tôt, je ne suis pas prêt, je suis impatient, cela va trop vite, ce n'est pas un bon thérapeute, cela coûte trop cher, je n'ai pas l'argent, ce n'est pas la bonne thérapie…

Tous ces jugements risquent de blesser le fil conducteur de votre quête et risquent de vous maintenir dans « se soigner » et de vous éloigner de « se guérir ». Toutes ces opinions sur vous-même et les autres autour de votre guérison vous enferment dans un monde d'illusion et de non-amour où vous agissez comme un automate ou un somnambule ou comme victime de votre vie. Il est difficile d'utiliser son discernement lorsque l'être entier est tendu vers un objet extérieur à soi comme une « grosse carotte à atteindre ».

Détendez-vous et entrez dans votre maison intérieure. Cessez la course folle pour vous guérir : la guérison est en vous et non pas à l'extérieur de vous. Il n'existe pas une voie thérapeutique meilleure qu'une autre, il n'est pas un produit meilleur qu'un autre, un traitement meilleur qu'un autre, un médecin meilleur qu'un autre. Il existe **vous** et une voie thérapeutique de votre choix qui vous convienne. Il existe **vous** et un produit que vous pressentez bon pour vous-même. Il existe **vous** et un traitement qui vous aide. Il existe **vous** et un médecin que vous choisissez. VOUS ÊTES CELUI OU CELLE D'OÙ PART LE MOUVEMENT DE GUÉRISON, PERSONNE D'AUTRE QUE VOUS.

Le fil conducteur de la spirale

Le processus de guérison ressemble à une spirale avec ses mouvements ascendants et descendants, ses phases d'évolution et d'involution. Le processus de guérison est comme le mouvement de la vie. La vie n'est pas une pente raide ascendante ou descendante, la vie n'est pas une ligne tirée dans un temps linéaire. La vie est mouvement.

Le processus de guérison se vit en phase **d'évolution.**

Le mouvement de la spirale est alors un mouvement ascendant, il y a une remontée de l'énergie vitale et de l'énergie psychologique, des changements prennent place dans le quotidien. L'individu est témoin d'une transformation. Il se sent guidé. Il est inspiré par sa vie. Il se sent vivant. Il accomplit ses élans. Il se donne de l'amour en s'assurant que ses besoins, ses désirs et ses aspirations sont satisfaits. Il se partage avec les autres. Il est nourri par sa force vitale et sa créativité[1].

Le processus de guérison se vit en phase **d'involution.**

Le mouvement de la spirale est alors un mouvement descendant. L'individu ne voit plus rien, il est dans la confusion. Il doute, il se questionne. Il rechute dans ses symptômes ou il a peur de rechuter. Il pourrait retourner à tous ses schémas anciens. Ils sont là aux portes du sanctuaire et ils attendent. L'individu se referme sur lui-même ou se perd à l'extérieur de lui-même. Il ne trouve plus sa nourriture en lui. Il a envie de retourner à ses fausses identités et à ses dépendances. Il met en doute tout ce qu'il a vécu.

Si vous observez le dessin de la spirale, que voyez-vous ?

La spirale contient en elle les deux mouvements qui ne font qu'un. Elle contient le mouvement ascendant, tout comme elle contient le mouvement descendant. Elle est une respiration. Le mouvement d'inspiration suivi du mouvement d'expiration. L'ensemble de ces deux mouvements crée la spirale. C'est le mouvement de la vie.

LA SPIRALE

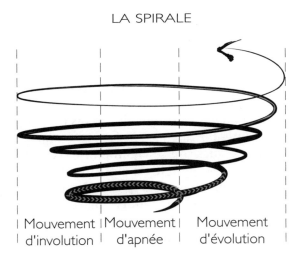

| Mouvement | Mouvement | Mouvement |
| d'involution | d'apnée | d'évolution |

Ces phases d'involution et d'évolution font partie du mouvement de la guérison. Il est important de ne pas les nier et de les reconnaître. Elles sont l'expression de la verticalité et de l'horizontalité. Elles sont entrecoupées de temps de latence tel un mouvement d'apnée avant d'expirer (mouvement descendant – verticalité) ou avant d'inspirer (mouvement ascendant – verticalité). Ce mouvement d'apnée (horizontalité) ou phase plateau est un temps de la guérison où l'individu observe qu'il ne se passe plus rien. Il n'a plus l'impression d'avancer ni de reculer. Comme si l'énergie était en attente. Il s'agit en fait d'un temps d'intégration très important à respecter.

Au tout début du processus, il y a danger de s'attacher à la phase d'évolution quand tout va bien et, qu'enfin! tout va bien! La personne attachée à ce bien-être risque de vivre difficilement les périodes où le mouvement de guérison sera dans sa phase d'involution, ce qui implique des sensations quelques fois désagréables de fatigue, de retour des fermetures. Cet attachement démontre que la personnalité n'est pas encore assez souple ou détachée pour vivre les deux phases, descendante et ascendante dans le non-jugement.

Plus l'individu vit son mouvement de guérison sans attente dans un sens ou dans l'autre, plus le mouvement en spirale de la guérison et de la vie sera vécu dans la profondeur et la sérénité. Le détachement est possible parce que l'individu apprend autant lors de la phase de bien-être, d'ouverture et d'élargissement de conscience que lors de la phase de fermeture, de tensions et de contraction et qu'au cours de la phase d'intégration. Il n'y a plus de peur, mourir et renaître font partie de son quotidien.

La comparaison

Un maître zen disait : « Qui prétend que le bambou est plus beau que le chêne ou le chêne plus précieux que le bambou ? Croyez-vous que le chêne souhaite être creux comme le bambou ? Ou que le bambou soit jaloux du chêne parce que ce dernier est plus grand et que ses feuilles changent de couleur en automne ? L'idée que le chêne et le bambou puissent se comparer est grotesque. Comparer est une habitude humaine très difficile à éradiquer. »

L'état intérieur qui entraîne l'individu à se comparer est un état de non-confiance en son mouvement intérieur. Cet état de comparaison entraîne les sentiments d'infériorité et de supériorité. Dans le processus de guérison, lorsque les phases d'involution sont atteintes, le moi qui se contracte à nouveau aura tendance à se comparer à l'autre, aux autres et à soi-même. Dans mon bureau de thérapeute, j'entends alors ces phrases : « Je ne suis pas encore guéri. Hier, j'étais mieux, mais aujourd'hui c'est pire que… Je suis découragée, j'ai l'impression de ne pas avancer. » « L'autre a réussi à se guérir de son cancer, et moi ? Vais-je y arriver ? »

Ces phrases font mal, cette comparaison a tendance à entraîner chez l'individu qui la vit un état de négation de tout ce qui a été accompli. Ce déni est mauvais pour le système immunitaire et le système endocrinien qui se nourrissent de la joie, de la foi, de l'espoir et de la sérénité.

L'état de comparaison naît d'une séparation intérieure qui se produit à nouveau chez l'être en phase de guérison. Regardez le dessin de la spirale, prenez le temps de le contempler et vous verrez qu'il n'y a jamais de séparation ni de coupure dans le mouvement. Que le mouvement soit en phase d'évolution (en montée), d'involution (en descente) ou en apnée, le fil conducteur de la spirale est constamment maintenu. Ainsi, il est possible de vivre les montées et les descentes sans couper son propre fil conducteur intérieur. La séparation vient du fait que l'individu se juge et établit des comparaisons.

Mettez fin à ce jugement et à cette comparaison, restez centré et détendu, car le mouvement en spirale de la guérison est toujours lié, présent. Il est… (point à la ligne). Vous ne pouvez pas le perdre.

La vision individuelle

Le fil conducteur du mouvement en spirale de la guérison est maintenu par la vision intérieure, ou la voix intérieure, cet aspect de nous qui sait que la guérison prend place malgré les montées et les descentes. J'utilise le mot « vision » mais pour certains la vision est une voix en soi qui nous parle ; certains vont l'appeler « ma petite voix », d'autres « ma vision ».

Pour ma part, dans mon propre processus, je vis les deux. Je rencontre des images m'informant de mes états de guérison ou de maladies possibles et j'ai aussi eu mes « voix intérieures » m'informant surtout de mes mouvements de guérison.

D'où viennent ces images ou ces voix ? Sommes-nous des hallucinés ?

Non !

Ces images, ces visions, ces voix viennent de la communication entre le soi et le moi (*voir p. 30*). Plus le moi devient perméable à l'expression de l'énergie de nos profondeurs, plus le soi nous communique des éléments sur l'état de la situation, l'état de fait, l'état des choses.

Le soi et aussi le moi communiquent avec nous, notre état conscient à travers l'inconscient. Cette communication se vit à travers nos sens. Car nous sommes vivants et à moins d'une preuve du contraire, nous vivons à travers nos sens : l'ouïe, la vue, le toucher, les sensations physiques, le goût, l'odorat. Même notre partie intuitive communique avec nous par nos sens, car nous sommes encore vivants.

Plus une personne est contractée, tendue, enfermée dans ses prisons physiques ou psychiques, plus ses sens sont affaiblis. L'individu arrive difficilement à percevoir par ses sens, car le corps est fermé et en état de protection. Plus nous nous libérons de nos protections, plus nous ouvrons notre corps, notre respiration, plus nos sens s'éveillent, car le corps se détend et devient plus réceptif à tout ce qui l'entoure.

Rappelez-vous que la fonction même du Moi est la communication entre notre monde intérieur et le monde extérieur. Cette communication se vit à travers nos sens. Ainsi, c'est à travers nos sens que se communiquent les « rapports météo de notre spirale de guérison ». C'est une image que j'aime utiliser. Ces rapports météo sont appelés, dans un jargon psychologique, le dialogue avec notre inconscient et le dialogue avec le soi. Ce dialogue se produit la nuit, dans nos rêves, utilisant les symboles pour communiquer avec nous, et il se poursuit le jour par les symptômes physiques, ou encore par des sons (voix intérieures) ou des images qui surgissent dans des moments de détente, d'introspection, de méditation, de contemplation.

Dans ma pratique, j'ai quelquefois constaté que mes patients recevaient des messages très clairs de gens qu'ils rencontraient sur leur route. Sans le savoir, l'inconnu leur donnait une réponse à leur questionnement ou leur communiquait ce qu'ils avaient besoin d'entendre (*voir p. 235*).

Ce sont les phénomènes de synchronicité[2].

Ces messages sont très importants, peu importe comment ils se présentent à nous. Ils viennent soutenir, informer l'individu dans son cheminement de guérison. Ils sont des points relais du fil conducteur qui permettent qu'il n'y ait plus de séparation en soi et autour de soi à travers les hauts et les bas… du mouvement, qu'il n'y ait plus de coupure du fil conducteur.

Au-delà de ces signaux tels des phares sur la route de la guérison, beaucoup de personnes ont constamment une vision intérieure et qui a émergé du processus de mort et de renaissance. Elle est à la fois le fil sur lequel le funambule avance et le filet invisible. Elle est à la fois la goutte d'eau dans l'océan et l'océan.

Cette vision baigne dans l'amour de l'être et est nourrie par sa propre lumière. Elle est unique à chacun et je ne peux décrire davantage cette vision intérieure sans risquer de la réduire.

Elle vient des profondeurs de l'être. Elle est ce qui amène chez l'individu qui est sur la voie de sa guérison le « je sais », non pas le « je pense », ou le « je crois » mais le « **JE SAIS** ».

Le maître et le disciple de soi-même

Il existe en nous un maître et il existe en nous un disciple. Préférez-vous le maître au disciple ou le disciple au maître ?

Tant que le maître intérieur n'est pas trouvé, le disciple continue sa quête. Lorsque le maître intérieur est trouvé, le disciple s'assoit près de lui, non pas pour le suivre, mais pour s'imprégner de sa présence et être stimulé par son exemple. Dans ses yeux, il trouve sa propre vérité et dans son silence, il ressent plus facilement le silence de son être. Le lac énergétique du maître, le Soi, devient un miroir où le disciple, le Moi, peut contempler sa beauté et sa profondeur.

Le maître intérieur accueille le disciple non pas pour lui prêcher la bonne parole et le guider. Il l'accueille parce qu'il a une très grande richesse à partager. Ensemble, maître et disciple, Soi (âme) et Moi (personnalité) créent un champ magnétique d'une intensité telle qu'il est possible pour chacun d'y trouver sa propre lumière.

L'état de guérison reflète bien cette relation d'amour maître-disciple.

Certains ont besoin d'un maître extérieur pour se rencontrer, car ils ne savent pas qui ils sont. Même en présence d'un maître, ils continueront à se chercher, car leurs yeux intérieurs sont voilés. Ils veulent devenir ce maître, ils passent des années à vouloir lui ressembler sans comprendre au plus profond d'eux-mêmes qu'ils sont ce maître. Ils se sont alors perdus dans la « forme » du maître. Ils n'ont vu que le contenant et non pas le contenu. Ils ne peuvent pas se voir, n'osent pas se reconnaître, car ils ont occulté leur richesse intérieure et leur puissance.

Libérer le potentiel de guérison libère la puissance intérieure. Cette puissance peut faire peur si elle est jugée par la personnalité et ses systèmes de croyances comme étant inaccessible, dangereuse. Ainsi, les portes du sanctuaire s'ouvrent l'instant de quelques secondes, de quelques minutes, de quelques heures ou de quelques semaines, puis la personnalité ne peut pas le supporter et le tout se referme. Le disciple se trouve face au maître et il s'enfuit en courant. Cela est possible. Le disciple a alors besoin de temps pour apprivoiser la puissance que le maître reflète. Car le maître intérieur sait qui il est. Il connaît sa richesse, sa puissance, et il sait aussi qui est le disciple. Il lui est donné de voir sa richesse et sa puissance. Le disciple, par contre, ignore qui il est.

Sans le disciple intérieur, le maître ne peut s'accomplir dans le monde et sans le maître, le disciple ne peut pas arriver à sa propre réalisation. Il court le monde en quête de sens à sa vie, à sa maladie, à son existence.

D'autres scénarios peuvent se produire dans cette relation maître-disciple. Par exemple, les portes du sanctuaire s'ouvrent et le disciple (la personnalité) est là qui s'approprie la puissance de la guérison. Il s'y attache, il s'y identifie. Il croit qu'il est l'océan et oublie qu'il est aussi la goutte. Il crie à qui veut l'entendre : « C'est mon maître » et « Il est meilleur que le tien ». Il compare, il se gonfle d'orgueil et se perd dans la vastitude de l'état de guérison.

La vérité intérieure n'existe ni dans le maître ni dans le disciple, mais bien dans la relation entre le maître et le disciple.

Ainsi, la vérité ne réside pas dans la toute-puissance de la guérison ou dans son partage, mais bien dans les deux. Elle est l'équilibre entre l'être et le partage de son être avec les autres.

Le mystère

Dans le jargon de la psychosomatique, vous allez entendre dire : « Il a vécu une guérison partielle » ; « Elle a vécu une guérison totale ». Ce sont des termes qui servent à décrire le fait que la guérison s'est déployée jusque dans le corps physique (totale) ou non (partielle).

Partielle ou totale, c'est la même énergie de guérison qui est là dans l'être. Pour ma part, que la mort s'ensuive dans l'année ou 20 ans plus tard, la guérison a lieu :

Quand l'individu s'est réunifié dans son être.

Quand il a trouvé sa propre vérité dans ce dialogue avec son monde intérieur.

Quand il est autonome dans son choix de vivre ou de mourir.

Quand il a retrouvé son authenticité et sa dignité.

La guérison est là, elle se sent, elle se ressent et elle se partage.

Pour ma part la guérison est un grand mystère, tout comme la vie et tout comme la mort.

Un jour, en formation avec le Dr Simonton[3], je lui ai posé cette question :

— Qu'est-ce qui fait que l'imagerie mentale fonctionne et que nous obtenions des résultats ?

Il m'a répondu tout simplement.

— Je ne sais pas… je pourrais vous donner beaucoup d'explications scientifiques et des résumés de recherche sur le cerveau et le système immunitaire, mais finalement, je ne le sais pas. Ce que je sais, c'est que cela fonctionne. Cela, je le sais.

C'est ainsi que je me retrouve devant vous à la fin de ce livre. J'ai tenté de mettre en lumière ce qui fait que beaucoup de gens se maintiennent dans l'état de se soigner plutôt que de se présenter aux portes de la guérison et de les franchir.

Par contre, qu'est-ce qui fait que quelqu'un entre ou non dans le sanctuaire de la guérison ? Je ne le sais pas. C'est un mystère. Ce que je sais c'est qu'une fois que l'individu entre dans son sanctuaire de guérison cela fonctionne.

Je peux vous inviter à y entrer et à en faire l'expérience.

Je ne peux pas vous expliquer l'expérience, je ne peux que la vivre et la partager avec vous. C'est ce que j'ai tenté par ce livre : partager avec vous mon expérience et l'expérience d'autres thérapeutes qui, comme moi, ont habité le sanctuaire de la guérison ou ont été témoins de gens qui y vivaient.

Conclusion

Il est temps que vous et moi quittions l'univers de ce livre et que nous poursuivions notre route dans nos quotidiens respectifs. Je vous remercie de votre écoute et je vous invite à contempler si certaines sections de cet ouvrage ont soulevé en vous de la colère ou de la culpabilité. Si cela est le cas, je le regrette. Le but de ce livre est de vous communiquer mon expérience et la sagesse qui m'habite dans ce chemin de la guérison intérieure. Ainsi, si des émotions difficiles ont été éveillées en vous tout au long de cet ouvrage, prenez le temps de les rencontrer. Écoutez-les et suivez la piste d'informations (images, symboles) qu'elles vous offrent dans la compréhension de votre monde intérieur et de votre propre vérité.

Pour clore ce livre, j'ai envie de partager avec vous une dernière image de synchronicité, un réel « signe de jour » que la vie m'a présenté lorsque j'écrivais la dernière partie de cet ouvrage. J'ai appelé ce signe : l'enfant dans la forêt.

L'enfant dans la forêt

Je viens de terminer l'écriture de ce livre. Je suis en République dominicaine. Je me promène dans un lieu de guérison : El Centro, *que feu mon époux et moi avons créé. Je suis à la recherche des mots qui vont inspirer la conclusion de mon livre. Je me dirige vers un terrain que nous avons acheté pour protéger la vue et la tranquillité de notre centre. Cette terre est non défrichée. Elle est vierge.*

Je marche lentement en prenant soin de regarder les fleurs sur mon passage, de contempler la magnificence des jardins et des lieux de guérison. Je savoure la beauté de cette terre. Je me nourris de cette vibration, tout en savourant la douce sensation de finalité de mon ouvrage.

Je m'approche doucement de mon terrain vierge et je contourne un arbre pour soudainement voir au loin un bébé blond dans une poussette. Il est là seul, assis comme un roi, aux abords de cette terre vierge.

Je lâche un cri d'émerveillement devant la beauté de cette scène avec le bébé blond. Je souris au clin d'œil de la vie, car je viens de relire le passage de la guérison de l'enfant intérieur. Me voilà en pleine forêt et, tout au fond, se trouve un bébé blond, image insolite. Une petite tête blonde dans un paysage de verdure luxuriante. Il est là et semble m'attendre, il est seul. Pendant quelques secondes, je me demande si je rêve.

Je reprends mes sens pour reconnaître Delphine, la petite fille de mes voisins, et sa nounou dominicaine qui est cachée dans les buissons de mon terrain à la recherche de « limons » (citrons verts), si appréciés en terre dominicaine.

Je m'approche de Delphine tout en lui parlant doucement et sa nounou, Gisèle, apparaît de sous le citronnier. Je ne sais pas l'âge de Delphine, mais je me souviens de l'avoir « rencontrée » dans le ventre de sa maman. J'échange en espagnol avec la nounou et j'apprends que Delphine a neuf mois.

Cette dernière, devant tant d'enthousiasme de ma part, bouge pour que nous la sortions de sa poussette. La nounou, Gisèle, défait les attaches qui la retenaient à son fauteuil de route et la prend dans ses bras.

Je contemple de plus près Delphine qui est d'une grande beauté avec ses cheveux blonds et ses yeux bruns. Je lui parle dans sa langue maternelle, le français. Je lui raconte que je viens de terminer mon livre et que dans mon livre, je parle d'un enfant si magnifique, l'enfant soleil. Je lui dis qu'elle (Delphine) ressemble à l'enfant intérieur décrit dans mon livre.

Delphine me regarde avec attention et semble m'écouter. Elle rit devant mes expressions et ensemble, nous jouons avec les petits citrons verts.

Tout en jouant avec elle, j'observe la joie qui émane de mon cœur et de son petit corps. Ses yeux sont pétillants, ses bras s'agitent, son tronc se balance. Je remercie pour ce moment magique, cette synchronicité, tel un sourire de la vie. Delphine a neuf mois, et le chiffre neuf représente la fin d'un cycle.

Je quitte l'enfant et sa nounou pour tout doucement continuer ma promenade et savourer cette image de confirmation, « l'enfant blond » tel que cité dans mon ouvrage.

Je viens de partager avec vous la façon dont la fin de ce livre me fut confirmée par cette rencontre avec Delphine, l'image de la conclusion de mon livre.

Il va sans dire que lorsqu'un auteur écrit un livre, l'ouvrage est souvent l'expression d'une partie de sa réalité consciente sinon préconsciente ou, il se peut, inconsciente.

Le déclic avec pour sous-titre *Transformer la douleur qui détruit en douleur qui guérit* n'est pas un titre banal. Ce titre est basé sur l'expérience que j'ai moi-même vécue et dont j'ai été témoin. J'ai écrit ce livre en m'inspirant de mon propre cheminement et des événements récents dans ma vie.

Pour ma part, le 24 décembre 2000 fut le jour d'une grande rencontre avec une douleur insoutenable qui aurait pu me détruire jusqu'à maintenant : l'assassinat de mon époux, la perte d'un être cher dans des conditions de violence.

L'événement est venu me chercher directement dans ma blessure fondamentale, ma blessure d'abandon. Tout mon être s'est replié sur lui-même dans cette nouvelle rencontre de la douleur, de la blessure. Le choix s'est à nouveau présenté dans ma vie : Vais-je laisser cette douleur me détruire ? ou vais-je l'utiliser pour continuer de me guérir et aller dans les profondeurs de mon être comprendre la grande initiation qui m'est présentée sous les traits de la mort de mon époux sur le chemin de la vie et de l'amour ?

Moi seule peux répondre à cette question.

Je constate… ce livre, ce déclic est l'expression de mon chemin sur le fil du funambule qu'est ma vie. Ce livre est pour moi la libération de ma douleur et de mon propre déclic. Cette douleur, cette terrible blessure de perte, d'abandon de cette âme sœur, est à l'image de celle ressentie par ceux et celles qui ont connu l'amputation d'un membre ou le décès d'un enfant. J'ai eu l'impression cette nuit-là que l'on m'amputait de moi-même, douleur insoutenable qui, lorsqu'elle est transmutée, s'est transformée en amour centuplé, en force initiatrice, en amour qui guérit.

Je vous rassure, chers lecteurs, il n'est point nécessaire de vivre des événements traumatiques pour rencontrer sa blessure fondamentale. Il suffit de répondre à l'appel qui nous est lancé par les événements quelquefois répétitifs de notre vie, qui nous incitent à rencontrer la profondeur de notre être. Appel à se retrouver, à se rencontrer, à grandir, à permettre à la vie de nous transformer. Chacun a son histoire de vie et son chemin à parcourir. Comment ce chemin se vit-il ?

Se vit-il telle une fatalité que l'on subit et qui nous détruit ? Ou se vit-il telle une danse initiatique avec les différents événements de notre vie qui nous ont marqué et qui en même temps transforment notre regard et assouplissent notre cœur et nous rapprochent de notre vérité, si nous le choisissons ainsi ?

Je vous laisse avec une phrase de Christiane Singer, auteur, thérapeute et conférencière : « Vous vous demandez quoi attendre de la vie et pas ce que la vie attend de vous ? C'est à vous de vous mettre au service de la vie[1] ».

Je vous remercie, chers lecteurs.

KNOKKE, BELGIQUE
Le 3 juin 2003

NOTES

Avant-propos
1. Marie Lise Labonté, *Se guérir autrement c'est possible*, Montréal, Les éditions de l'Homme, 2001.
2. Il arrive que certaines femmes atteintes d'arthrite rhumatoïde vivent une régression de la maladie durant leur grossesse.

Introduction
1. La méthode de libération des cuirasses est décrite par Marie Lise Labonté dans, *Au cœur de notre corps, Se libérer de nos cuirasses*, Montréal, Les éditions de l'Homme, 2000, p. 104.

Première partie : Quand la douleur détruit – Se soigner

Chapitre 1 – L'appareil psychique
1. « Seul exerce une force de guérison ce que l'on est en vérité. »
   C. G. Jung, *Dialectique du moi et de l'inconscient*, Paris, Folio essais, p. 106.
2. « Le soi pourrait être caractérisé comme une sorte de compensation au conflit qui met aux prises le monde extérieur et le monde intérieur. Cette formule offre des attraits dans la mesure où le soi a, grâce à elle, le caractère de quelque chose qui est un résultat, un but atteint, quelque chose qui n'a pu que se rassembler progressivement et dont on ne peut faire l'expérience qu'au prix de bien des peines et de bien des efforts. Ainsi le soi est aussi le but de la vie, car il est l'expression la plus complète de ces combinaisons du destin que l'on appelle un individu ; et non pas seulement le but de la vie d'un être individuel, mais aussi de tout un groupe au sein duquel l'un complète l'autre en vue d'une image et d'un résultat plus complets.
   « Quand on parvient à percevoir le soi comme quelque chose d'irrationnel, qui est, tout en demeurant indéfinissable, auquel le moi ne s'oppose pas et auquel le moi n'est point soumis mais auquel il est adjoint et autour duquel il tourne en quelque sorte comme la Terre autour du Soleil, le but de l'individuation est alors atteint. »
   C. G. Jung, *Dialectique du moi et de l'inconscient*, Paris, Folio essais, p. 258.
3. « J'entends par moi un complexe de représentations formant, pour moi-même, le centre du champ conscienciel, et me paraissant posséder un haut degré de continuité et d'identité avec lui-même… Mais le moi n'étant que le centre du champ conscienciel ne se confond pas avec la totalité de

la psyché ; ce n'est qu'un complexe parmi beaucoup d'autres. Il y a donc lieu de distinguer entre le moi et le soi, le moi n'étant que le sujet de ma conscience, alors que le soi est le sujet de la totalité de la psyché, y compris l'inconscient. »
C. G. Jung, *Types psychologiques*, Préface et traduction de Yves de Lay, Genève, Librairie de l'Université, 3ᵉ éd., 1968, p. 456.
« Le moi est le seul contenu du soi que nous puissions connaître. Le moi qui a parcouru son individuation, le moi individué, se ressent comme l'objet d'un sujet inconnu qui l'englobe. »
C. G. Jung, *Dialectique du moi et de l'inconscient*, Paris, Folio essais, p. 259.

4. Les besoins sont des exigences naturelles qui sont fondamentales et nécessaires à l'existence. Les besoins de base sont, par exemple, disposer d'un territoire, se nourrir, dormir, se reproduire, se vêtir, etc.

5. Les désirs sont des attirances conscientes pour un objet réel ou imaginaire comme communiquer, réussir, partager, danser, déguster. Contrairement aux besoins qui assurent la survie pour permettre la vie, les désirs prennent place dans l'espace qui naît de la vie pour aller vers la qualité de la vie.

6. Les élans sont des mouvements créateurs qui nous traversent, comme un appel de l'âme. Perçus par nos sens, les élans qui naissent de la qualité de notre vie et que nous réalisons nous emmènent dans le monde de la vie créatrice.

7. « La relaxation paraît être une manière de "recharger ses batteries".
Se dépenser physiquement régulièrement est une manière de se déstresser. »
Dʳ Carl Simonton, Stephanie Matthews Simonton, James Creighton, *Guérir envers et contre tout*, Paris, Desclée de Brouwer, 21ᵉ édition, 2002, p. 162.
« La recherche a démontré suffisamment que ces techniques spécifiques de relaxation ont des effets [de décharge] du stress bien plus considérables que n'ont les activités habituelles et conventionnelles de repos et de détente. »
Ibid., p. 163.

8. « […] l'exercice physique est un excellent calmant. Cela est vrai aussi des méthodes de relaxation, respiration profonde et détente musculaire notamment, sans doute parce qu'elles permettent au corps de passer d'un état de grande excitation à un état d'excitation moindre, et peut-être aussi parce qu'elles détournent l'attention de tout ce qui attise la fureur. L'exercice physique pourrait apaiser la colère pour les mêmes raisons ; après avoir été fortement activée pendant l'exercice, la physiologie de l'organisme retrouvera son état normal. »
Daniel Coleman, *L'intelligence émotionnelle*, Paris, Robert Laffont, 1997, p. 87.

9. Au sujet de l'activité cérébrale, voir : « Intuition et conscience : le cerveau et son double », dans *Cerveau et conscience, La conquête des neurosciences*, Jean-Jaques Feldmeyer, Georg éditeur, 2002, p. 288 et sv.

10. « Lorsque l'intellect est réduit au silence, l'intuition produit un état de conscience extraordinaire ; on appréhende directement l'environnement sans l'écran de la pensée conceptuelle. »
Fritjof Capra, *Le Tao de la physique*, Paris, Éditions Sand, 1992, p. 40.

11. « Lorsque l'organisme est totalement détendu, il est possible d'établir un contact avec son propre inconscient afin d'obtenir une information importante quant à ses problèmes ou quant aux aspects psychologiques de la maladie. »
Fritjof Capra, *Le temps du changement*, coll. l'Esprit et la Matière, Paris, Éditions du Rocher, 1990, p. 334.

12. « Cette notion d'inflation [psychique] me semble heureuse et justifiée dans la mesure où l'état qu'il s'agit de caractériser comporte précisément une extension de la personnalité qui dépasse ses limites individuelles : telle la grenouille qui se gonfle. Dans cet état, le sujet occupe un volume auquel il ne saurait normalement prétendre. Pour ce faire, il est bien obligé de s'approprier des qualités et des contenus qui, en réalité, sont situés à l'extérieur de ses propres frontières. Or, ce qui se situe hors de moi appartient à un autre être ou à plusieurs ou n'est à personne. »
C. G. Jung, *Dialectique du moi et de l'inconscient*, Paris, Folio essais, p. 56 et sv.

13. « Le caractère est une modification *chronique* du moi à laquelle on pourrait donner le nom d'induration. C'est elle qui est responsable de la chronicité des réactions caractérologiques d'une personne. Elle vise à protéger le moi contre les dangers externes et internes qui l'assaillent. En tant que mécanisme de protection permanent, il mérite parfaitement le nom de *cuirasse*. »
Wilhelm Reich, *L'analyse caractérielle*, Paris, Science de l'homme Payot, 2000, p. 145.

Chapitre 2 – Le processus d'individuation

1. Voir C. G. Jung, « *Psychologie de l'inconscient* », Paris, Le Livre de Poche, Références, Georg éditeur, 2001, p. 188 et sv. ; « *Psychologie et alchimie* », Paris, Buchet Chastel, 1970.

2. « Face à un élément agressant d'origine interne ou externe, hérité ou acquis, nos systèmes d'adaptation et de défense devront réagir suivant *trois règles* :
   • sauvegarder les fonctions hégémoniques ;
   • supprimer ou éviter la douleur ;
   • à défaut de pouvoir éliminer l'agression, faire en sorte que ses conséquences soient le moins dérangeantes possible. »
   Philippe-Emmanuel Souchard, *Le Champ Clos : voie somato-psychique*, Paris, Maloine, 1981, p. 46.

3. Voir à ce sujet l'étude de la structure du réflexe de sursaut faite par Gerda Boyesen dans *Entre psyché et soma*, Paris, Bibliothèque scientifique Payot, 1997, p. 43.

4. Le cerveau est organisé en couches superposées qui correspondent aux phases de son développement. Le rhinencéphale est le stade d'évolution du cerveau des reptiles qui se superpose au cerveau des poissons en le contenant. Globalement, le rhinencéphale gère les stimulations sensorielles et leurs réponses instinctuelles (réflexes) et assure toute l'activité automatique du comportement.
   Chez l'homme, le système limbique est la partie du cerveau qui correspond au rhinencéphale des mammifères. Centre de la mémoire et des émotions, il est connecté au cortex (enveloppe extérieure, siège des fonctions pensantes analytiques et intuitives) et au thalamus (partie centrale du cerveau, station-relais des messages). Il colore les informations de l'émotion et de la pensée du moment avant de les transmettre au cortex qui constitue l'image consciente de l'information.

5. Voir J.-J. Debroux D.O., *Les fascias. Du concept au traitement*, Olivier éditeur, 2002.

6. « [...] le système nerveux commande généralement à une action. Si celle-ci répond à un stimulus nociceptif douloureux, elle se résoudra dans la fuite, l'évitement. Si la fuite est impossible elle provoquera l'agressivité défensive, la lutte. Si cette action est efficace, permettant la conservation ou la

restauration du bien-être, de l'équilibre biologique, si en d'autres termes elle est gratifiante, la stratégie mise en œuvre sera mémorisée, de façon à être reproduite. Il y a apprentissage. Si elle est inefficace, ce que seul encore l'apprentissage pourra montrer, un processus d'inhibition motrice sera mis en jeu.

« [...] Nous avons récemment pu montrer (Laborit, 1974) que le système inhibiteur de l'action permettant ce qu'il est convenu d'appeler "l'évitement passif" est à l'origine de la réaction endocrinienne de "stress" (Selye, 1936) et de la réaction sympathique vasoconstrictrice d'attente de l'action. La réaction adénocarcinome qui vasodilate au contraire la circulation musculaire, pulmonaire, cardiaque et cérébrale, est la réaction de fuite ou de lutte ; c'est la réaction d'"alarme", elle permet la réalisation de l'action. Il résulte de ce schéma que tout ce qui s'oppose à une action gratifiante, celle qui assouvit le besoin inné ou acquis, mettra en jeu une réaction endocrino-sympathique, préjudiciable, si elle dure, au fonctionnement des organes périphériques. Elle donne naissance au sentiment d'angoisse et se trouve à l'origine des affections dites "psychosomatiques". »

Henri Laborit, *Éloge de la fuite*, coll. Folio essais, Paris, Gallimard, 2002, p. 21-22. Paru aux éditions Robert Laffont, Paris, 1976.

7. Souchard décrit l'aspect somatique des mécanismes de défense :
• **l'enfouissement** : c'est la dilution de l'agression, de la périphérie, des extrémités vers le centre : diaphragme et région lombo-pelvienne qu'il voit comme l'inconscient somatique.
• **la fixation** : c'est la perte de souplesse réactionnelle face à certaines situations particulières (répétition des agressions ou agression plus importante), entraînant des réponses « toutes faites », stéréotypées. C'est la mise en place de mécanismes de défense permanents, entraînant la crispation de la racine des membres et de la colonne.
• **la prévention** : c'est se défendre avant d'être agressé (surprotection), cela entraîne l'hypertonicité, la résistance musculaire pour mieux assurer sa défense. Cela conduit à la fermeture, à la mise en place de la cuirasse. Elle dépend de la personnalité de base et de l'apprentissage.
• **l'intégration** : elle permet de considérer comme normal ce qui ne l'est plus. Cela conduit à une véritable altération du schéma corporel : la mauvaise posture, les cuirasses deviennent inconscientes.

Philippe-Emmanuel Souchard, *Le Champ Clos : voie somato-psychique*, Paris, Maloine, 1981, p. 63-67.

8. « Le psychologue Martin Seligman a fait l'hypothèse que des caractéristiques individuelles aussi profondes que le sentiment d'impuissance pouvaient être produites par un conditionnement.

« Pour le démontrer, il a pris trois groupes de chiens. Le premier groupe recevait de faibles décharges électriques qui cessaient dès que les chiens poussaient un panneau avec leur museau. Le deuxième groupe recevait les mêmes décharges, sans pouvoir rien faire pour les arrêter. Quant au troisième groupe, on le laissait tranquille.

« Une fois les chiens conditionnés, Seligman les a placés individuellement dans des boîtes divisées en deux compartiments par une cloison basse. Quand ils recevaient une décharge électrique, il leur suffisait de sauter de l'autre côté de la cloison pour y échapper. Voici ce qui s'est passé : les chiens du premier et du troisième groupe ont rapidement compris qu'ils pouvaient se soustraire à la douleur en se mettant dans l'autre partie de la boîte, mais ceux du deuxième groupe – ceux à qui l'expérience avait appris qu'ils

étaient impuissants – n'essayaient même pas de sauter par-dessus la cloison. Ils se couchaient en gémissant. »
Jeremy Hayward, *Lettres à une jeune fille sur l'enchantement du monde*, coll. Les aventures de l'esprit, Paris, Robert Laffont, 1999, p. 78-79.

9. « [...] la vie dans la société moderne nécessite une fréquente inhibition de nos réponses lutte-ou-fuite. Lorsqu'un gendarme vous arrête pour excès de vitesse, ou lorsque votre patron critique votre travail, votre corps est mobilisé instantanément par la menace. Cependant, dans ces circonstances, ni "lutter" ni "fuir" ne serait une réponse socialement adaptée ; alors vous apprenez à éviter et à contrôler votre réaction (vous inhibez l'action). »
    Dr Carl Simonton, Stephanie Matthews Simonton, James Creighton, *Guérir envers et contre tout*, Paris, Desclée de Brouwer, 21e édition, 2002, p. 61.

10. « Nous avons défini l'agression (Laborit, 1971) comme la quantité d'énergie capable d'accroître l'entropie d'un système organisé, autrement dit de faire disparaître sa structure. À côté des agressions directes, physiques ou chimiques, l'agression psychosociale, au contraire, passe *obligatoirement* par la mémoire et l'apprentissage de ce qui peut être nociceptif pour l'individu. Si elle ne trouve pas de solution dans l'action motrice adaptée, elle débouche sur un comportement d'agressivité défensive ou, chez l'homme, sur le suicide. Mais si l'apprentissage de la punition met en jeu le système inhibiteur de l'action, il ne reste plus que la soumission avec ses conséquences psychosomatiques, la dépression ou la fuite dans l'imaginaire des drogues et des maladies mentales ou de la créativité. »
    Henri Laborit, *Éloge de la fuite*, coll. Folio essais, Paris, Gallimard, 2002, p. 23-24.

11. « On sait depuis peu que de nombreuses petites molécules circulent entre le cerveau et le reste du corps. Découvertes par Candace Pert, [...] ces molécules ont été baptisées neuropeptides. Fabriquées dans le cerveau, elles ont des récepteurs dans tout notre système immunitaire. Les plus connus des neuropeptides sont les endorphines. [...] Un euphorisant naturel.
    « Il existe des sites récepteurs des endorphines dans tout le corps, non seulement dans le système immunitaire, mais aussi, et en forte concentration, dans nos organes des sens.
    « "Les anciennes barrières entre corps et esprit sont en train de s'effondrer, dit Candace Pert. Le cerveau et le système immunitaire utilisent tellement de molécules semblables pour communiquer entre eux qu'on commence à voir que le cerveau n'est peut-être pas seulement "là-haut", relié par le système nerveux au reste du corps. Il serait plus proche d'un processus dynamique. [...] Votre esprit se trouve dans chaque molécule de votre corps." »
    Jeremy Hayward, *Lettres à une jeune fille sur l'enchantement du monde, op. cit.*, p. 103.

12. « Les connaissances actuelles de la physiologie fœtale, tant expérimentales que cliniques et épidémiologiques, permettent d'affirmer que tout s'organise et se constitue pendant la vie intra-utérine en fonction sans doute de la puissance génétique mais aussi et surtout de l'environnement au sens complet du terme. Après la naissance, tout n'est qu'adaptation, maturation, éventuellement rattrapage, corrections. Les deux plus grandes complications de la naissance – la prématurité et le retard de croissance – trouvent leurs origines notamment dans la manière dont la mère et le père vivent le désir d'enfant et la grossesse. Autrement dit, l'embryon, puis le fœtus, perçoit parfaitement les émotions de sa mère et leur qualité – qu'elles soient

joie, tristesse, stress; il réagit et grandit en fonction d'elles. Pour le pédiatre que j'étais, les "relations précoces" entre la mère et l'enfant commençaient à la naissance. Pour le néatologue et surtout maintenant le périnatologue que je suis devenu, les "relations précoces" mère-enfant commencent au début de la grossesse physique mais font déjà partie de ce que certains appellent la grossesse psychique, autrement dit le "désir d'enfant".
Jean-Pierre Relier, *Adrien ou la colère des bébés*, coll. Aider la vie, Paris, Robert Laffont, 2002, p. 16-17.

13. (La maturation des organes des sens est très rapide chez l'homme.) « Par exemple, l'essentiel de leurs structures s'établit entre la fin du 2e et le début du 7e mois de gestation, dans l'ordre qui caractérise tous les vertébrés : système cutané, olfactif, gustatif, vestibulaire (équilibration), auditif et visuel; [...] »
Maurice Auroux, « Développement anatomique et fonctionnel du cerveau sensoriel », dans *L'aube des sens*, Ouvrage collectif sur les perceptions sensorielles fœtales et néonatales, Les cahiers du nouveau-né n° 5, 9e édition, Paris, Stock, 2000, p. 31.

« Chez les vertébrés supérieurs et chez l'homme, les perceptions du fœtus, du nouveau-né et du petit enfant dépendent aussi de structures génétiquement déterminées dont la maturation paraît, elle-même, dépendre des relations extérieures transmises par les organes des sens. [...] la perception fœtale serait nécessaire à la mise en place de mécanismes comme l'empreinte, indispensable à la vie néonatale, puis la maturation postnatale du SNC préparerait la vie de l'adulte. »
Ibid., p. 41.

14. « La période qui s'étend entre la naissance et l'acquisition du langage est marquée par un développement mental extraordinaire. On en soupçonne souvent mal l'importance, puisqu'il ne s'accompagne pas de paroles permettant de suivre pas à pas le progrès de l'intelligence et des sentiments, comme ce sera le cas plus tard. Il n'en est que plus décisif pour toute la suite de l'évolution psychique : il ne constitue pas moins, en effet, qu'en une conquête, par les perceptions et les mouvements, de tout l'univers pratique entourant le petit enfant. Or cette "assimilation sensori-motrice" du monde extérieur immédiat réalise en fait, en dix-huit mois ou deux ans, toute une révolution copernicienne en petit : tandis qu'au point de départ de ce développement, le nouveau-né ramène tout à lui, ou, plus précisément, à son propre corps, au point d'arrivée, c'est-à-dire lorsque débutent le langage et la pensée, il se situe déjà pratiquement, à titre d'élément ou de corps parmi les autres, dans un univers qu'il a construit peu à peu et qu'il sent désormais comme extérieur à lui. »
Jean Piaget, *Six études de psychologie*, coll. Folio essais, Paris, Denoël, 2001, p. 18-19.

15. « Dès l'apparition du langage ou, plus précisément de la fonction symbolique rendant possible son acquisition (1 à 2 ans), débute une période qui s'étend jusque vers 4 ans et voit se développer une pensée symbolique et préconceptuelle.
« De 4 à 7 ou 8 ans environ se constitue, en continuité intime avec la précédente, une pensée intuitive, dont les articulations progressives conduisent au seuil de l'opération.
« De 7-8 à 11-12 ans s'organisent les "opérations concrètes", c'est-à-dire les groupements manipulables ou susceptibles d'être intuitionnés.

« Dès 11-12 ans et durant l'adolescence s'élabore enfin la pensée formelle, dont les groupements caractérisent l'intelligence réflexive achevée. »
Jean Piaget, *Psychologie de l'intelligence*, coll. Agora, Paris, Armand Colin, 2001, p. 166-167.

16. « Une empreinte est un événement significatif du passé au cours duquel une croyance ou un groupe de croyances se sont formées. […] Konrad Lorenz a découvert que les canetons s'imprègnent d'une figure maternelle environ le premier jour de leur vie. Cela se fait par une sensibilité au mouvement, de sorte que si quelque chose bouge près du caneton à la sortie de l'œuf, il le suit, et cela devient sa mère. Lorenz bougeait et les canards le suivaient. Si, plus tard, il essayait de les remettre auprès de leur mère naturelle, les canards ignoraient cette dernière et continuaient à suivre Lorenz. Le matin, après s'être levé, il sortait et trouvait les canards roulés en boule sur ses bottes au lieu d'être dans leur nid. […] Konrad Lorenz et son école pensent que les empreintes se font à des périodes neurologiquement critiques, et ce qui a été imprimé à ce moment-là demeure de façon définitive. Timothy Leary a étudié le phénomène de l'empreinte chez l'homme. Il affirme que le système nerveux est plus complexe chez l'humain […]. Dans certaines conditions, il a montré que l'on peut accéder au contenu de l'empreinte qui avait été pratiquée à une période critique plus ancienne et la reprogrammer ou la réimprimer. Leary a également identifié plusieurs périodes critiques de développement chez l'humain. Les empreintes établies à ces moments créent des croyances fondamentales qui modèlent l'intelligence et la personnalité de l'individu. »
Robert Dilts, Tim Hallbom et Suzi Smith, *Croyances et santé*, Epi, la Méridienne, 1994, p. 78 et sv.

17. « La cuirasse du mal-aimé fait son apparition vers l'âge de quatre ans et s'installe définitivement autour de sept ans. Elle recouvre la cuirasse du désespoir, elle est l'expression d'une réaction de survie au désespoir et à l'impuissance. […] Cette cuirasse conduit directement aux compulsions. […] Le manque, la peur, le vide affectif l'habitent. Le « moi » de l'enfant cuirassé se bâtit autour de ce centre vide. La recherche de compensation se fait dans la maladie affective du type « celui ou celle qui aime trop ou celui ou celle qui fait le sexe opposé ». Cette maladie l'amène à rechercher l'amour dans la nourriture, la performance à l'école, dans les jeux ou dans le sport. Ensuite viendra la compensation dans le mensonge, la manipulation, la suractivité, la paresse jusqu'à l'inertie. […] »
Marie Lise Labonté, *Au cœur de notre corps, Se libérer de nos cuirasses*, Montréal, Les Éditions de l'Homme, 2000, p. 61 et sv.

18. « La psyché individuelle ne se forme que vers trois ans. Jusque-là, le bébé vit dans une psyché communautaire qui est celle de sa famille. Cette activité mentale permet alors un mécanisme de structuration psychique appelé le "processus originaire". L'*Originaire* est une dynamique mentale qui permet d'être tout à la fois soi-même et l'autre. Cette dynamique est celle à l'œuvre dans l'*identification*, qui permet à l'enfant de dupliquer les structures mentales de ses parents. »
Didier Dumas, « Fantôme et anges au pays des ancêtres », dans Patrice Van Eersel et Catherine Maillard, *J'ai mal à mes ancêtres. La psychogénéalogie aujourd'hui*, coll. Entretiens Clés, Paris, Albin Michel, 2002, p. 95.

19. « L'enfant vit une relation intense avec ses parents. Il s'imprègne de certaines croyances et comportements (les intériorise) et les reprend à son compte. »
Robert Dilts, Tim Hallbom et Suzi Smith, *Croyances et santé*, Epi, la Méridienne, 1994, p. 81.

20. « […] les embryons, confrontés au désir de leurs parents ou à son absence, captent tout le déroulement et l'expression de leurs pensées et sentiments à l'annonce de la grossesse. À l'évidence, les perceptions et réactions par rapport à la mère sont au premier plan. »
Dʳ Claude Imbert, *L'avenir se joue avant la naissance, La thérapie de la vie intra-utérine©*, Paris, Éditions Visualisation Holistique, 2002, p. 91.

21. Au sujet de la relation de la mère à son enfant, de la construction du sentiment de soi de l'enfant, du rôle de la parole, de la communication avec le monde extérieur, voir les ouvrages de Françoise Dolto, dont : *Le sentiment de soi*, Paris, Gallimard, 1994 ; *La cause des enfants*, Paris, Robert Laffont, 1985 ; *L'image inconsciente du corps*, coll. Essais, Paris, Seuil, 1984 ; *La difficulté de vivre*, nouvelle édition, Paris, Gallimard, 1995.

22. « [Les complexes] sont des conglomérats de représentations idéo-affectives qui trahissent leur existence par des perturbations typiques de l'expérience. »
C. G. Jung, *Psychologie de l'inconscient*, Paris, Le Livre de Poche, Références, Georg éditeur, p. 50.
Voir aussi « La théorie des complexes » dans C. G. Jung, *L'Homme à la découverte de son âme*.

23. « Les *complexes* consistent en une intériorisation des dynamiques que nous avons vécues avec nos proches dans l'enfance. Ils se forgent habituellement en rapport avec des événements à forte charge émotive et établissent pour longtemps leur niche en nous. Ils deviennent de véritables voix intérieures qui nous poussent à répéter les mêmes schémas de base et ils peuvent nous enfermer dans des modèles de comportement négatifs.
« Pourtant les complexes ne sont pas négatifs en tant que tels comme le veut la langue populaire lorsqu'elle parle d'un complexe d'infériorité par exemple. Ce sont plutôt les blocs de construction de notre psychisme, constitué, lui, par l'ensemble de nos réactions mentales et sentimentales. »
Guy Corneau, *N'y a-t-il pas d'amour heureux ?*, coll. Réponses, Paris, Robert Laffont, 1997, p. 35.

24. « Pour celles qui ont passé beaucoup de temps à essayer de sortir d'un trauma, qu'il soit le résultat de la cruauté, de la négligence, du manque de respect, de la brutalité, de l'ignorance de quelqu'un, ou même du destin, vient un temps où il faut pardonner, afin de permettre à la psyché de revenir à un état normal de calme et de tranquillité ».
Clarissa Pinkola Estés, *Femmes qui courent avec les loups*, Paris, Le Livre de Poche, Grasset, 2001, p. 503 et note.

25. « […] dès l'annonce de notre conception, nos parents nous chargent inconsciemment de donner un sens à leur vie. En d'autres termes, l'enfant est investi de la somme des fantasmes de ses parents, mais aussi de ses grands-parents, oncles et tantes. La famille va projeter sur nous des souhaits corporels, sexuels, affectifs, intellectuels… La projection agit bien sûr de manière inconsciente […]. »
Chantal Rialland, « Votre famille vit à l'intérieur de vous… mais vous pouvez la choisir ! », dans Patrice Van Eersel et Catherine Maillard, *J'ai mal à mes ancêtres. La psychogénéalogie aujourd'hui*, coll. Entretiens Clés, Paris, Albin Michel, 2002, p. 125.

26. « En fait, l'enfant n'a que faire de la valse des projections familiales. Il veut être regardé, écouté, connu pour ce qu'il est. »
Chantal Rialland, *Cette famille qui vit en nous*, Paris, Marabout, 2002, p. 43.

27. « Rien n'a d'influence psychique plus puissante sur l'entourage de l'homme, et surtout sur les enfants, que la vie que les parents n'ont pas vécue. »
C. G. Jung, *L'âme et la vie*, Paris, Le Livre de Poche, références, 1995, p. 148.
28. « La cuirasse parentale est l'expression même d'une recherche d'identité qui débute dès l'apparition du « moi », vers l'âge de quatre ans ou quelquefois avant, selon l'évolution des enfants. Pour l'enfant, le besoin de s'identifier à ses parents fait partie du processus normal d'évolution. Par l'imitation, nous avons tous tenté de nous identifier à nos parents ou aux substituts parentaux. Lorsque cette recherche d'identité n'est pas comblée, l'enfant devenu adolescent, puis l'adolescent devenu adulte continue de chercher à s'identifier à une figure sur laquelle il projette l'image du père ou de la mère, et cela, jusqu'au jour où il s'en libère pour retrouver sa propre identité. Le processus d'individuation est alors atteint. »
Marie Lise Labonté, *Au cœur de notre corps, Se libérer de nos cuirasses, op. cit.*, p. 73 et sv.
29. « Les perturbations qui contribuent à former l'identité donnent naissance aux complexes. Un complexe se forme à la suite d'une expérience traumatique et nous imposera une rigidité dans notre rapport au monde. L'émotion causée par un traumatisme s'inscrit profondément dans l'inconscient et crée un nœud thématique qui influencera notre existence. Le nœud thématique le plus important causé par le choc de la naissance, c'est notre identité, c'est-à-dire le complexe du moi. Car le moi, qui constitue la personnalité d'un être humain, est aussi un complexe. Il est le plus autonome et le plus différencié des complexes, mais il est surtout une cristallisation thématique de notre vision du monde et de nous-même. Il ne sera donc pas étonnant de voir que, malgré les traumatismes douloureux qui en sont la cause, les complexes nous caractérisent. »
Jean-François Vézina, *Les hasards nécessaires, La synchronicité dans les rencontres qui nous transforment*, Montréal, Les éditions de l'Homme, 2002, p. 128.
30. Au sujet des événements qui surviennent par hasard, voir Robert Hopke, *Il n'y a pas de hasards, La place des coïncidences dans le roman de notre vie*, coll. Réponses, Paris, Robert Laffont, 2000.
Voir également l'ouvrage de Jean-François Vézina, *Les hasards nécessaires, La synchronicité dans les rencontres qui nous transforment, op. cit.*
31. « […] mon interprétation se prononce en faveur de la probabilité que les rêves sont les maillons visibles d'une chaîne d'événements inconscients. »
C. G. Jung, *L'âme et la vie*, Paris, Le Livre de Poche, références, 1995, p. 90.
32. « Dans une période variable, mais jamais très longue avant le diagnostic médical de la maladie, il existe toujours un événement marquant dans l'histoire de la personne. Il sert de base dans le diagnostic biologique, car il signe le véritable début de la maladie même si les symptômes cliniques ne sont pas encore visibles. »
Salomon Sellam, *Origines et prévention des maladies*, Éditions Quintessence, 2000, p. 58.
33. « Le stress supprime la résistance immunitaire, au moins temporairement, sans doute dans le but d'économiser l'énergie afin d'affronter en priorité la situation d'urgence immédiate, nécessité plus pressante du point de vue de la survie. Mais si le stress est intense et constant, la suppression peut devenir durable. »
Daniel Goleman, *L'intelligence émotionnelle*, Paris, Robert Laffont, 1997, p. 216.

34. « Selon une théorie récente, chez ceux qui deviennent toxicomanes, l'alcool ou la drogue fait en quelque sorte office de médicament. C'est pour eux un moyen de clamer leur angoisse, leur colère ou de sortir momentanément de leur dépression. [...] Les plus prédisposés à cette dépendance semblent trouver dans la drogue ou l'alcool un moyen instantané d'apaiser des sentiments qui les tourmentaient depuis des années. »
Daniel Goleman, *L'intelligence émotionnelle, op. cit.*, p. 316-317.

35. « [...] L'autre façon de déclencher un 'tilt du flipper biologique'(la maladie) était beaucoup plus subtile. Le cerveau intégrait un stress à un âge quelconque de l'enfance et le mettait en sommeil et, tel un ballast, il remontait à la surface bien des années après, produisant chez cet individu des changements corporels. La maladie devenait alors l'exutoire de ce premier stress, et devait être abordée comme un véritable relais des profondeurs. »
Gérard Athias, *Racines familiales de la « mal a dit »*, Psychobiologie, Pictorus, 2002, p. 95.

36. Pour une description de certains symptômes propres à l'adolescence, voir l'ouvrage du Dr Patrick Delaroche, *Adolescence à problèmes*, Paris, Albin Michel, 1992.

Chapitre 3 – Le divorce de sa nature profonde

1. « [...] notre ego, peu importe le nom que nous donnons à ce facteur d'aliénation, n'est jamais qu'une pâle copie, une approximation de notre être essentiel. Nous nous identifions à ce double aussi dérisoire qu'illusoire. Et soudain, l'"Original" apparaît. Le maître des lieux commence à reprendre la place qui lui revient. Le moi limité se sent alors persécuté, en danger de mort, ce en quoi il a raison. Car l'"Original" finira par dissoudre le double. En tant qu'humains identifiés à notre double, nous devons comprendre que l'inquiétant envahisseur n'est autre que nous-même, notre nature profonde. »
Jodorowsky, *Le théâtre de la guérison*, Paris, Albin Michel, 1995, p. 80-81.

2. « L'attachement est l'illusion du moi, une tentative pour fuir le vide du moi. Les choses auxquelles nous sommes attachés – biens, personnes, idées – deviennent de la plus haute importance, car, privé des multiples choses qui comblent sa vacuité, le moi n'existe pas. »
Krishnamurti, *Le livre de la Méditation et de la Vie*, Paris, Le Livre de Poche, Stock, éd. 2001, p. 88.

3. « Tout comme la douleur physique nous fait retirer la main du feu, la douleur de la colère nous aide à préserver l'intégrité de notre personnalité. La colère peut nous pousser à dire "non" aux définitions que les autres donnent de nous, et "oui" à ce que nous souffle notre moi intérieur. »
Harriet Goldhor Lerner, *La danse de la colère*, Profession Femme, Paris, F1rst 1990, p. 11.

4. « Si ses effets peuvent être tragiques, la colère en soi est un sentiment salutaire puisqu'il traduit une grande vitalité à l'intérieur de nous-même. Si nos sentiments sont des clignotants sur notre tableau de bord, la colère est le flash bleu des urgences ; elle indique que des besoins vitaux ne sont pas satisfaits et qu'il est urgent d'y porter attention toutes affaires cessantes parce qu'il n'y a plus de pilote à bord. "Je suis hors de moi", l'expression consacrée, indique bien que la première chose à faire est de revenir à moi. Ainsi la colère nous invite à nous mettre aux "soins intensifs" de notre propre écoute, de notre propre empathie. »
Thomas d'Ansembourg, *Cessez d'être gentil soyez vrai ! Être avec les autres en restant soi-même*, Montréal, Les éditions de l'Homme, 2001, p. 190.

5. « Le corps encapsule les émotions en rendant les muscles tellement rigides que la contraction subsiste de manière chronique. L'énergie devient statique, encapsulée par les muscles que nous appelons "répresseurs". Ainsi, aucune énergie psychique n'est nécessaire pour maintenir le refoulement corporel, ce qui est une manière fantastique de neutraliser les conflits. L'énergie émotionnelle est enfouie dans les profondeurs. [...] la capsulation des conflits et des émotions refoulés dans la cuirasse musculaire peut cesser et les souvenirs, les affects et les mouvements réprimés émergent des profondeurs du corps. »

    Gerda Boyesen, *Entre psyché et soma*, Paris, Bibliothèque scientifique Payot, 1997, p. 27-28.

6. « Le moi a instauré une certaine sécurité dans la personnalité en étouffant la sensibilité, il n'est pas prêt à risquer cette sécurité en réveillant les conflits passés. Dans ce refus, il est soutenu par la peur qu'a le patient des émotions intenses. Il a peur que sa colère n'échappe à son contrôle et ne se retourne en fureur ou en rage meurtrière. Il a peur que son chagrin ne le submerge, il a peur de se noyer dans son désespoir. Il a peur que la peur ne se change en panique ou en terreur paralysante. Et quand ces émotions sont réactivées, elles possèdent une réalité tangible qui semble justifier cette peur. »

    Dr Alexander Lowen, *Le Plaisir*, Le corps à vivre, Sand, édition 1988, p. 231.

Chapitre 4 – L'esclavage de la destruction

1. « Si nous nous coupons de nos besoins, quelqu'un en payera le prix, nous-même ou l'autre. »

    Thomas d'Ansembourg, *op. cit.*, p. 38.

    À propos du rôle des besoins dans l'apparition de la maladie, voir Dr Carl Simonton, Stephanie Matthews Simonton, James Creighton, *Guérir envers et contre tout, op. cit.*, p. 135 et sv.

2. « Beaucoup de malentendus, de souffrances et de violences sont liés au fait que ces désirs divers ne sont pas signifiés clairement. [...] Insistons encore une fois : tout désir a surtout besoin d'être entendu et respecté, ce qui ne veut pas dire satisfait et comblé. »

    Jacques Salomé, Sylvie Galland, *Aimer et se le dire*, Montréal, Les éditions de l'Homme, 1993, p. 20.

3. « Toutes les traditions nous disent que la finalité de l'être humain, son aspiration unique, à partir de laquelle se particularisent nécessairement et foisonnent tous les autres désirs, est d'aller à la découverte de son propre centre caché, lieu des retrouvailles avec l'unité perdue. »

    Jacques Salomé, Sylvie Galland, *Aimer et se le dire, op. cit.*, p. 256.

4. « Mais s'il peut tromper tout le monde autour de lui, il ne peut se tromper lui-même, et son âme rira de cette farce, se moquera de cette tromperie. *Seul exerce une force de guérison ce que l'on est en vérité.* »

    C. G. Jung, *Dialectique du moi et de l'inconscient*, Folio essais, p. 105.

5. « Dans la vie, comme au théâtre, la tragédie repose sur des renversements de situation, c'est-à-dire sur des permutations magistralement résumées par Stephen Karpman en un simple schéma appelé "triangle tragique". »

    Dr Éric Berne, *Que dites-vous après avoir dit bonjour ?*, Le Corps à vivre, Tchou, 1983, éd. 2001, p. 162.

6. La victime invente alors quelque chose de nouveau pour se réaffirmer dans la victimisation. Elle va mettre de l'énergie à ne pas en mettre. Elle devient créative pour trouver quelque chose qui va lui permettre de mettre encore

moins d'énergie à la chose et que l'autre fasse à sa place. Le jeu c'est que le sauveur fait à la place de la victime.
Louis Parez, *Les acteurs du triangle dramatique*, Enseignement dispensé dans le cadre de la formation MLC® Belgique, Bruxelles, mars 2002.

7. Marie Lise Labonté, *Au cœur de notre corps, op. cit.*, p. 61 et sv.
8. Le persécuteur est quelqu'un qui, dans son éducation, a vécu avec beaucoup trop de normes. Tellement de normes, qu'il ne va plus les intégrer et que le monde est devenu menaçant pour lui.
Louis Parez, *Les acteurs du triangle dramatique*, Enseignement dispensé dans le cadre de la formation MLC® Belgique, Bruxelles, mars 2002.
9. « La cuirasse de protection recouvre la cuirasse du mal-aimé. […] En réaction à la victime qu'il est ou qu'il fut, le propriétaire a décidé par sa volonté de se fabriquer un corps, une cuirasse pour contrecarrer les attaques. […] Cette cuirasse peut faire son apparition dès l'âge de quatre ans pour s'installer définitivement entre six ans et, tardivement, vingt et un ans. […] Le propriétaire de ce corps tente de contrôler sa vie et la vie des autres. Il contrôle ses pulsions ou les nie tout simplement. Il se maintient en contrôle. »
Ibid., p. 66 et sv.
10. Le sauveteur est quelqu'un qui a appris à ne pas s'occuper de lui-même et à méconnaître ses propres besoins. C'est ainsi qu'il se perd en s'occupant des autres sans même savoir ce dont ils ont besoin.
Louis Parez, *Les acteurs du triangle dramatique*, Enseignement dispensé dans le cadre de la formation MLC® Belgique, Bruxelles, mars 2002.
11. « La cuirasse d'appartenance commence à se former à l'adolescence et peut continuer à évoluer jusqu'à l'âge adulte. L'adulte qui a conservé une telle cuirasse a interrompu son évolution affective à l'adolescence. C'est l'éternel adolescent. Cette cuirasse s'exprime par la quête d'une identité qui va au-delà de celle des parents, le besoin d'appartenir, d'être lié à un phénomène social, parfois à travers la mode. Cette cuirasse est superficielle et transparente […]. L'importance de cette cuirasse superficielle, son pouvoir sur l'individu, dépend de son évolution affective et de sa quête d'identité. »
Voir Au cœur de notre corps, op. cit., p. 78 et sv.
12. « Le Triangle tragique est une figure de haine. Il entretient et nourrit la haine de soi et fait obstacle aux sentiments que nous éprouvons pour les autres. »
Melody Beattie, *Vaincre la codépendance, Le bonheur d'être*, Paris, JC Lattès, 1991, p. 116.

Chapitre 5 – Des témoignages sur le déclic
1. Jacques Salomé a publié plusieurs ouvrages, entre autres, *Passeur de vies*, Paris, éd. Dervy, 2000, *Une vie à se dire*, Montréal, Les Éditions de l'Homme, 2003, *Le courage d'être soi*, Gordes (France), éd. du Relié, 1999 et Paris, Pocket, 2001.

Deuxième partie : Quand la douleur guérit – Se guérir
1. Marie Lise Labonté, *Au cœur de notre corps, Se libérer de nos cuirasses*, Les Éditions de l'Homme, 2000, p. 58 et sv ; p. 131 et sv.

Chapitre 6 – Aux portes de la guérison
1. Ida Rolf, *Rolfing, The integration of human structures*, New York, Harper & Row Publishers, 1978.
2. La scoliose est une déviation latérale de la colonne vertébrale. La lordose comme la cyphose sont des déviations de la colonne vertébrale présentant

une courbure : en creux pour la lordose (cambrure) et convexe pour la cyphose (bosse).

3. Il existe différentes approches et méthodes de libération psychocorporelle. Marie Lise Labonté a créé la Méthode de libération des cuirasses (MLC,) dans laquelle la rencontre du corps tient compte du psychisme.
Pour un aperçu des mouvements corporels proposés en MLC, voir Marie Lise Labonté, *Mouvements d'antigymnastique, Naître à son corps naître à soi-même*, Montréal, Les Éditions de l'Homme, 2001.

4. « La libération de la cuirasse se produit lorsque l'énergie de vie contenue et retenue dans le corps se met à circuler. Son passage crée une fissure dans la muraille, dans l'anneau circulaire de la cuirasse. L'énergie s'infiltre pour créer une faille qui fera tomber l'armure, par morceaux ou par larges pans. »
Marie Lise Labonté, *Au cœur de notre corps, Se libérer de nos cuirasses, op. cit.*, p. 104 et sv.

5. Les endorphines sont les « molécules du plaisir » produites par l'organisme.
Pour une description du rôle de l'hypothalamus dans la coordination des réponses somatiques et de l'action des endorphines dans la motivation au plaisir, voir Jean-Jaques Feldmeyer, *Cerveau et conscience, La conquête des neurosciences*, Georg éditeur, 2002, p. 258-269.

6. « Les cuirasses se divisent en deux grands groupes comportant chacun quatre types : les cuirasses d'identification et les cuirasses de base. Si nous prenons l'exemple de l'oignon et de ses pelures, les cuirasses d'identification composent la couche superficielle des pelures, alors que les cuirasses de base entourent le cœur de l'oignon pour le protéger. Les cuirasses « d'identification » sont mises en place par une recherche d'identité. Je les qualifie de « superficielles » parce qu'elles sont en surface, posées sur d'autres cuirasses, plus profondes, dont elles se nourrissent. »
Marie Lise Labonté, *Au cœur de notre corps, Se libérer de nos cuirasses, op. cit.*, p. 44.

7. Voir le chapitre relatif à l'anatomie d'une cuirasse, dans Marie Lise Labonté, *Ibid.*, p. 39 et sv.

8. « […] les quatre cuirasses de base sont beaucoup plus profondes [que les cuirasses d'identification] et se sont implantées autour du cœur de notre corps. Je les ai appelées cuirasses de base, car elles ont pris naissance dans le développement psychique à la période qui précède la recherche d'identité. Elles sont reliées à l'essentiel, en lien direct avec la dualité vie et non-vie, existence et non-existence, amour et non-amour, pouvoir et non-pouvoir. Elles appartiennent à la vie intra-utérine et se développent jusqu'à l'âge de 21 ans, approximativement. »
Marie Lise Labonté, *Ibid.*, p. 44-45.

9. *Ibid.*, p. 46.

10. Le rebirth est une approche thérapeutique par le souffle basée sur une technique respiratoire, l'hyperoxygénation, découverte et expérimentée par Leonard Orr et Sondra Ray aux États-Unis dans les années 1970.
L'action du rebirth (renaissance) s'exerce à tous les niveaux de l'être qu'ils soient physique, émotionnel, énergétique ou spirituel. Dans un premier temps, le pratiquant est amené à prendre conscience de sa respiration sans la modifier puis à relier les respirations sans marquer de pause entre l'inspiration et l'expiration tout en accélérant la cadence. Cette forme de respiration permet souvent de revivre sa naissance et/ou de se donner un nouveau départ dans la vie.

11. L'intégration mémorielle est une approche thérapeutique qui vise à contacter la mémoire des vies antérieures, appelée karma, inscrite dans la mémoire cellulaire.

    Dans un état de relaxation profonde, le pratiquant est guidé dans une visualisation qui lui permet de prendre conscience des blessures du passé et d'en désactiver la charge tout autant que d'intégrer les mémoires porteuses de ses potentiels, acquis et savoir-faire.

Chapitre 7 – Le sanctuaire de la guérison

1. « La cuirasse fondamentale est la cuirasse la plus profonde, à la fois la plus destructrice et la plus salvatrice. C'est autour d'elle que toutes les autres cuirasses vont se construire. Première cuirasse à se former [...] elle prend racine dans le noyau, au cœur du corps. Elle est collée aux muscles intrinsèques, elle est reliée au tissu conjonctif, celui qui enveloppe le noyau. Elle touche le tissu crânien, le système nerveux central et les muscles profonds des yeux. Elle est enfouie dans la structure profonde du corps. L'énergie qui a donné naissance à cette cuirasse est puissante, car elle est l'énergie de vie. »
   Marie Lise Labonté, *Au cœur de notre corps, Se libérer de nos cuirasses*, op. cit., p. 49 et sv.

2. Le cœur de notre corps est un lieu physique comprenant la colonne vertébrale, tous les muscles intrinsèques et le système nerveux central. Le cœur de notre corps est aussi le lieu psychique où loge notre identité réelle, le sens profond de nous-mêmes, de qui on est, le lieu de l'ÊTRE. Le cœur de notre corps est un lieu énergétique représenté par le canal vibratoire (reconnu en médecine énergétique) qui repose tout le long de la colonne vertébrale et qui contient l'énergie vitale (la *shushumna*, en sanscrit). Le cœur de notre corps est un lieu décrit dans certaines traditions mystiques comme étant l'arbre de vie.
   Marie Lise Labonté, *Ibid.*, p. 43.

3. Le microcosme est l'homme, le corps humain, considéré en philosophie ancienne et dans l'hindouisme comme une image réduite de l'univers, le macrocosme, et auquel il correspond dans toutes ses parties. De la même manière, le macrocosme est l'univers perçu par rapport au microcosme qu'est l'homme.
   Voir à ce sujet *Kundalini*, Agora 11, Robert Svoboda, Rupa. Co ,New Delhi.

4. Voir « La cuirasse du mal-aimé » dans Marie Lise Labonté, *Au cœur de notre corps, Se libérer de nos cuirasses*, op. cit., p. 61 et sv.

5. Voir « La cuirasse d'appartenance », de la suradaptation, *Ibid.*, p. 78 et sv.

6. Voir « La cuirasse de protection », *Ibid.*, p. 66 et sv.

7. L'écologie intérieure est une qualité de la personne dans laquelle les différentes dimensions conscientes et inconscientes de son être sont alignées et en équilibre dans l'environnement dans lequel elle vit.

8. La guérison spirituelle et énergétique est une méthode d'intervention psycho-énergétique qui agit sur les enveloppes énergétiques du corps et sur le corps physique en relation avec les centres d'énergies et les glandes, pour aider la libération des tensions énergétiques, psychologiques et physiques de l'être.

9. La Méthode de Libération des Cuirasses® est une méthode créée par Marie Lise Labonté.

10. Le Tulayoga[md], en sanscrit, yoga de l'équilibre, est une méthode qui prend ses racines dans le Hatha Yoga et dans une technique créée par Benjamin Marantz appelée «Acromassage[md]».

Dans cette approche psycho-corporelle, le praticien est couché au sol et tient le corps du patient en suspension dans les airs. Le corps, porté en apesanteur, est guidé dans une série de postures inversées et d'étirements qui le réalignent et libèrent les tensions accumulées. Certaines postures ouvrent les centres d'énergie, harmonisent les côtés droit et gauche du corps ou accélèrent le processus de libération.

11. Le génogramme est un arbre généalogique sur lequel les caractéristiques principales des membres de la famille sont notées (noms et prénoms, dates de naissance et de décès, mariages, maladies, déménagements, métiers, etc.) et qui met en évidence les liens entre le sujet et les autres membres de sa famille.

12. La psychogénéalogie est une psychothérapie qui met en lumière l'héritage psychologique transmis par les ascendants. Elle permet de comprendre, pour s'en libérer, l'histoire de la famille et son influence inconsciente qui constitue le terreau de notre vie (répétition de scénario, secrets de famille, fidélités invisibles, etc.)

13. Le massage ayurvédique est une méthode de massage créée par Swami Yoga-Anand Bharati, moine yogi et médecin ayurvédiste. Le massage s'appuie sur les principes de base de la médecine traditionnelle indienne, l'Ayurvéda (science de la vie). Il aide à harmoniser les systèmes nerveux, digestif, hormonal et les fluides du corps. Il soulage les tensions, il réénergétise.

Chapitre 8 – La vérité en soi

1. « Chez un individu créateur, il n'y a pas de séparation, pas de barrière entre l'enfant et l'adulte, entre le cœur et l'esprit, entre le Moi et le corps. » Dr Alexander Lowen, *Le Plaisir, Le corps à vivre*, Sand, édition 1988, p. 234.

2. Le terme de synchronicité fut créé par Carl Gustav Jung en 1952. Il désigne une « coïncidence productrice de sens », appelée aussi signe de jour. C. G. Jung, « La synchronicité, principe de relations causales», in *Synchronicité et Paracelsica*, Paris, Albin Michel, 1988.

3. Dr Carl Simonton, Stephanie Matthews Simonton, James Creighton, *Guérir envers et contre tout*, Desclée de Brouwer, 21e édition, 2002.

Pour obtenir de l'information au sujet de la Méthode de Libération des Cuirasses, nous vous prions de contacter :

Au Canada :
Productions Marie Lise Labonté inc.
C. P. 1487, Succ. Desjardins
Montréal (Québec)
H5B 1H3

Téléphone : (514) 990-1597
Télécopieur : (514) 286-0216

En Europe :
Gestion T.M.L.
35, rue René Leynaud
69001 Lyon
France

Téléphone : (33) 06 24 12 31 36
Télécopieur : (33) 04 72 75 00 85

courriel : info@marieliselabonte.com
site internet : www.marieliselabonte.com

Table des matières